Das 20. Jahrhundert erscheint im Rückblick als ein Zeitalter der Gewalt, in dem nicht allein die »konventionelle« militärische Gewaltanwendung an vielen Stellen in technische Massenvernichtung umschlug, sondern ganze Völkerschaften organisierten Genoziden zum Opfer fielen – von Armenien bis zum Kosovo.

Solche Gewalt fällt nicht vom Himmel, sondern hat ihre Vorgeschichte. Die Autoren des internationalen Projektes vertreten einen neuen Interpretationsansatz: Sie bringen diese Gewaltexplosionen mit dem Aufkommen von politischen Ideologien in Verbindung, deren Faszinationskraft vor allem auf quasireligiösen Heilserwartungen und Erlösungshoffnungen beruhte.

Vieles in der Geschichte von Kommunismus, Nationalsozialismus und anderen totalitären Regimen lässt sich aus diesen religionsähnlichen Zügen erklären: die Gehorsamsbereitschaft der Menschen jenseits von Zwang oder materieller Opportunität, die Unempfindlichkeit gegenüber Kritik und Zweifeln, die Bereitschaft, auch das Äußerste im Dienste der »neuen Zeit« zu tun.

Hans Maier, geboren 1931 in Freiburg i. Br., wurde 1957 promoviert und 1962 habilitiert; er lehrte von 1962 bis 1988 Politische Wissenschaft in München, war von 1970 bis 1986 Bayerischer Staatsminister für Unterricht und Kultus und hatte von 1988 bis 1999 den Guardini-Lehrstuhl für christliche Weltanschauung, Religions- und Kulturtheorie an der Universität München inne.

Die Viten der Autorinnen und Autoren befinden sich am Ende des Bandes.

Unsere Adresse im Internet: www.fischer-tb.de

Wege in die Gewalt

Die modernen politischen Religionen

Mit Beiträgen von Bronislaw Baczko,
Omer Bartov, Philippe Burrin,
Emilio Gentile, Helmuth Kiesel,
Peter Krüger, Hermann Lübbe,
Hans Maier und Michael Rohrwasser

**Herausgegeben
von Hans Maier**

Fischer Taschenbuch Verlag

Lektorat: Walter H. Pehle

Originalausgabe
Veröffentlicht im Fischer Taschenbuch Verlag GmbH,
Frankfurt am Main, Dezember 2000

© Fischer Taschenbuch Verlag GmbH,
Frankfurt am Main 2000
Alle Rechte vorbehalten
Übersetzungen aus dem Englischen
von Stephanie N. Schäfer, aus dem Französischen
von Markus Ibe und aus dem Italienischen
von Christina Boccolari.
Redaktion: Anita Jantzer
Satz: Pinkuin Satz und Datentechnik, Berlin
Druck und Bindung: Clausen & Bosse, Leck
Printed in Germany
ISBN 3-596-14905-5

▉ Inhalt

■ Vorwort

Das 20. Jahrhundert erscheint im Rückblick als ein *Zeitalter der Gewalt*. Weltweit steigern sich die Zerstörungskräfte zu einer in der Geschichte bisher kaum gekannten Intensität. Drei Entwicklungstendenzen zeichnen sich ab:

1. In zwei Weltkriegen schlägt die bisherige »konventionelle« militärische Gewaltanwendung an vielen Stellen in technisierte Massenvernichtung um: Dies gilt sowohl gegenüber Kombattanten (die »Blutmühle« von Verdun!) wie gegenüber Nichtkombattanten, die vor allem im Zweiten Weltkrieg zu Land und aus der Luft umfassend in Kampfhandlungen einbezogen werden (Coventry, Leningrad, Dresden, Hiroshima).

2. Innerhalb und außerhalb von Kriegen werden ganze Völker und Volksgruppen im 20. Jahrhundert zu Opfern von Massakern, »ethnischen Säuberungen«, Genoziden – von Armenien bis Kambodscha.

3. In den riesigen Lager-Welten der totalitären Regime erreicht die Entmenschlichung und Animalisierung »politischer Feinde«, ihre Bezeichnung als »Schädlinge«, die man ungehindert liquidieren darf, ihre »Vernichtung durch Arbeit«, schließlich ihre fabrikmäßige Massentötung (Kulmhof, Belzec, Sobibor, Treblinka, Auschwitz-Birkenau) ihren grausamen Höhepunkt.

Solche Gewalt fällt nicht plötzlich vom Himmel, ihr Ausbruch, so darf man vermuten, hat sich lange vorbereitet, ihre Anfänge liegen weit zurück. Welches Potenzial an ökonomischer, politischer, technischer, militärischer Gewalt hat sich im »langen Jahrhundert« von 1789 bis 1914 angehäuft? Gibt es Reflexionen darüber – bei Historikern, Philosophen, Militärs, Dichtern? Dieses Buch versucht einige denkbare Erklärungen zur Diskussion zu stellen – immer eingedenk der Tatsache, dass Ge-

walt*potenziale* nicht zwingend zu Gewalt*ausbrüchen* führen müssen,
dass die Zunahme der Gewaltmittel zwar eine notwendige, aber keine
hinreichende Voraussetzung für die Praxis der Gewaltanwendung bildet.

Auf denkwürdige, historisch bisher kaum zureichend geklärte Weise
verbindet sich mit der Entgrenzung der Gewalt eine zweite »leitende
Tendenz« unseres Zeitalters: *die Mobilisierung politischer Macht mit
Hilfe »säkularer Religionen«* (Raymond Aron). Wir finden uns einem
neuen Typus von Politik gegenüber, der mit Heilserwartungen und Erlösungshoffnungen operiert, der die christlichen – und modernen! –
Trennungen von Religion und Politik auflöst, in dem staatliche Machtentfaltung begleitet wird vom Auftreten einer neuen Rechtgläubigkeit
und in dem der »terror antiquus« als moderner Schrecken, als Terror
im Dienst weltlicher Erlösung wiederkehrt.

Vieles in der Geschichte der modernen totalitären Regime erklärt
sich aus diesen religiösen – oder religionsähnlichen – Zügen: eine hohe
Loyalität und Gehorsamsbereitschaft vieler Menschen, die nicht allein
aus Angst oder Anpassungsdruck erklärt werden kann, die Unempfindlichkeit gegenüber Kritik und Zweifeln, das Gefühl, eine Mission zu erfüllen, die Bereitschaft, alles – und sei es das Äußerste – im Dienst der
»neuen Zeit« zu tun.

Der geballten Verbindung von Machtentfaltung und Heilsaussicht,
von Gewalt und rechtfertigender Ideologie erliegen im 20. Jahrhundert
viele Menschen: Wie anders wäre es zu erklären, dass die totalitären
Strömungen Millionen von Menschen ergriffen, dass sie Arbeiter und
Angestellte, Bauern und Bürger, aber auch viele Intellektuelle und
Künstler faszinierten? Erst im Zusammenbruch des Faschismus und
Nationalsozialismus 1945, des Kommunismus 1989–92 tritt das Un-
wirkliche, Wahnhafte der modernen »politischen Religionen« in den
Blick: jene »schizophrene Wirklichkeit«, von der H. G. Adler spricht, jenes »vertrackte Gewebe der Täuschung und Selbsttäuschung«, von dem
Hans Buchheim urteilt, man habe sich ihm »nur unter äußerster Anstrengung des Intellekts und des Gewissens ganz zu entziehen vermocht«. Die Verführungskraft der totalitären Bewegungen liegt – so
scheint es – in einem »großen Versprechen«, das leidenschaftlich vor-
gebracht wird, das aber im Grunde nicht erfüllbar ist, weil es mit der
Realität in Widerspruch steht. So ist es hinterher wie nach dem Auf-
tauchen aus einem verstörenden Traum: Man erkennt, dass man »nicht

bei sich war«, dass man eine fremde, von außen auferlegte Rolle spielte. Wenn totalitäre Politik ein Vorgang der Verführung war, ein kräftesteigernder und -verzehrender Massenrausch: Was folgt dann nach dem Zusammenbruch – wie vollzieht sich die Entzauberung, die kollektive Ernüchterung?

Die Grundlinien und -thesen dieses Bandes wurden zuerst bei einer Tagung am 9./10. April 1999 in Genf entwickelt und diskutiert. Der Herausgeber dankt allen Beteiligten für die Bereitschaft, die Texte in ausgearbeiteter und erweiterter Form für diesen Band zur Verfügung zu stellen. Um die Herstellung der Manuskripte haben sich Angelika Mooser-Sainer, Dr. Michael Schäfer, Katrin Mey M.A. und Hans Otto Seitschek M.A. verdient gemacht – ihnen, Philippe Burrin, Genf, der die Tagung als Gastgeber ermöglicht hat, sowie den Übersetzern Christina Boccolari, Stephanie N. Schäfer und Markus Ibe sei für ihre Mitwirkung herzlich gedankt.

Die Tagung in Genf wurde von der Volkswagen-Stiftung unterstützt – das Münchner Forschungsprojekt »Totalitarismus und Politische Religionen«, in dessen Rahmen vorliegendes Buch veröffentlicht wird, wird von der Alfried Krupp von Bohlen und Halbach-Stiftung gefördert.

München, im Sommer 2000   Hans Maier

Bronislaw Baczko ┃ **Hat die Französische Revolution
┃ den Totalitarismus hervorgebracht?**

Hat die Französische Revolution den Totalitarismus hervorgebracht?
Eine quälende Frage – doch erweist sie sich als schlecht gestellt. Wie
kann man denn so einfach über die Geschichte hinweggehen und Phänomene miteinander in Verbindung bringen, die durch Jahrhunderte
voneinander getrennt sind? Wie kann man der Falle des Finalismus
entgehen?

Solange man voraussetzt, dass die Geschichte nur *einen* Verlauf haben konnte, nämlich denjenigen, den sie auch tatsächlich genommen
hat, birgt jede historische Untersuchung ein Risiko in sich. Für den
Historiker ist die Suche nach Vorläufern oder Vorgeschehnissen
außerdem mit einer intellektuellen Selbsttäuschung verbunden: Eine
solche Untersuchung ist ein Unterfangen ohne Schwierigkeiten; man
wird solche Vorläufer oder Vorgeschehen nämlich immer entdecken
können.

Wie soll man also auf eine schlecht gestellte Frage eine befriedigende Antwort finden? Man ist versucht, die Frage gar nicht zu stellen.
Aber auch wenn man sie als unzulässig abtut, holt sie uns wieder ein,
und zwar von Seiten der Philosophen und Soziologen oder der Polito-
logen und Journalisten. Um mich nicht allzu sehr ins Allgemeine zu
verlieren und gewissermaßen eine Frage zu umgehen, die man nicht
umgehen kann, werde ich mich darauf beschränken, zwei Fragestellun-
gen zu behandeln. Die erste bezieht sich auf die spezifischen Beziehungen zwischen dem demokratischen Raum und den revolutionären Erschütterungen während der Revolution, wohingegen die zweite die
Besonderheiten der diktatorischen Regime betrifft, die aus der Französischen Revolution hervorgegangen sind. Ich hoffe, dadurch auf indi-
rektem Wege einige Lösungsansätze für die Problematik zu geben, die

unserer *Ausgangsfrage* zugrunde liegt: Wie tief liegen die Wurzeln des Totalitarismus? Auf welchen in der politischen Neuzeit zahlreich gewordenen Erfahrungen haben sich die totalitären Systeme aufgebaut? Gibt es eine geheime, perverse Dialektik, die die Erfindung der Demokratie und die totalitäre Versuchung miteinander verbindet?

Die Ideologien und die totalitären Regime bringen jeweils Neuerungen mit sich und verursachen einen heftigen Bruch mit dem Vorhergehenden. Und dennoch sind sie Teil eines historischen, kulturellen und nationalen Verlaufs: Der Nazismus ist ein deutsches Phänomen, der Faschismus ist untrennbar mit der Geschichte Italiens verbunden, und der Bolschewismus, um an den ursprünglichen Ausdruck zu erinnern, ist zutiefst von der russischen Vergangenheit geprägt. Das Offensichtliche kann gar nicht häufig genug hervorgehoben werden. Die Französische Revolution ist bis ins Detail »französisch«, und das revolutionäre Jahrzehnt beschließt das 18. Jahrhundert.

▎Der demokratische Raum und die revolutionären Erschütterungen

Das revolutionäre Jahrzehnt von 1789–1799 hat die politische Vorstellungswelt für lange Zeit geprägt; für die Entstehung der politischen Moderne ist es gewissermaßen die Geburtszeit. Die Revolution zeichnet sich in der Tat dadurch aus, dass sie in großer Zahl neue Embleme, Darstellungen, Diskurse und politische Verfahrensweisen hervorbringt. Während der Revolution zählt die Darstellung der Ereignisse oft mehr als die Ereignisse selbst. Die Symbole und die Auswirkungen der Symbole sind wichtiger als andere Beweggründe, sie erwecken und mobilisieren mächtige Kräfte. Je mehr man sich von der Revolution entfernt, desto mehr löst sie sich in der kollektiven Vorstellungswelt von den historischen Tatsachen und wird einer mythischen Zeit immer ähnlicher, in der die Gesellschaft sich ihre eigene Grundlage schafft und Geschichte einen neuen Anfang erhält.

Mit ihren Diskursen, Darstellungen und praktischen Methoden hinterlässt die Revolution der modernen politischen Vorstellungswelt die *Grundprägung* für globale gesellschaftliche Veränderungen: ein *Modell für ein direkt politisches Handeln* und die Figur des Revolutionärs, des neuen politischen Täters. Einige Bemerkungen zu den erwähnten Punkten:

Die Prägung für globale Veränderung: Die Revolution erzeugt die Vorstellung, einen Bruch in der Geschichte verursacht zu haben; sie wird als eine Zeit angesehen, in der sich ein geschichtlicher Umbruch vollzieht und kein gesellschaftlicher Lebensbereich der radikalen Erneuerung entkommt. Diese allgemeine Veränderung zeigt sich in einem Übergang der Souveränität an neue Mächte, in neuen Legitimierungskriterien, neuen Methoden, um die Macht zu legitimieren. Anders ausgedrückt: Die Revolution begnügt sich nicht damit, die Menschen, die an der Macht sind, zu verändern, sondern sie verändert das ganze Regime und schafft – ein komplexer Vorgang, auf den wir noch einmal zurückkommen werden – einen demokratischen Raum. Aufgrund der revolutionären Erfahrung erlangt die Politik als Faktor der gesellschaftlichen Veränderung und des Entstehens einer neuen Ordnung eine große Bedeutung. Daraus resultiert die Illusion, von nun an sei es Aufgabe der Politik, Pläne zur gesellschaftlichen Umwälzung zu erstellen und passende Antworten auf alle öffentlichen Missstände und Konflikte zu finden. Daher stammt auch die Tendenz, alle Konflikte und Leidenschaften zu politisieren. Sowohl die Politik als auch die Gewalt gewinnen an Bedeutung. Denn das gewalttätige Handeln ist zugleich notwendig und unvermeidbar, um das alte Regime ein für alle Mal zu zerstören und aus der Vergangenheit »Tabula rasa« zu machen. Allerdings ist die Rolle der Gewalt nicht nur in der Zerstörung begründet, sie ist gleichzeitig sinnstiftend. Denn in einer Extremsituation ist die Gewalt eine fundamentbildende Kraft, da sich in ihr der radikale Wille ausdrückt, eine neue Gesellschafts- und Werteordnung zu errichten. Die revolutionäre Veränderung ist untrennbar von ihrem Hoffnungs- und Erwartungshorizont; die Revolution wurzelt nämlich nicht in der Vergangenheit, sondern in den Hoffnungen, die sie erweckt.

Das Modell für politisches Handeln: Mit der Revolution wird die Politik zu einer Angelegenheit der Massen: Die politischen Fragen, insbesondere die der Staatsform und der Ausübung der Macht, sind nicht mehr ausschließlich Angelegenheiten der Regierenden, sondern, wenn nicht sogar ausschließlich, das Hauptinteresse der Regierten. Die Revolution demokratisiert die Politik auf zweifache Weise: Zum einen gewähren die neuen Einrichtungen einem Teil der Bevölkerung politische Rechte, die dieser vorher nicht besaß, zum anderen ermöglicht sie eine

Vielzahl an kollektiven, überraschenden und brutalen Direktaktionen,
wie beispielsweise Volksaufstände, die die Mächtigen ins Wanken geraten lassen. Zwischen 1789 und 1795 ereignen sich über zehn solcher
Aufstände, von denen zwei das Denken der Menschen besonders geprägt haben: Der 14. Juli 1789, Tag des Volksaufstandes und der Erstür-
mung der Bastille, wird schnell zum symbolischen Datum für die Er-
ringung der Freiheit; der 10. August 1792 bedeutet das Ende der
Monarchie. Jeder dieser Tage hat seine eigene Prägung, und doch haben
sie einiges gemeinsam: Den Hintergrund: ein städtisches Umfeld, Straßen und Plätze; einen Helden: eine mehr oder weniger große Menschenmenge von bis zu 20 000 oder 30 000 Personen; den Rahmen: die
Tage unterscheiden sich zwar durch unterschiedlich starke Spontaneität, das Mobilmachen der Massen erfordert jedoch stets ein Minimum
an Organisation, um die sich insbesondere militante Gruppen küm-
mern; die Dauer: eine kurze Zeit, nicht länger als zwei Tage; die Legitimierung: eine Bewegung beruft sich stets auf eine ursprüngliche Legitimierung, indem sie sich auf das »Volk im Aufstand« bezieht, das
überhaupt erst die Basis jeglicher legalen Ordnung darstellt; die Hand-
lungsform: Demonstration von Kraft, Einschüchterung und – eventuell
– heftige Zusammenstöße. Je mehr man sich allerdings von der Zeit der
Revolution entfernt, desto mehr vermischen sich die Revolution als
Modus sozialer Veränderung und der revolutionäre Aufstand als Tat
der Massen miteinander: Sie werden nun zu einem »großen Abend«,
einem kurzen, einzigartigen Moment, in dem in einer gemeinsamen
Anstrengung die unterdrückten Massen die bisherige Ordnung um-
stürzen und eine neue gerechte und freie Ordnung gründen.

Die Zeitspanne der Revolution bringt auch mehrere Beispiele anderer Art von politischer Gewalthandlung hervor, z. B. den modernen
Staatsstreich. Der spektakulärste und berühmteste ist sicherlich der
von Napoleon Bonaparte am 18. Brumaire im Jahre VIII (9. November
1799). Während ein »Revolutionstag« sich »von unten« her entwickelt,
indem sich das Volk mobilisiert, wird der Staatsstreich »von oben«
durch eine Verschwörung von Regierenden herbeigeführt. Hauptdarsteller eines »Revolutionstages« ist das Volk, während bei einem Putsch
diese Rolle den Soldaten und der Armee zukommt; in beiden Fällen
steht die politische Macht im Mittelpunkt der Auseinandersetzung.
Schon während der Revolution verwischten sich allmählich die Grenzen zwischen einem »Revolutionstag« und einem Staatsstreich.

Der letzte Aspekt, der hier zu erwähnen ist, ist die Figur des *Revolutionärs, eines neuen politischen Akteurs*. Die Revolution war nicht von Revolutionären im strengen Sinne des Wortes vorbereitet; sie ist nicht das Ergebnis eines genau definierten politischen Vorhabens, das die totale Umwälzung der Gesellschaft anstrebt. Niemand hatte sich den Untergang des Ancien Régime so vorgestellt oder gar gewollt, wie er sich dann tatsächlich ereignet hat. Trotzdem hat die Revolution erstmals die neue politische Figur des Revolutionärs hervorgebracht. *Revolutionäre* sind zuerst einmal Anhänger neuer Ideen; Menschen, die am demokratischen, politischen Geschehen teilnehmen und begeisterungsfähig sind. Die Demokratisierung lässt militante Kleingruppen entstehen, deren Nährboden besonders patriotische Volksverbände sind, d. h. ein Milieu, das hervorragend dazu geeignet ist, Menschen in das politische Leben, in die Denkschemata und Debatten sowie in die revolutionäre Mobilmachung einzuweisen. Diese neue Form politischer Geselligkeit wurzelt zumeist in traditionellen Geselligkeitsstrukturen: Bruderschaften, Nachbarschaften, Kabaretts und so weiter. Bei jenen »Revolutionstagen« gewährleisten diese Kleingruppen die Führung der aufständischen Menge. Gegen Ende des revolutionären Jahrzehnts weist der Ausdruck Revolutionär hingegen eine neue Bedeutung auf: *Revolutionär* ist nun jemand, der die Revolution wieder aufnehmen will oder gar eine neue Revolution vorbereitet. Den Revolutionär trifft man nur im kollektiven Umfeld an, da sich eine Revolution nur gemeinsam mit Gleichgesinnten gegen andere, nämlich gegen Reaktionäre und Konterrevolutionäre führen lässt. Das 19. Jahrhundert ist von Revolutionären übersät, die ihre Pläne am Beispiel der Französischen Revolution mit ihren Erfolgen und Misserfolgen orientieren, nach dem Motto: Da sie schon einmal stattgefunden hat, *kann* sie auch wiederholt werden; da sie nicht gehalten hat, was sie versprach, *muss* man sie sogar wiederholen. Unter diesen Revolutionären befinden sich auch jene, die unter »Revolution« eine Methode zur Machtergreifung verstehen.

Im Jahre 1789 konnte noch niemand die späteren Auswirkungen der Reden, Vorstellungen und politischen Verfahrensweisen vorhersehen, die sich damals einbürgerten. In dieser Gründerzeit wird der *demokratische Raum revolutionär* geschaffen. Zur selben Zeit nämlich beginnt mit einem Mal die revolutionäre Bewegung und die demokratischen Einrichtungen, insbesondere die Freiheiten und die Rechte des Einzelnen, werden begründet. Für die Handelnden sind das revolutionäre Geschehen und die Erfindung der Demokratie wie sich ergänzende Aspekte oder gar wie die zwei Seiten desselben politischen und sozialen Vorgangs. Die Revolution erhält somit eine demokratische Zielrichtung, während die demokratischen Institutionen sich auf ihren revolutionären Ursprung berufen. Beide Vorstellungen, sowohl die der Revolution auf dem Marsch als auch die der errungenen Freiheiten, kommen sich nicht nur näher, sondern vereinen sich. Symbole, die die Menschenmenge in den Straßen mobilisieren, wie beispielsweise die dreifarbige Kokarde, dienen als Embleme für die neuen Institutionen, verkünden die Freiheit und die Abschaffung von Privilegien. Die Pressefreiheit ist zugleich eine Errungenschaft der Revolution und der demokratischen Institution. Die großen parlamentarischen Redner sind häufig auch Journalisten und erweisen sich, wenn nötig, auch als Massenführer und Volkstribunen. Die neue Demokratie ist sich mit dem Geiste der Revolution darin einig, dass das Bürgerrecht auf der politischen Anerkennung der neuen Ordnung gründet. Daraus folgt die freilich revolutionäre Konsequenz, dass das Volk seine Souveränität ausdrückt, indem es alle jene ausschließt, die sich weigern, diese Prinzipien anzuerkennen.

Voluntarismus und revolutionärer Konstruktivismus sind Ursache für die im Jahre 1789 geschaffenen und im Laufe des revolutionären Jahrzehntes immer wieder veränderten demokratischen Institutionen und Vorgänge. Die Demokratie in Frankreich ist nicht das Ergebnis einer organischen Entwicklung ihrer früheren Institutionen, sondern sie ist vor allem das Ergebnis der revolutionären Vorstellung einer »Tabula rasa« und einer Zäsur in der Zeit. Sie hat somit Anteil an der Zerstörung der alten, aus verschiedenen Ständen bestehenden Gesellschaft und ihrer Erneuerung nach dem Prinzip der Anerkennung der Gleichheit aller Menschen, die gleichzeitig frei und unabhängig sind. In der Vergangenheit hatte man die Demokratie für eine Staatsform gehalten, die sich eher für kleine Länder und Völker mit schlichten Lebensgewohnheiten eignete. Als man also gegen Ende des 18. Jahrhunderts eine Demokratie für Frankreich erfand, tat man etwas völlig Neues. Man erdachte und entwarf eine Demokratie für ein großes und altes Volk, für einen Staat mit einer mächtigen Verwaltung, für ein katholisches Land und für eine große, kontinentale Macht. Daraus erklären sich auch die Besonderheiten der revolutionären Demokratie, die ihre Stärken und Grenzen haben und ebenso einige Bemerkungen erforderlich machen.

Am Vorabend der Revolution zählt Frankreich ungefähr 27,5 Millionen Einwohner. Eine solch große Bevölkerungszahl macht eine direkte Demokratie, wie sie aus der Antike überliefert ist und wie sie in der Neuzeit mit Abwandlungen in Stadtstaaten, z. B. in Genf, praktiziert wurde, unmöglich. Eine repräsentative Demokratie ist also unumgänglich, wird allerdings auch als moderner und folglich besser als die direkte Demokratie empfunden und übernommen. Diese Modernisierung jedoch vermischt sich mit zahlreichen Anachronismen, die insbesondere das Wahlsystem kennzeichnen. Dreh- und Angelpunkt dieses Systems ist die liberale Vorstellung eines Wählers, eines freien Individuums, das von jeglicher traditionellen Bindung – wie Familie, Verwandtschaft, örtlichen Gemeinschaften – losgelöst ist. Unter den Umständen, die gegen Ende des 18. Jahrhunderts in Frankreich herrschen, ist dies eine äußerst abstrakte Vorstellung. Die fiktive Vorstellung eines Wählers, nur von Bürgerbewusstsein bestimmt, hielt den alten Vorstellungen schwerlich stand und war Ursache zahlreicher Stimmenthaltungen, eine große Schwachstelle der revolutionären Demokratie.

Die absolute Monarchie hinterlässt der neuen Demokratie einen zentralisierten Staat mit einer zugkräftigen Verwaltung. Somit vererbt sie ihr auch einen Staatskult, der, übertragen auf den Nationalstaat, von der patriotischen Begeisterung und vom martialischen Nationalismus lebt. Anfangs wurde das zentralistische Staatsmodell stark in Frage gestellt: Eine Neuaufteilung des Landes erschüttert die alten Verwaltungshierarchien. Jedoch war diese Dezentralisierung nur von kurzer Dauer, nämlich nur zwei Jahre lang. Da schon die königliche Staatsgewalt versagt hatte, bemächtigte sich die Verfassunggebende Versammlung eines Großteils der exekutiven Macht. Der Terror steigerte die Tendenz zur Zentralisierung der Macht und zu einem immer größeren Einfluss des Staates auf die Gesellschaft. Somit besteht, wie es Tocqueville gezeigt hat, zwischen dem Staat Ludwigs XIV., der Jakobinerherrschaft und der Verwaltung Napoleons eine auffallende Kontinuität. So gesehen ist der Jakobinismus ein revolutionäres Erbe, das die französische Demokratie auf Dauer geprägt hat. Im Gegensatz zu den Vereinigten Staaten wurzelt sie nicht in der Freiheit der Lokalgemeinden, sondern etabliert sich über den Umweg der einen, unteilbaren Nation und folglich über die Vermittlung des Staates, der diese verkörpert.

Das Erbe des Katholizismus kommt den Einheitsbestrebungen sehr zugute. Sicherlich übernimmt die neue Demokratie von Beginn an das Toleranzprinzip, anerkennt die Meinungs- sowie die Religionsfreiheit; allen religiösen Minderheiten, besonders den Juden, gewährt sie die gleichen politischen Rechte. Religiöse Überzeugungen werden in die Privatsphäre verwiesen. So ist auch der Katholizismus seit 1790 nicht mehr Staatsreligion. Nichtsdestoweniger kennzeichnet das alte Modell religiöser Einheit weiterhin das politische Leben in diesem katholischen Land. Diesbezüglich ist der Kontrast zu den Vereinigten Staaten bemerkenswert, da in Amerika die Pluralität der Konfessionen und Kirchen eine ursprüngliche und fundamentale Gegebenheit darstellt: Hier ist der politische Pluralismus eine organische Fortführung der religiösen Vielfalt. Im staatlichen Bereich wie in der amerikanischen politischen Kultur ist die schwierige und gefährliche Aufgabe zu bewältigen, die Einheit aus der Vielfalt und Verschiedenheit herzustellen. Frankreich hatte es gerade mit dem umgekehrten Problem zu tun: Die Einheit der Kirche ist die ursprüngliche Gegebenheit des religiösen Lebens; Ähnliches gilt auch für die zentrale Rolle, welche die Einheit in der politischen Kultur des Absolutismus spielt. Die größere Schwierigkeit bestand also darin, aus der Einheit das Plurale hervorgehen zu lassen und von der Einheit des Kultes (und des Kultes der Einheit) zur Anerkennung des Pluralismus als einer Grundtatsache des öffentlichen Lebens zu finden.

Das katholische Erbe bestärkt die antipluralistischen Tendenzen und die zentralistische Obsession – hier bestehen geheime Verbindungen zwischen der souveränen Nation und der »ältesten Tochter der Kirche«.

Als letzten Aspekt möchte ich auf die Rolle Frankreichs als europäische Großmacht eingehen. Keine Revolution kann sich ihr geopolitisches Umfeld aussuchen. Anfangs, in den Jahren 1790 und 1791, verkündete die neue Demokratie noch, dass die »französische Nation auf jeglichen Eroberungskrieg verzichtet«. Aber im Frühjahr 1792 beginnt Frankreich einen Krieg, der sich rasch zu einem Krieg gegen ganz Europa entwickelt. Auf erste Niederlagen folgen Siege. Auf die Siege folgt die Eroberung: Auf den Schlachtfeldern findet Frankreich die alten Verbündeten und die alten Feinde wieder. Mit den Grenzen entdeckt es den alten imperialistischen Ehrgeiz. Die revolutionäre Begeisterung vereint sich mit militantem Nationalismus.

Auch als kontinentale Großmacht und moderner Staat bleibt Frankreich dennoch ein Land von traditioneller Kultur. Auch wenn das Repräsentativsystem, der Rechtsstaat und die moderne Zentralverwaltung dem Schriftlichen vor dem Mündlichen, dem geschriebenen Recht vor der Gewohnheit, der Nationalsprache vor dem Dialekt den Vorrang geben, so werden doch die neuen demokratischen Institutionen in einem kulturellen und geistigen Umfeld errichtet, das noch sehr stark von Traditionen geprägt ist. Die demokratische Erneuerung kommt von oben und stößt auf heftigen politischen und kulturellen Widerstand. Wie können die Gewohnheiten dazu gebracht werden, sich an Gesetzen zu orientieren oder anders ausgedrückt, wie kann man eine neue politische Kultur begründen und das Erlernen der Demokratie gewährleisten? Diese Fragen werden im revolutionären Jahrzehnt immer wieder aufgeworfen und haben nie eine zufrieden stellende Antwort erhalten.

Wenn man nun die Kontinuität in den Verbindungen zwischen dem neuen demokratischen Raum und dem Erbe des Absolutismus und der traditionellen Kultur hervorhebt, so bedeutet dies nicht, dass man die grundlegende Neuerung in dieser demokratischen Veränderung in Frage stellt. Im Gegenteil, gerade auf diesem Hintergrund lässt sich die Reichweite dieser Veränderung genauer ausmachen.

Allerdings muss man feststellen, dass, auch wenn unter *historischen* Gesichtspunkten revolutionärer Umsturz und demokratische Errungenschaften verbunden und voneinander abhängig sind, diese beiden Phänomene unter *politischen und soziologischen* Gesichtspunkten dennoch zu unterscheiden sind: Die Geschichte des revolutionären Jahrzehnts ist auch die Geschichte ihrer vielschichtigen Beziehungen, ihrer wechselseitigen Entsprechungen, aber auch ihrer Gegensätze. Die revolutionären Erschütterungen stellen die demokratischen Institutionen auf die Probe; recht bald entsteht ein Graben zwischen der revolutionären Menge einerseits, die sich auf das »Volk im Aufstand« beruft und für sich die direkte Ausübung aller Rechte beansprucht, und andererseits der gewählten Legislative, die sich auf den Rechtsstaat und die allgemeine Willensbildung beruft, die sich auf legale Weise in Wahlen ausdrückt. Die politische Erfahrung des revolutionären Jahrzehnts lässt die Zwiespältigkeiten und Widersprüche, unter denen die demokratischen Institutionen leiden, deutlich hervortreten. Auf der einen Seite besteht die wesentliche Aufgabe der Institutionen darin, die Sicherheit der Bürger, die Rechte und die Freiheiten des Einzelnen zu garantieren und zu schützen, und dies sogar gegen jeglichen Übergriff anderer

Mächte, unabhängig von deren Herkunft. Auf der anderen Seite jedoch sind diese Institutionen dazu angehalten, der Nation oder sogar dem Volke die volle Ausübung ihrer souveränen Macht zuzusichern. Diese Macht wiederum impliziert keinerlei Notwendigkeit, sich zu begrenzen. Jedoch kommen politische Freiheiten und unbegrenzte Souveränität nicht unbedingt gut miteinander aus.

Im Jahre 1789 lebt die Demokratie von der revolutionären Begeisterung, während die Revolution demokratische Ziele verfolgt. Daraus folgen, trotz aller Übereinstimmung, gegensätzliche Positionen, die immer deutlicher werden. Ein demokratischer Raum entsteht allmählich und festigt sich in einer längeren Zeitspanne, die revolutionäre Erschütterung allerdings vollzieht sich in einer kurzen Zeitspanne, nämlich der der Zäsur. Eine Demokratie wird auf dem Prinzip der Trennung von öffentlichem Bereich und Privatsphäre errichtet, die Revolution aber lässt die Grenzen zwischen dem Öffentlichen und dem Privaten verschwinden, politisiert alle Konflikte und fordert von jedem Bürger absolutes Engagement. Die demokratischen Institutionen stehen für einen Rechtsstaat und die Beachtung der Gesetze, die Revolution hingegen beruft sich auf eine Rechtmäßigkeit, die jeglicher legalen Ordnung überhaupt voransteht, und behauptet sich mit einer Gewalt, die zugleich die alte Ordnung zerstört und eine neue Welt begründet. Eine Demokratie basiert auf Meinungsvielfalt und Interessenunterschieden, sogar ihren Feinden muss sie freie Meinungsäußerung und die Ausübung von politischen Rechten gewähren. Eine Revolution hingegen gesteht den Feinden der Freiheit keinerlei Freiheit zu; sie polarisiert die Standpunkte und macht die Politik zu einem Kampf, in dem zwei feindliche Gruppen um das Überleben kämpfen: Jeder hat also zwischen Revolution und Konterrevolution zu wählen. Die Lauen und Gleichgültigen aber werden des Verrats verdächtigt.

Während des revolutionären Jahrzehnts und der Errichtung der demokratischen Institutionen leiden die Institutionen unter einer unauflösbaren Widersprüchlichkeit: Einerseits ist ihre Legitimierung revolutionären Ursprungs, andererseits ist es für ihr Fortbestehen und die Wirksamkeit ihrer Politik erforderlich, dass die Revolution beendet ist. Wie soll man also die Revolution beenden? Wie soll man sie durch eine liberale und der Verfassung gemäße Ordnung vollenden? Durch die Anerkennung einer Verfassung sollten die demokratischen Institutionen von ihrem revolutionären Ursprung losgelöst, die legale Ordnung respektiert und die revolutionäre Legitimität durch eine auf dem Weg demokratischer Wahlen erlangte Legitimität ersetzt werden. In beiden Fällen, 1791 und 1795, endeten diese Versuche mit einem Misserfolg.

■ Napoleon und der Cäsarismus

Mit der Französischen Revolution beginnt der Aufstieg der modernen Demokratie. Aber sie steht auch am Anfang einer langen Serie von Demokratien, die nicht mit ihren Widersprüchen fertig wurden. Sie liefert ein beispielhaftes Szenario, das sich in der Folgezeit beständig wiederholt: Eine schwere politische Krise der demokratischen Institutionen, die das öffentliche Leben in Anarchie versinken lässt, eröffnet politischen Kräften ein Aktionsfeld, die sich, in der Regel durch einen Staatsstreich, der staatlichen Gewalt bemächtigen und ein autoritäres Regime errichten. Gewiss, dieses Schema ist zu nuancieren: Die Krisen sind nie die gleichen, eine jede entwickelt sich in einem spezifischen historischen Umfeld, ebenso wie die Formen der autoritären Regime, die auf eine solche Krise folgen, variieren und jeder Despotismus nationale Besonderheiten aufweist. Wie die Demokratie und die Epoche, so auch die Krise und das autoritäre Regime – so könnte man sagen. In jedem Fall sind die modernen autoritären Regime auch darin ein Derivat der Demokratie, als sie sich in der Regel, wenn nicht durch wirkliche Unterstützung des Volkes, so doch durch demokratische Scheinlegalität zu behaupten suchen.

Zwei solcher autoritärer Regime kennt das revolutionäre Jahrzehnt: die revolutionäre Diktatur und das Regime Bonapartes. Sind sie dem Totalitarismus verwandt? Wir kehren die Chronologie um und beginnen mit dem einfacheren Fall: dem Bonapartismus.

Er installiert sich aufgrund des Staatsstreichs vom 18. Brumaire (9. November) 1799. Es ist der erste Staatsstreich, bei dem ein Parlament unter dem Druck bewaffneter Kräfte den Übergang der Macht an die Putschisten anerkennt. Nach dem Staatsstreich tritt die neue Staatsgewalt zwei, drei Jahre lang mit dem Schein der Kontinuität im Wandel auf. Aber von Anfang an überwiegt in diesem Regime, das durch die Person Bonapartes bestimmt wird, ein autoritäres Verständnis der

Macht, und im Abstand von fünf Jahren schälen sich die mehr und mehr autokratischen Formen heraus.

Systematisch werden die politischen Freiheitsrechte Stück um Stück abgebaut. Das Repräsentativsystem wird unwirksam, es bleibt nur ein täuschender Schein. Gab es zu Beginn des Konsulats noch zaghafte Äußerungen einer parlamentarischen Opposition, so wurden sie später im Keim erstickt: Für die Parlamentarier, diese professionellen Schönredner, wie er sagt, hat Bonaparte nur Verachtung übrig. Die Pressefreiheit wird schroff unterdrückt. Bonaparte vermindert drastisch die Zahl der Zeitungen, die Verleger müssen Meldungen und Artikel der Polizei vorlegen, die Bücher werden der Vorzensur unterworfen. Zur empfindlichen staatlichen Zensur gesellt sich die Selbstzensur: Die Zeitungen überbieten sich in gehorsamsbereiter Servilität. Umgekehrt wird die Religionsfreiheit als eine wesentliche Errungenschaft der Revolution wiederhergestellt und bestätigt. Die Rechtsgleichheit wird gewahrt und respektiert. Sie dient als Basis für eine neue Meritokratie: Die Eliten werden nach ihren Talenten und ihrer Dienstbarkeit für den Staat ausgewählt.

Weniger Freiheit – dafür jedoch viel Ordnung. Indem es die überlieferte absolutistische Tradition verlängert und mit den jüngsten Experimenten der Jakobiner verschmilzt, erweist sich das neue Regime als das eines starken, tief in die Gesellschaft hineinwirkenden Staates, der über eine effektive Verwaltung und eine sachkundige Beamtenschaft verfügt. Die Sicherheit der Personen und ihrer Güter wird gewährleistet; die revolutionäre Anarchie oder was von ihr übrig geblieben ist, wird mit Härte unterdrückt. Eine moderne Polizei wird geschaffen; sie begnügt sich nicht damit, die öffentliche Ordnung zu sichern; sie kontrolliert auch die Zirkulation von Personen und Gütern und überwacht Versorgung und Preise. Sie zieht auch – sogar vorzugsweise – politische Funktionen an sich: Überwachung von realen oder möglichen Verschwörern und Oppositionellen; systematische Erkundung der öffentlichen Meinung; Zensur und Überwachung der Presse. Bei der Postverwaltung arbeitet ein Geheimkabinett, das in der schlimmsten absolutistischen und revolutionären Manier das Briefgeheimnis verletzt; die Polizei und Napoleon profitieren davon. Es gibt rund zehn Staatsgefängnisse, in die Personen ohne Gerichtsverfahren willkürlich eingeliefert werden können. Gleichwohl ist die Zahl politischer Häftlinge gering, Exekutionen aus politischen Gründen sind relativ selten, ebenso sind die Fälle von Verbannung oder Deportation in die Kolonien begrenzt.

Mit der Proklamation des Kaiserreiches ist die vordergründige Kollegialität des Konsulats beendet: Die Exekutivgewalt wird nun ganz durch die Person Napoleons verkörpert. Vom revolutionären Erbe bewahrt er das Prinzip demokratischer Legitimation: Das französische Volk hat das Recht, selbst die Staatsform zu wählen, nach der es regiert sein will. Im Gegenzug setzt er sich über das Wahlrecht hinweg, es gibt auch nicht die Spur einer demokratischen Prozedur, nach der das Volk sein Recht ausüben könnte – womit die demokratische Legitimation ihrer Substanz beraubt ist. Bonaparte anerkennt die Faktizität der Demokratie – aber verachtet demokratische Institutionen. In der politischen Welt der Moderne, besonders in Frankreich, das von der Revolution tiefgreifend umgeformt wurde, bildet die Zustimmung der Nation den Sockel, auf dem sich die Legitimität der Macht gründet. Darin ist Bonaparte wirklich ein Neuerer: Seine autokratische Macht nährt sich von demokratischen und revolutionären Kräften. Der Übergang der demokratischen Legitimität in seine persönliche Verfügung geschieht in der Form eines Plebiszits: Es gibt nur noch eine Sache, die zur Entscheidung steht, und das Volk hat nur noch eine einzige Wahl. Keine Alternative wird den Wählern vorgelegt, die Wahl läuft in Eile, in sehr kurzen Fristen, ab und das Resultat steht auf jeden Fall schon fest. Gleichwohl waren Plebiszite für Bonaparte ein Beweis für die massive einhellige Unterstützung, die das Volk seiner persönlichen Macht entgegenbrachte. Die offene und flinke Täuschung durch diese Plebiszite wirft ein bezeichnendes Licht auf die unleugbare Zweideutigkeit der plebiszitären Prozedur selbst: Sie ist im gleichen Atemzug eine Formalität, die man vernachlässigen kann, und eine wesentliche Legitimitätsquelle.

Wer ist rechtmäßiger Besitzer der Souveränität, der Macht also, Gesetze zu erlassen und sie von keinem anderen entgegenzunehmen? Während der Revolution entzweite die Antwort auf diese Frage Nation und Königtum. Für Bonaparte ist diese Frage aufgrund seiner besonderen Beziehung zum französischen Volk des alten Sinnes entleert. Im übrigen wird sie in keiner der napoleonischen Verfassungen geregelt. Bonaparte erfasst intuitiv, was das Volk denkt und will. Er braucht die Nation nicht ständig zu befragen: Der Enthusiasmus der Massen, der ihm bei seinen öffentlichen Auftritten entgegenschlägt, zählt mehr als juristische oder metaphysische Spitzfindigkeiten. Seine Macht ruht auf einer unmittelbaren Beziehung, einer gefühlsmäßigen Verbindung mit dem Volk. Kein Sozialvertrag regiert die Beziehungen zwischen ihm und dem Volk; die Geschichte selbst hat endgültig den Bund besiegelt, der zwischen seinem persönlichen Geschick und dem Schicksal Frankreichs besteht. Bonaparte ist das Gegenteil eines Doktrinärs: Abstrakte Spekulationen über Politik verabscheut er. Wenn das Volk ihm vertraut und sich in ihm erkennt, so nicht aufgrund seiner Worte, sondern aufgrund seiner Taten. Er hat die von der Revolution grausam zerstückelte Einheit der Zeiten wiederhergestellt; er hat das alte und das neue Frankreich versöhnt – eine Einheit, deren Symbol und Bürgschaft seine Person ist. Frankreich will er seine Größe sichern, einen dauerhaften und verlässlichen Frieden schaffen. Dieser Friede aber beruht auf dem Machtgefüge, auf der Vorherrschaft Frankreichs in Europa, ja in der Welt; so sieht er sich dazu verdammt, seine Eroberungen bis ins Ungemessene fortzusetzen. Seine Macht ruht auf dem Ruhm; er muss ihn also durch immer neue Siege beweisen. Schließlich war er dem Krieg mit Leidenschaft zugetan und duldete nichts, was sich seinem Willen entgegenstellte.

Das Regime ist also untrennbar mit dem Charisma Bonapartes verbunden, so wie die Person Napoleons mit der Legende, die ihn umgibt. Seine Legitimität ruht auf einer unmittelbaren Verbindung zur Geschichte: »Der Gott des Krieges und des Glückes steht mir bei!«, ruft er aus am 18. Brumaire; nach der Schlacht von Jena sah ihn Hegel als »Weltgeist zu Pferde«. Für die einen wurde er zur Symbolfigur einer neuen Epoche der Geschichte, zu einer unwiderstehlich unter Menschen und Staaten wirkenden Kraft, während er für die anderen das Symbol des Machtwillens darstellt, der über Masse und Mittelmäßigkeit triumphiert. Aber Bonaparte ist vor allem der erste mythische Heros der Moderne: Aus dem Nichts kommend, schwang er sich zur höchsten Macht empor; er hat die Revolution beendet, aber zugleich hat er der Geschichte für immer ein revolutionäres Gepräge gegeben. Sein Leben ist ein Roman, sein Untergang ein Drama.

Im Zusammenhang des 18. Brumaire rückt man Bonapartes Gestalt oft in die Nähe Cäsars. Seine Kritiker und Verleumder bedienen sich dieses Vergleichs, um ihn als Totengräber der Republik und der Freiheit anzuschwärzen, während seine Parteigänger darin die Vorahnung der Bildung künftiger Dynastien sehen. Im 19. Jahrhundert, Ende der vierziger Jahre, kurz vor dem Staatsstreich Louis Napoleons, hat man den

Begriff *Cäsarismus* gebildet: Man wollte damit ein autoritäres Regime kennzeichnen, in dem eine einzige Person alle Gewalten in sich vereinigt, sich jedoch auf das Volk stützt oder um seine Unterstützung wirbt. Man sprach von Cäsar, aber man meinte Napoleon: Das neue Wort beschwor die Gefahren eines Regimes, das der Neffe unter Berufung auf den Onkel »ausgekocht« hatte und das nun unmittelbar hereinzubrechen schien. Gewiss findet man cäsaristische Züge auch in den totalitären Regimen des 20. Jahrhunderts. Aber daraus folgt kaum, dass das Erste oder das Zweite Kaiserreich totalitäre Regime waren. Noch weniger totalitär waren die unzähligen Diktaturen, von denen die Geschichte der letzten zwei Jahrhunderte übersät ist. Mehr oder minder populistisch, suchten sie allzu oft ihre Inspiration in dem napoleonischen Modell, das doch unnachahmlich war. Und wie viele kleine oder große Autokraten *nach* Napoleon haben ihn nicht wegen seiner immensen Macht und Größe, seiner Eroberungen und seines Reiches beneidet!

■ Der Terror und die revolutionäre Diktatur

Der revolutionäre Terror lässt sich in Ziffern ausdrücken, und die Bilanz ist schaurig: Man schätzt die Zahl der Hingerichteten auf 50 000. Ungefähr ein Drittel der Opfer wurde erschossen. So wird das Schauspiel der *öffentlichen Hinrichtung* zum Symbol der Terrors. Insbesondere in Paris fanden ungefähr 16% der Verurteilungen zum Tode statt. Die Guillotine, das seltsame Instrument, das aus der Hinrichtung eine Frage der Mechanik werden lässt und anfangs eine revolutionäre Neuheit darstellt, gehört bald zur Gewohnheit. Das Schauspiel selbst zieht bald ein zahlreiches Publikum an.

Der Terror wird offiziell verkündet und am 5. September 1793 vom Konvent »auf die Tagesordnung gesetzt« (allerdings gehen schon einige dieser Unterdrückungs- und Zwangsmaßnahmen auf das Frühjahr desselben Jahres, wenn nicht sogar auf das Jahr 1792 zurück). Elf Monate später endet der Terror mit dem Sturz von Robespierre am 27. Juli (am 9. Thermidor des Jahres II). Die revolutionäre Diktatur ist sicherlich nicht das erste Regime in der Geschichte, das auf der Angst beruht; die Beziehungen zwischen Macht, Angst und Gewalt sind so alt wie die Geschichte der politischen Macht. Die Besonderheit der revolutionären

Diktatur beruht auf der neuen Legitimität, auf die sich der Staat beruft. Tatsächlich erwachsen Gewalt, Repressionsmaßnahmen und die Aufhebung des Rechts aus einem Staat, dessen Legitimität allein auf einem Vertrag beruht, d. h. auf der freien Zustimmung der Bürger, die die Machtinhaber dazu verpflichten, ihre Rechte und die Freiheiten des Einzelnen zu sichern und zu respektieren. Nun aber macht sich in den Jahren 1793 und 1794 die revolutionäre Regierung die revolutionäre Maxime zu Eigen, nach der man den Feinden der Freiheit die Freiheit verweigern darf, und behält sich das ausschließliche Recht vor, diese Feinde zu benennen und hart gegen sie vorzugehen.

Der Terror ist nicht die Verwirklichung eines mit Bedacht geplanten ideologischen Vorhabens. Er hat sich erst allmählich entwickelt, greift allerdings auf Elemente und Ereignisse zurück, die schon im Verlauf der Revolution gehäuft auftreten. Alles spielt sich so ab, als ob die politisch Handelnden nicht plötzlich auf den Terror gekommen, sondern durch einen Prozess der Gewöhnung, durch das allmähliche Verschwinden von Hemmschwellen, in ihn hineingeglitten wären. Das Geheimnis des Terrors besteht in einer perversen Dialektik: Das Punktuelle wird zum System, das Provisorische zum Permanenten, und die Demokratie wandelt sich zu einer Diktatur.

Hierbei handelt es sich um eine kurze Zeitspanne, in der sich die Ereignisse überschlagen; der Terror ist untrennbar von seiner unruhigen Geschichte. Da dies hier nicht weiter ausgeführt werden kann, möchte ich nur zwei wesentliche Punkte festhalten: die Kategorie des »Verdächtigen« und die »Rechtmäßigkeit der revolutionären Diktatur«.

Der »Verdächtige« – zugleich ein Begriff und eine Figur – ist der Angelpunkt des Terrors. Das Gesetz über »Verdächtige«, das vom Konvent am 17. September 1793, also zwölf Tage nach der offiziellen Verkündung des Terrors, verabschiedet wurde, ist das Endergebnis eines Strafapparates und einer Vorstellung von Strafe, von der sich der Terror größtenteils inspirieren ließ. Diese Art von terroristischer Gesetzgebung, die die Unterdrückung der »Verdächtigen« legalisiert, beruht auf einem System der Ausgrenzung und wird von einer Atmosphäre ständiger Verdächtigungen gefördert. Der Terror ist ein Machtsystem, das den Einzelnen aufgrund *dessen, was er ist,* und nicht aufgrund *dessen, was er getan hat,* bedroht und bestraft. Alles steht und fällt nämlich mit der rechtmäßigen Definition des »Verdächtigen« oder vielmehr mit dem Fehlen einer solchen Definition. Dieses Gesetz gegen Verdächtige ermöglicht es, jedermann für alles und nichts festzunehmen. Somit erklärt das Gesetz Situationen, Handlungen oder Verhaltensweisen, die mehr oder weniger präzise bestimmt werden, für kriminell: so z. B. die Tatsache, dass man einen Emigrierten in der Familie hat oder Beziehungen, und sei es nur brieflich, mit Emigrierten unterhält. Genauso gilt derjenige als »verdächtig«, der keinen Bürgerausweis vorzeigen kann. Die Erteilung eines solchen Dokuments durch ein revolutionäres Komitee ist allerdings genauso willkürlich wie die Verweigerung. Der Ausweis wird insbesondere verweigert, wenn man als »verdächtig« gilt, und man wird wiederum für »verdächtig« gehalten, wenn man keinen Ausweis hat. So schließt sich der Kreis der Willkür und des Verdachtes.

In den Kommunen sollten »Verdächtige« gestellt werden, Ausgangssperre erhalten und gegebenenfalls in Haft genommen werden; die vollständigen Listen der »Verdächtigen« sollen daraufhin an das Comité de sûreté générale (Komitee für allgemeine Sicherheit) in Paris geschickt werden. Nach Schätzungen, die einige vage Kriterien berücksichtigen, sollen zwischen 700 000 und 900 000 Personen von diesen Maßnahmen betroffen gewesen sein. Die Zahl der tatsächlich Festgenommenen oder von einer mehr oder weniger langen Ausgangssperre Betroffenen ist schwierig zu ermitteln, ist aber wohl deutlich geringer, und dies aus folgendem Grund: Um solche Massen von Menschen auf Dauer zu überwachen, verfügt der Staat, mag der revolutionäre Eifer noch so groß sein, weder über das Personal noch über die geeignete Infrastruktur. Dieses Gesetz gegen »Verdächtige« ersetzt nicht nur Gerechtigkeit durch Willkür, sondern legalisiert auch ein ganzes Heer von Denunzianten. Die Ausnahmemaßnahmen werden häufig noch durch Eifersucht, Hass und alte lokale Konflikte verstärkt. Gleichzeitig bietet der Terror wiederum eine hervorragende Gelegenheit dafür, solche Konflikte zu schüren.

Auf diese Weise treibt der Terror das System der Ausgrenzung bis zum Äußersten. Der Verdächtige ist ein Individuum, das von der Nation, in deren Namen der Terror ausgeübt wird, ausgeschlossen wird; die Nation wiederum wird gefestigt und gestärkt durch ein System der Ausgrenzung und der Bestrafung. Das Gesetz gegen Verdächtige kann einem eine Vorstellung davon vermitteln, was das Übermaß des Terrors bedeutet: Der unmöglich zu beherrschende Terror ist ein System, das aufgrund seiner innerer Logik funktioniert. Das Gesetz gegen Verdächtige enthält keinerlei Angaben über die Dauer seiner Anwendung, und somit besteht die Gefahr, dass die Zwangsmaßnahmen auf unbestimmte Zeit in Kraft bleiben.

Der Terror nistet sich in ein konstitutionelles Vakuum ein, erhält eine dauerhafte Stellung im Provisorischen und findet seine Rechtfertigung in außergewöhnlichen Umständen.

Seit dem Ende der Monarchie im August 1792 hat Frankreich keine Verfassung mehr; die alte Verfassung der Monarchie von 1791 ist abgeschafft, und der Nationalkonvent ist einberufen, um eine neue zu erarbeiten. Im Sommer 1793 bereiten die Montagnards in Eile eine Verfassung vor.

Ich sagte: Der Terror ist nicht die planvolle Verwirklichung eines ideologischen Vorhabens. Die Zwangsmaßnahmen werden erst allmählich erfunden; ein Ausnahme-Regime reagiert auf Ausnahme-Situationen. Indes droht die Republik im Sommer 1793 tatsächlich unterzugehen: militärische Rückschläge an den Fronten, Bürgerkrieg in der Vendée, Aufstände in Lyon und im Südwesten, ein wachsendes Durcheinander in der Verwaltung, bis hin zur Lähmung des Staates. Um die Ausnahmegesetze zu rechtfertigen, die vom allgemeinen Recht abweichen und die Freiheiten und Rechte des Einzelnen aufheben, verwendet der Konvent den Begriff des »salut public«, des öffentlichen Wohls. Die Interessen und die Rechte des Einzelnen müssen dem Allgemeininteresse geopfert werden. Die Staatsräson und der Druck der Umstände zwingen zu Ausnahmemaßnahmen und zur Bildung einer revolutionären Regierung als einzigem Zentrum einer kraftvollen und wirksamen Herrschaft, die in der Lage ist, drohende Gefahren abzuwenden. Diesen Erfordernissen soll die Schaffung des Comité de salut public (Wohlfahrtsausschuss) begegnen. Der Wohlfahrtsausschuss, der im April 1793 eingerichtet wird und anfangs zur Aufgabe hat, das Handeln der Verwaltung zu überwachen und zu beschleunigen, konzentriert allmählich eine ungeheuer große Macht in seinen Händen. Es handelt sich um eine Kriegsregierung, daher auch die Notwendigkeit einer Diktatur: Es gilt, den Sieg an allen Fronten zu sichern; es gilt, die sichtbaren und die unsichtbaren, die erwiesenen und die mutmaßlichen Feinde der Revolution zu bekämpfen; es gilt, der um sich greifenden Anarchie, insbesondere der ungezügelten Entchristianisierung im Lande, ein Ende zu setzen, eine Kriegswirtschaft aufzubauen und die Versorgung der großen Städte zu gewährleisten. Die *revolutionäre* Regierung ist also eine provisorische Diktatur mit praktisch unbegrenzten Machtbefugnissen. Im Herbst und im Winter 1793/1794 nimmt die revolutionäre Diktatur mit einer Serie von Verordnungen sowohl in Paris als auch im Land eine systematischere Form an. Sie erstreckt sich auf alle Bereiche des öffentlichen Lebens gerade so, als ob ihre Herrschaft zugleich die alte Macht der absoluten Monarchie und die neue Autorität der uneingeschränkten Nationalsouveränität in sich schlösse. Die revolutionäre Diktatur untersteht keinem Gesetz und keiner Norm: Das Wohl der Nation, die heilige und höchste Sache, rechtfertigt alle Mittel. Sicherlich sollte dies die Ausübung der diktatorialen Herrschaft auch einschränken, aber der juristisch fließende Begriff des »öffentlichen Wohls« kann unbegrenzt ausgedehnt werden. Eine unermessliche Macht in den Händen einer begrenzten Gruppe führt unvermeidlich zu einer Willkürherrschaft.

Der »große« Wohlfahrtsausschuss, der Frankreich fast ein Jahr (von September 1793 bis Juli 1794) »revolutionär« regiert, besteht aus zwölf Personen; ab April 1794 sind es nur noch elf. Während dieser Zeit regiert der Ausschuss wie ein Diktator das Land, entscheidet über die Außen- wie über die Innenpolitik, beruft Generäle und setzt sie ab, gibt den Vertretern der Republik mit besonderen Aufträgen Anweisungen, befiehlt Festnahmen etc. Die Sitzungen sind geheim, keine Regelung lenkt die Arbeiten. Alle Mitglieder sind gleichgestellt; die Verteilung der Aufgaben ist nicht streng geregelt, sie wird mehr oder weniger durch die Kompetenzen der Einzelnen bestimmt.

Die gemeinschaftliche Ausübung einer solch großen Macht hat unterschiedliche Auswirkungen auf die Einheit der Gruppe: Einerseits schweißt sie alle zusammen, andererseits führt sie zu unvermeidlichen Konflikten. Unter diesen Gleichen halten sich einige für noch gleicher als die anderen. Dies ist insbesondere der Fall bei Robespierre, der große politische Anerkennung genießt und dessen Stellung im Ausschuss durch seinen großen Einfluss bei den Jakobinern gestärkt wird. Die Konflikte im Ausschuss waren gleichsam vorprogrammiert, da die Mitglieder sehr unterschiedliche Sensibilitäten, Temperamente und Biographien aufweisen und durch keine gemeinsame Ideologie zusammengehalten werden.

Die unbegrenzte Macht des Wohlfahrtsausschusses unterliegt jedoch zwei Einschränkungen: Die Art, *revolutionär zu regieren*, ist provisorisch, und seine Legitimation stammt vom Konvent. Im Oktober 1793 beschließt der Konvent formell per Dekret die Suspendierung der Verfassung sowie die Einrichtung einer »revolutionären Regierung« , die bis *zum Frieden* Bestand haben sollte. Nun beginnt sich das Blatt an den Kriegsfronten aber gerade erst zu wenden, und der Frieden scheint sich noch nicht abzuzeichnen. Der Grenzwert »bis zum Frieden« bedeutet also »für eine unbestimmte Zeit«. In der Theorie nämlich bleibt der Konvent als gewählte Nationalversammlung und als Repräsentation des souveränen Volkes stets das »einzige Zentrum und die einzige Triebkraft der Regierung«. Überdies ist es Aufgabe des Konvents, jeden Monat den Wohlfahrtsausschuss, der, formal gesehen, *sein* Ausschuss ist, neu zu besetzen. Dies ist jedoch nur eine Formsache: Die Verlängerung des Mandats vollzieht sich stets ohne Diskussion und gilt für alle Mitglieder. Der Konvent übt somit keine wirkliche Macht aus und hat noch dazu Angst vor dem Wohlfahrtsausschuss: Er wird von dem Terror terrorisiert, den er selbst auf die Tagesordnung gesetzt hat. Gegenüber der tatsächlichen Machtkonzentration ähneln alle Einschränkungen der Macht des Wohlfahrtsausschusses einem juristischen Wunschtraum. Dennoch ist nur der Konvent demokratisch legitimiert und mit Vollmacht ausgestattet. Er bleibt die einzige Instanz, die die revolutionäre Diktatur legitimiert. Auch wenn der Wohlfahrtsausschuss die ganze Macht in seinen Händen hält, kann er sich keineswegs selbst legitimieren. Die dadurch aufgeworfene Frage ist von entscheidender Bedeutung.

Sobald eine diktatoriale Macht einmal eingesetzt ist, folgt sie ihrer eigenen Logik. Sehr bald schon sieht sich der Konvent nicht nur seiner realen, sondern auch seiner symbolischen Macht und seiner Funktion als Legitimierungsinstanz beraubt. Der terroristische Diskurs ändert nämlich seine Tonlage und reißt sich von seinem Anker los; man bewegt sich vom Provisorischen zum Permanenten, vom Relativen zum Unbedingten und vom Politischen zum Moralischen. Derjenige, der sich der Aufgabe angenommen hat, diesen Wechsel in die Wege zu leiten, ist Robespierre, und er ist es auch, der davon profitiert. So prägt er in seiner großen Rede vom 5. Februar 1794 die berühmte Formel: »Die Triebkräfte der Volksregierung während der Revolution sind zugleich die Tugend und der Schrecken; ohne die Tugend ist der Schrecken unheilvoll, und ohne den Schrecken ist die Tugend ohnmächtig.« Der Terror ist also ein Ausfluss der Tugend. Tugend ist nicht etwa ein »eigenes Prinzip«, sondern nur die Folge eines »allgemeinen Prinzips der Demokratie«. Sicherlich ist der Schrecken die Triebkraft der despotischen Regierung, aber die revolutionäre Regierung wird davon schon einen nützlichen Gebrauch machen, um die Feinde der Freiheit zu besiegen; so repräsentiert sie eben den »Despotismus der Freiheit«. Sicherlich kann in Friedenszeiten die Tugend auch ohne Terror auskommen, aber diese glückliche Zeit liegt noch in weiter Ferne. Folglich wird der Terror nicht mehr nur als Reaktion auf eine bestimmte kritische Situation verstanden; er ist nicht mehr nur ein schlichtes Instrument, sondern ein wesentlicher Bestandteil der Revolution und der Souveränität. Wenn der Terror als wesenhafter Bestandteil sowohl der Revolution wie der Souveränität gilt, dann werden beide auf einzigartige Weise auf ein Regime des Terrors reduziert – auf die Herrschaft des Schreckens und letzten Endes auf die Herrschaft von Robespierre. Seine Rede bleibt noch ziemlich zwiespältig, aber die Wende ist vollzogen. In der kritischen Zeit des Frühjahrs 1794 überschlagen sich die Ereignisse und kollidieren miteinander. Einerseits wird durch die Verkündung des Kultes des »Höchsten Wesens« die Loslösung des Terrors von den provisorischen Zeitumständen abgeschlossen, und andererseits erreicht der Terror seinen Höhepunkt.

Im Frühjahr des Jahres II, am 18. Floreal (7. Mai 1794), setzt der Konvent nach einer Rede von Robespierre den Kult des Höchsten Wesens ein. Diese lange, verwickelte und konfuse Rede, die zwischen Religion und Philosophie, zwischen Politik und Moral pendelt, ist schwer zusammenzufassen. Aber gerade das Zwiespältige und das, was ungesagt bleibt, hat im Politischen häufig mehr Bedeutung als klar ausgedrückte Ideen. In dieser Rede wird der Terror kaum mehr direkt erwähnt, wenn auch keine terroristische Maßnahme in Frage gestellt wird. Gleichwohl lässt Robespierre gerade im religiösen Bereich, indem er den Kult des Höchsten Wesens verkündet, die Zügel des Terrorismus schleifen: Die brutale und traumatisierende Entchristianisierung wird heftig verurteilt und die Religionsfreiheit feierlich bestätigt. Ein Hauch von Freiheit also. Dennoch stärkt die Einrichtung des Kultes des Höchsten Wesens die revolutionäre Diktatur und vollendet seine ideologische Legitimierung. Indem die Regierung in den religiösen Bereich eindringt und ewige Wahrheiten verkündet (zum Beispiel: Das französische Volk bekennt sich zur Existenz des Höchsten Wesens und zur Unsterblichkeit des Seele), löst sie sich vom Provisorischen und richtet sich in einer unbegrenzten Dauer ein. Die Politik ist nicht mehr der

Boden, auf dem Debatten über Ideen und Meinungen geführt werden, sondern ein Schlachtfeld zwischen Gut und Böse, zwischen Wahr und Falsch. Die Moral beruft sich auf religiöse Grundlagen, die Einrichtung des Kultes des Höchsten Wesens aber ist eine *politische* Entscheidung und eine *Machthandlung*. Auch die Grenzen zwischen der Politik und der Religion verschwinden, und zwar zunächst zugunsten der Religion, der die Macht eine legitime Präsenz im öffentlichen Raum zuerkennt – auf die Dauer aber ebenso zugunsten der Macht und somit zugunsten derjenigen, die der Moral und der Religion einen besonderen Platz anweisen. All diese Zwiespältigkeiten kennzeichnen die Feierlichkeiten zu Ehren des Höchsten Wesens am 8. Juni 1794: Als Bürgerfest versammeln sie das Volk, als religiöses Fest verherrlichen sie das Höchste Wesen; als politisches Fest sind sie die Bestätigung und die endgültige Legitimierung der diktatorialen Herrschaft und ihres großen Organisators. Es ist auch ein Fest für Robespierre.

In den Wochen, die dem Fest vorhergehen, erreicht der Kult Robespierres seinen Höhepunkt. Bei den Festlichkeiten in Paris wird ihm der Ehrenplatz reserviert. Sicherlich kommt ihm dieser Ehrenplatz nur in seiner Eigenschaft als Präsident des Konvents zu, aber seine Wahl war so geschickt eingerichtet worden, dass die Festlichkeiten und sein Vorsitz gerade auf denselben Zeitpunkt fielen. Er ist es, der die feierliche Prozession eröffnet und vor den Konventsabgeordneten einherschreitet, und er ist es, der sich über ihre Köpfe hinweg direkt ans Volk wendet; er ist es auch, der als Erster auf den Gipfel des symbolischen Berges – eines künstlichen kleinen Berges, den man auf dem Marsfeld aufgeschüttet hatte – steigt. Er spricht direkt und ohne Vermittler zum Volk, stellt sich seinem Blick; er ist das *Volk*. Während einer Revolution ist die Kraft von Symbolen ungeheuer; am Fuße des symbolischen Berges murren einige Konventsabgeordnete und nennen Robespierre einen Tyrannen. Nur 50 Tage später wird er gestürzt, und der Kult des Höchsten Wesens wird mit ihm verschwinden.

Am 20. Prairial, einem Festtag, zählt man in den Pariser Gefängnissen bis zu 7036 Gefangene; anlässlich der Feierlichkeiten hat man die Guillotine angehalten, aber schon am nächsten Tag nimmt sie ihre Arbeit wieder auf. Zwei Tage nach dem Fest setzen Robespierre und seine Anhänger im Konvent ein neues Gesetz über die Organisation des Revolutionsgerichts durch, mit dem die Zeit des »Großen Terrors« beginnt. Waren in vierzehn Monaten (zwischen März 1793 und dem

10. Juni 1794) noch 1252 Todesurteile vom Gericht ausgesprochen worden, so waren es jetzt in nur sechs Wochen (zwischen dem 10. Juni und dem 27. Juli 1794) am 9. Thermidor 1376 Todesurteile. Zwei Wochen nach dem Gesetzesbeschluss, der die Zeit des »Großen Terrors« eröffnet, erzielt die republikanische Armee in Fleurus einen Sieg, der ihr die Tore von Brüssel öffnet. Diese Erfolge vermögen das terroristische Gebaren, das seinen Höhepunkt erreicht hat, kaum zu bremsen. Es ist, als ob die Regierung auf diese Weise zeigen wollte, dass von nun an jeglicher Zusammenhang zwischen der Notwendigkeit des Terrors und seiner Rechtfertigung durch die Umstände definitiv aufgelöst ist.

Dachte Robespierre daran, den Terror für unbegrenzte Zeit aufrechtzuerhalten? Wollte er ihn erst nach einer neuen Säuberung des Konvents stoppen? Träumte er vielleicht von einem reinen und tugendhaften Terror, der nur die Korrupten treffen sollte – und zu allererst jene, die den Terror missbraucht hatten? Aber hätte ein »reiner« Terror etwas anderes sein können als ein besser geschliffenes Fallbeil und ein »kleines Fenster«, das noch sauberer gewischt wäre? Wollte er etwas mehr oder etwas weniger Terror? Sein Plan, falls es denn einen solchen gegeben hat, ist schwer zu durchschauen. Eines hingegen ist klar: Nur er hatte die Macht, über das *Mehr* oder *Weniger* zu entscheiden und den zu bestimmen, den es treffen sollte. Die Feinde von Robespierre und alle die, die sich durch ihn bedroht fühlten, brauchten jedenfalls seine Langzeitpläne nicht zu deuten. Für sie bestand die entscheidende Frage darin, wie lange Robespierre diese scheußliche Macht innehatte, deren Bedeutung die sauberen Schnitte der Guillotine jeden Tag am Schlagbaum des umgestürzten Thrones deutlich machten. In dieser von Angst und Spannung gezeichneten Krisenatmosphäre suchen die Hauptdarsteller nun Verbündete im Konvent, gerade so als ob sie sich nun endlich daran erinnerten, dass dieser die einzige Instanz ist, die die Macht demokratisch legitimieren kann. Anstatt seine Feinde und Gegner gegeneinander aufzubringen – diese Strategie hatte sich bisher als erfolgreich erwiesen –, begeht Robespierre einen fatalen Irrtum; und diesmal verbünden sich angesichts der Todesgefahr alle miteinander. 50 Tage lang liefert Robespierre den blutigen Beweis dafür, dass der Terror eine politische und kulturelle Sackgasse ist, der tote Punkt der Revolution. Seine Gegner, die noch nicht wissen, dass sie dabei sind, Thermidorianer zu werden, haben kaum eine Wahl: Sie sind gezwungen – ob nun aus Überzeugung oder aus der Not heraus –, sich gegen den Terror und für die Freiheit zu entscheiden. Die am Festtage des Höchsten Wesens gesponnene Verschwörung gegen Robespierre und seine Anhänger tritt 50 Tage danach bei einer Sitzung des Konvents – einer der dramatischsten Sitzungen der Parlamentsgeschichte – offen zu Tage. Um sich ihre Angst auszutreiben und um ihrem Hass Ausdruck zu verleihen, zögern die Konventsabgeordneten nicht, ein Wort in den Mund zu nehmen, das brandmarkt: *À bas le tyran* – nieder mit dem Tyrannen! Gleichsam zwangsläufig kehrt in ihrem Gebrüll die alte Bezeichnung des Despoten wieder, den es niederzuschlagen gilt. Am nächsten Tag hören weder die Guillotine noch das Revolutionstribunal auf zu arbeiten: Robespierre und 60 seiner Komplizen, alles große und kleine Terroristen, werden hingerichtet. Auch sie mussten den Preis für den Terror bezahlen.

In der Nacht vom 9. zum 10. Thermidor war die symbolische Rolle, die der Konvent spielte, noch von so großem Gewicht, dass sie das Steuer herumwarf. Sicherlich hatte der Konvent dazu beigetragen, dass der Terror aufkam, der sich dann gegen ihn selbst richtete, um ihn zu dezimieren und zu erniedrigen. Dennoch bleibt er die einzige Instanz, die demokratisch legitimiert ist; er ist die gewählte nationale Vertretung, und in dieser revolutionären Epoche zählen diese Legitimation und diese Autorität noch sehr viel. Wie schon aufgezeigt, stellt der 9. Thermidor den ersten revolutionären Tag dar, an dem der Machtkampf sich zugunsten der nationalen Vertretung und nicht zugunsten der bewaffneten Straßenkämpfer entscheidet. In der Nacht vom 9. zum 10. Thermidor schlägt für den Terror die Stunde der Wahrheit, und dies nicht nur, weil diese Ereignisse auch zeigen, dass die Anhänger von Robespierre in dem Machtkampf mit dem Konvent keinerlei Legitimation hatten. Einer Anekdote zufolge habe sich Robespierre geweigert, einen Aufruf zum Widerstand gegen den Konvent zu unterzeichnen; er fragte: in wessen Namen? Dem Terror war kein ideologischer Plan vorangegangen; auch lässt sich eine Ideologie nicht an einem Tage zimmern. Im kritischen Augenblick war der rhetorische Wust von Robespierre über die Tugend und das Höchste Wesen zu nichts nutze: Es reichte nicht, um die Anhängerschaft zusammenzuschweißen, und war am nächsten Tage vergessen.

Es gibt eine endlose Debatte über die Besonderheit des Terrors: Ist er wesenhafter Bestandteil der Revolution oder ist er nur ein übler Auswuchs, ein Zwischenspiel in der revolutionären Geschichte? Gewiss kann man mit Clémenceau sagen, die Revolution sei »ein Block«. Der

Terror ist eine Fortführung der Grundtendenzen der revolutionären politischen Kultur und treibt sie bis zum Äußersten. Allerdings kennzeichnet der Terror auch die Wende, insofern er in eine politische Sackgasse führt. Der Terror endet mit einer Niederlage, die gleichzeitig die Grenzen des revolutionären Vorhabens deutlich macht, wenn es in seiner ganzen Radikalität ausgeführt wird. Dennoch erschöpft sich die Revolution nicht im Terror. Die Reaktion auf die revolutionäre Diktatur, der geschichtliche Wendepunkt, an dem man beginnt, den Terror zu beenden – alles, was man mit dem Begriff »Thermidor« ausdrücken kann –, ist ein wesentlicher Bestandteil der Erfahrung, die die Franzosen mit der Revolution gemacht haben. Die Erinnerungen an diese blutige Diktatur haben den demokratischen Institutionen und dem revolutionären Wechsel viel Misstrauen eingebracht und ein Jahrhundert politischen Lebens in Frankreich vergiftet. Dies ist umso bedenklicher, als die revolutionäre Diktatur auch noch nostalgische Anhänger zurückgelassen hat.

Für den Historiker ist es nunmehr verpflichtend, die Revolution im Lichte der totalitären Phänomene des 20. Jahrhunderts, insbesondere der kommunistischen Ideologien und Regime, aber auch des italienischen Faschismus – aus offensichtlichen historischen und kulturellen Gründen suchte der Nationalsozialismus seine Vorgänger an anderer Stelle – zu sehen. Welch großen intellektuellen Nutzen man aus diesen Betrachtungen ziehen kann, hat François Furet meisterhaft gezeigt. Dies setzt freilich voraus, dass man die Revolution nicht in dem Dunkel verschwinden lässt, das der Schatten des Totalitarismus über die Vergangenheit wirft. Die Französische Revolution im Lichte der Totalitarismen zu betrachten bedeutet, dass man Parallelen hervorhebt, aber auch die Unterschiede herausarbeitet. Die revolutionäre Diktatur hat sicherlich einen blutigen Terror praktiziert, aber man darf deshalb nicht gedankliche Verlängerungen in die Zukunft hinein mit tatsächlichen Wirkungen gleichsetzen. Der autoritäre und terroristische Abweg des 18. Jahrhunderts ist die Folge militärischer Niederlagen, der schweren Krise einer ohnmächtigen Demokratie und der fanatischen und begeisterten Radikalisierung des revolutionären Projekts. Der Terror stolpert und fällt schließlich aufgrund der Versuchung, ihn von dem Umfeld, in dem er entsteht, loszulösen und ihn mit einer speziellen Legitimität und einer Finalität, die über allem steht, auszustatten.

Zu Beginn des 20. Jahrhunderts dient das, was für die Französische

Revolution noch der tote Punkt war, den Ideologien und totalitären Parteien als Sprungbrett. Antiparlamentarismus ist ihr Grundkapital, und für die Demokratie zeigen sie nur Verachtung; sie streben nach der Diktatur und bereiten sie vor, und sie rechtfertigen den systematischen Gebrauch von Gewalt. Je nach ihren Eigenarten errichten die totalitären Regime ihre diktatoriale Macht und erfinden ihre eigenen Terrormaschinerien. Die jeweiligen ideologischen Vorstellungen spielen eine entscheidende, wenn auch nicht ausschließliche Rolle in der Zweckbestimmung der Terrors, in der Ausarbeitung von Entscheidungsvorgängen, in der Wahl der Opfer, in der Ausbildung des terroristischen Personals und so weiter.

Nehmen wir dem 20. Jahrhundert nicht seine Eigenart! Das Phänomen der Totalitarismen des 20. Jahrhunderts ist auf dem Hintergrund anderer Zeiten und anderer Menschen, anderer Vorstellungen und anderer Leidenschaften möglich geworden als jene, über die die Revolutionäre am Ende des 18. Jahrhunderts verfügten. Keine historische Notwendigkeit, keine verborgene historische Logik vereint die Französische Revolution mit den totalitären Regimen des 20. Jahrhunderts. Aber es gibt auch keine historische Logik, welche die Demokratien unserer Zeit gegen die Gefahr einer schweren politischen und sozialen Krise und gegen die Gefahr eines diktatorialen Irrweges schützen würde. Um solchen Gefahren zu begegnen, verfügen die modernen Demokratien sicherlich über eine historische Erfahrung, über juristisches Werkzeug und über eine politische Kultur, die in der Zeit der Revolution, als die Demokratie noch in den Kinderschuhen steckte, außer Reichweite lagen. Vielleicht hat das revolutionäre Denken, nachdem es einen langen Prozess durchlaufen hat, seine Trieb- und Anziehungskraft verloren, jedenfalls für einige Zeit. Gewiss wiederholt sich die Geschichte nicht, es kommt aber vor, dass sie stottert.

Aus dem Französischen von Markus Ibe

Hermann Lübbe █ **Totalitäre Rechtgläubigkeit**
█ *Das Heil und der Terror*

Die Aufklärung ist uns historisch als ein Zeitalter mannigfacher Reformen vertraut – rechtspolitisch und pädagogisch, agrarökonomisch und wissenschaftsorganisatorisch. Reform unseres Verhältnisses zum Tod scheint sich zu den übrigen Reformaktivitäten des Aufklärungszeitalters eher marginal zu verhalten. Für die Friedhofsreform trifft das gewiss zu. Nichtsdestoweniger handelt es sich auch hierbei um einen signifikanten Vorgang, und es lohnt, sich das neue kulturelle Verhältnis zum Tod, das in der Friedhofsreform Gestalt gewann, mit einigen knappen Schilderungen zu vergegenwärtigen. Die Friedhofskulturgeschichte ist ja inzwischen gut erforscht. Philipp Ariès' »Geschichte des Todes« ist auch bei uns populär geworden. Richard A. Etlin hat das mit seiner »Architecture of Death« in kunsthistorischer Hinsicht ergänzt, und die deutsche Version des Reformfriedhofs im Kontext des »Projekts der Moderne« mag man sich am vertrauten Beispiel unserer Waldfriedhöfe vergegenwärtigen, in deren Naturästhetik romantischer Herkunft der Rigorismus aufgeklärten Reformwillens aufgehoben zu sein scheint.

Erste Absicht aufgeklärter Friedhofsreform war, unser Verhältnis zum Tod Erfordernissen der Hygiene zu unterwerfen. Wir sind heute geneigt, dies kulturkritisch zu kommentieren. Aber solche kulturkritische Empfindlichkeit gegen einen Fortschritt, der auch noch unser Verhältnis zu den Toten gesundheits- und seuchenpolizeilichen Vorschriften unterwarf, kann man sich einzig in einer Kultur leisten, in der die Segnungen dieses Fortschritts einigermaßen selbstverständlich geworden sind. Demgegenüber möge man sich erinnern: Längst vor der Aufklärung waren die engen, von Mauern umschlossenen Altstadtquartiere einer Bevölkerungszunahme kaum mehr gewachsen, den wirtschaftlichen und verkehrstechnischen Erfordernissen der Frühindustrialisierung ebenso wenig, und auch die nichterweiterungsfähigen Altstadtkirchhöfe vermochten schließlich die komplementär zur Bevölkerungszunahme wachsende Zahl der Toten nicht mehr aufzunehmen. Eben daraus resultierten aufdringliche Hygieneprobleme. Wenn sich der Querschnitt eines Durchlaufsystems nicht erweitern lässt, erhöht sich zwangsläufig die Durchlaufgeschwindigkeit. Die Belegungszeiten der Grabstätten, für deren Dauer die Toten sozusagen ihre Ruhe hatten, verringerten sich schließlich auf zehn, ja auf fünf Jahre. Aus Gräbern wurden Stapelgräber. Die Verwesungskapazität der Erde erwies sich als hoffnungslos überfordert. Der gute Geschmack verbietet es, die penetranten Effekte zu schildern, die das haben musste. Wer interessiert ist, hierüber Näheres zu erfahren, sei auf die beiläufig erwähnte Literatur verwiesen. Kurz: Allein schon die Forderungen der Hygiene, die im Zeitalter der Aufklärung auch aus anderen Gründen Aktualität gewannen, erzwangen die Friedhofsreform.

Wie sie, in der Quintessenz, aussah, ist bekannt: Neue, zusätzliche Begräbnisplätze wurden angelegt, nämlich dort, wo freie Flächen sich fanden, vorzugsweise also vor den Toren der Stadt. Wir haben uns an die Plausibilität dieses auch städtebaulich revolutionären Vorgangs längst gewöhnt. Sie hat nichtsdestoweniger den Charakter einer Revolution der Erinnerungskultur. Der alte Kirchhof lag doch, wie die Kirche selbst, inmitten der Stadt. Somit blieben, räumlich nämlich, die Toten den Lebenden nahe, und das an bevorzugter Stelle. Indem die aufgeklärte Bestattungsreform den Begräbnisplatz vom Kirchhof auf den Friedhof verlagerte, separierte sie die Toten von den Lebenden, räumlich zumindest. Wir sind heute geneigt, auch diesen Bestand kulturkritisch zu kommentieren. Die populäre Kategorie der Verdrängung bietet sich an: Es wird nicht mehr zu Haus, vielmehr separiert in der Klinik gestorben, und auch die Bestattung erfolgt in separierten Totenstädten, in die man nur gelangt, indem man sich eigens dorthin begibt. Die Endstationen des Lebens sind, verkehrstechnisch gesehen, entlegene Endstationen von Straßenbahn- oder Omnibuslinien.

Aber auch in diesem Falle beruht die Kulturkritik auf Missverständnissen. In Wahrheit hat nämlich die aufgeklärte Reform des Bestattungswesens, die den alten Kirchhof als Begräbnisplatz aufhob und große Friedhöfe im Freien einrichtete, die Kultur des Totengedächtnisses nicht in Bedrängnis gebracht. Sie hat sie vielmehr in historisch beispielloser Weise erblühen lassen. Die Auflassung der Kirchhöfe zugunsten von Friedhöfen hat kulturell das Totengedächtnis nicht abgeschoben. Es hat ganz im Gegenteil das Verhältnis zu den Toten modernisiert, näherhin individualisiert und schließlich sogar historisiert. Exemplarisch heißt das: Erst auf den Reformfriedhöfen wurde es denkbar und realisierbar, nicht nur wenigen Privilegierten, vielmehr jedermann einen Anspruch auf Fortleben im Gedächtnis der Nachwelt zu verstatten, nämlich in Gestalt eines Grabdenkmals, auf welchem der eigene Name in Stein gehauen präsent bleibt.

Man erkennt: Zu den guten Gründen, die wir haben, in das allgemeine Lob des Zeitalters der Aufklärung einzustimmen, gehört auch die Reform unseres Umgangs mit den Toten. Übertreibungen gab es natürlich auch. Es ist übertrieben, den Forderungen der Hygiene und der Säuberung bis hin zum Wunsche nachzugeben, Verwesung solle überhaupt nicht mehr stattfinden, vielmehr Verwandlung der Toten in einen sterilen Erdenrest in den reinigenden Flammen der Feuerbestattung. Immerhin hat auch dieses aufgeklärte Gedankengut sich im kulturellen Pluralismus der modernen Gesellschaft bis heute zu halten vermocht, ja es breitet sich sogar wieder aus, während andere Vorstellungen, wie sich Tod und Reinigung miteinander verknüpfen ließen, erwiesener Unpraktikabilität wegen singulär blieben – so die Verfügung eines aufgeklärten deutschen Fürsten zur Annihilation seines Leichnams in einem Säurebad. – So oder so: Der Impuls der Aufklärung war, auch unser Verhältnis zum Tod fortschrittlich zu machen – hygienisch und ästhetisch, moralisch und erinnerungskulturell.

Was hätte das mit Terror zu tun? Ich möchte nicht insinuieren, das aufgeklärte Verhältnis zum Tod, dessen besonders hervorzuhebende Seite die Friedhofsreform ist, enthalte eine Prädisposition zum Terror. Das wäre Unsinn. Terror und Humanisierung des kulturellen Verhältnisses zum Tod gehören beide dem Zeitalter der Aufklärung an. Aber es ist nicht erkennbar, wieso ihrer historischen Gleichzeitigkeit ein Sachzusammenhang zugrunde liegen sollte. Der Übergang von jener Reform, die auch noch unser Verhältnis zum Tod Zwecken der Beförderung der Humanität unterworfen hat, zum Terror hat kontingenten Charakter. Der Terror ist ja banalerweise kein Beitrag zur Humanisierung des Todes. Er ist vielmehr eine Praxis, den Tod massenhaft zu bereiten. Nichtsdestoweniger bleibt auch noch dieser Tod, den zu geben die terroristische Aufklärung aus Gründen, von denen noch die Rede sein wird, für unvermeidlich hielt, Zwecken der Humanität unterworfen.

Sogar die Technik terroristischer Liquidationen lässt das erkennen. Immerhin ist die Guillotine als ein Instrument zur Beförderung der Humanität konzipiert worden. Es sollte kurz und schmerzlos abgehen, und dieser Zweck wurde erreicht. Auch in diesem Falle erwies sich, dass eine aus dem Geist moderner Technik konzipierte Maschine weitaus präziser und zuverlässiger als ein handwerkendes Individuum zu arbeiten vermag. Das ist ein Gesichtspunkt, der auch ganz unabhängig vom Terror, nämlich im Kontext konventioneller Strafgerichtsbarkeit des Aufklärungszeitalters einleuchten musste. Die Aufklärung hat bekanntlich auch das Recht und die Praxis der Todesstrafe reformiert. Bis ins Renaissancezeitalter sogar reicht die Kritik an der Praxis zurück, selbst kleine Alltagskriminalität unter Todesstrafendrohung zu setzen. Von Thomas Morus zum Beispiel stammt das Argument, die Todesstrafe wirke, statt abschreckend, zusätzlich kriminalitätsfördernd, indem der kleine Dieb, der als Ertappter hängen müsste, keinerlei zusätzliches Risiko eingeht, wenn er seinem Vergehen nun auch noch eine schwerwiegendere Straftat folgen lässt. Solche Argumente legten Strafrechtsreformen nahe, und auch das wird im Zeitalter der Aufklärung rechtspolitisch wirksam. Gleichwohl bleibt damals der Gedanke, dass die Todesstrafe schließlich überhaupt abgeschafft werden könne, marginal, und kein Geringerer als Kant hat bekanntlich in einer Erwägung von leicht zopfiger Anmutungsqualität gefunden, ein bürgerliches Gemeinwesen habe, wenn es sich auflösen möchte, vor dem förmlichen Vollzug dieser Auflösung auch noch den letzten zum Tode Verurteilten rechtens hinzurichten. Humanitäre Reformen konnten insoweit nur die Hinrichtungsart betreffen, und die Guillotine diente dem in einleuchtender Weise instrumentell, und das ist strafrechtsgeschichtlich wirksam geworden und hier und da bis heute geblieben. Gewiss: In hygienischer Hinsicht blieb der Vorgang noch mit einigen Misslichkeiten verbunden, die zu schildern die Diskretion verbietet. Heutzutage wird eine Exekution durch eine Giftspritze als Fortschritt angesehen.

Die Guillotine ist also ihrem ursprünglichen Sinn zufolge kein Terrorinstrument, vielmehr ein Instrument zur Gewährleistung humanitärer Zwecke von Todes wegen. Aber der Terror hat dieses Instrument dann bekanntlich genutzt, und zwar durchaus in der guten Nebenmeinung, im Tun des leider Unvermeidlichen die denkbar humanste Form der Vollstreckung zu wählen. Aber was ist es denn, was den Terror im Bewusstsein seiner Vollstrecker unvermeidlich machte? Allein schon

die erläuterte Tatsache, dass der Terror, wo immer es anging, noch als
sein Instrument eine in humanitärer Absicht konstruierte Maschine
nutzte, legt den Gedanken nahe, dass auch der Terror als solcher huma-
nitären Zwecken zu dienen hatte. Zur vorläufigen metaphorischen
Charakteristik dieser Zwecke eignet sich ein Wort, das uns bereits aus
der Erinnerung an die Zwecke der aufgeklärten Friedhofsreform vertraut ist, nämlich die »Hygiene«. Die Guillotine steht, metonymisch,
für das Insgesamt der organisatorischen und technischen Mittel, auf die
der Terror, um Masseneffekte erzielen zu können, zurückgreifen musste. Die Hygiene hingegen taugt als Zentralmetapher zur Charakteristik
der außerordentlichen Legitimation, über die stets verfügen muss, wer
zum Terror fähig sein will. Im Terror wird aus der uns aus der aufgeklärten Bestattungsreform bereits vertrauten Reinigung der Gesellschaft vom Tod eine Reinigung der Gesellschaft durch den Tod, und die
Mechanisierung der Vollstreckung macht terroristische Gesellschafts-
reinigung technisch möglich. Das Prinzip der Reinigung oder auch der
Säuberung ist das spezifisch moderne, dem Geist der Aufklärung sich
verdankende Legitimationsprinzip moderner Massentötungen. Analog
zur Hygiene-Metaphorik bietet sich selbstverständlich auch die gleich-
falls dem Kontext der Medizin entstammende Chirurgie-Metaphorik
an. »Aus Mitleid, aus Liebe zur Menschlichkeit seid unmenschlich; so
lässt auch der geschickte und hilfreiche Chirurg unter seinem grausamen und wohltätigen Messer das zerfressene Glied fallen, um den Körper des Kranken zu retten« – so heißt es in einer »Petition an den Nationalkonvent im Jahre II der einen und unteilbaren Französischen
Republik« in der Absicht zu begründen, wieso den unterworfenen Kon-
terrevolutionären der Rebellenstadt Lyon Gnade nicht gewährt werden
dürfe.

Wer heute in Deutschland Terror, wie angemessen, als eine spezielle
Form politischer Aufklärungspraxis kennzeichnet, muss befürchten,
eines unangemessenen Verhältnisses zur Aufklärung, ja gegenaufklä-
rerischer Gesinnung bezichtigt zu werden. Deswegen ist es wohl angemessen, einen Einschub zu machen, der auf die zustimmungsfähi-
gen, ja zustimmungspflichtigen Gehalte der politischen Aufklärung
einschließlich ihrer Revolutionen verweist. Der Aufklärung entstammen Konzepte liberaler wie totalitärer Demokratie, und auf die frei-
heitliche Seite der Sache muss man den bekannten Lobpreis der Französischen Revolution von Kant bis Hegel beziehen. »Die Revolution

eines geistreichen Volkes, die wir in unseren Tagen haben vor sich gehen sehen, mag gelingen oder scheitern ... diese Revolution, sage ich,
findet doch in den Gemütern aller Zuschauer (die nicht selbst in diesem Spiel mitverwickelt sind) eine *Teilnehmung* dem Wunsche nach,
die nahe an Enthusiasmus grenzt«, schrieb Kant, und ganz analog hat
noch Jahrzehnte später im biedermeierlichen Berlin Hegel an diesen
Revolutionsenthusiasmus historisch erinnert. »... ein herrlicher Son-
nenaufgang« habe stattgefunden. »Alle denkenden Wesen haben diese
Epoche mitgefeiert. Eine erhabene Rührung hat in jener Zeit ge-
herrscht, ein Enthusiasmus des Geistes hat die Welt durchschauert, als
sey es zur wirklichen Versöhnung des Göttlichen mit der Welt nun
erst gekommen.« Noch in den späten fünfziger Jahren des 19. Jahrhunderts, als die liberal verbliebene deutsche Intelligenz die schmerz-
lichen Erfahrungen der gescheiterten 48er Revolution zu verarbeiten
hatte, bekundete der 1819 geborene, an der Philosophie Hegels ge-
schulte Heinrich Bernhard Oppenheim: »Wir sind alle mit einem
gewissen idealen Cultus der ersten Französischen Revolution aufge-
wachsen.« Die klassische deutsche Philosophie hatte die Textgrundla-
gen für diesen Cultus geliefert. Die Namen derer, »welche die Sache in
Frankreich in die neue Ordnung bringen«, und zwar in jene Ordnung,
»die allein würdig ist, sich ewig zu erhalten«, blieben »für den Tempel
des Nachruhms aufgespart, um darin dereinst aufgestellt zu werden«.
Das ist nicht ein Satz aus dem Tagebuch eines Philosophiestudenten,
vielmehr ein Diktum des alten Kant.

Nichtsdestoweniger war, wie man weiß, Kant ein entschiedener Gegner der Revolution, Hegel ebenso und die übergroße Mehrzahl ihrer
Schüler mit ihnen. Das ist kein Widerspruch. Auch handelt es sich nicht
– entgegen der Marxschen Deutung der Sache – um einen getreuen
ideologischen Reflex deutscher Zustände, die von einer, wie man das
später nennen sollte, »revolutionären Situation« weit entfernt waren.
Es handelt sich bei der deutschen philosophischen Feier der Französischen Revolution vielmehr um eine Akklamation ihrer Prinzipien in
Verbindung mit einer Kritik der Revolution selbst als freiheits- und
rechtsvernichtender politischer Praxis. Als praktische Resultante dieses
doppelten Verhältnisses zur Französischen Revolution in Zustimmung
und Widerspruch ergibt sich Reformpolitik.

In der Tat lässt sich die politische Philosophie der deutschen Klassik
als Philosophie solcher Reformpolitik lesen. So stellt, zum Beispiel,

Kants Spätschrift über den Streit der Fakultäten, der die zitierten kantischen Worte (»... ein solches Ereignis vergisst sich nicht mehr«) entstammen, einen Vorschlag zur Institutionalisierung von Aufklärungsprozessen dar. Solche Institutionalisierung fordert freie Forschung in der unteren, in der philosophischen Fakultät und uneingeschränktes Recht zur Publikation der Ergebnisse solcher Forschung in den oberen, nämlich theologischen, juristischen und medizinischen Fakultäten – in der Gewissheit, dass so die Wahrheit, nicht zuletzt in der irresistiblen Evidenz ihrer Nützlichkeit, die politische Reform jener Gesetze, Kirchenlehren oder auch Medizinalordnungen erzwingen werde, auf die der Unterricht in den oberen Fakultäten verpflichtet ist. Das wirkte in Humboldts preußischer Universitätsreform fort, für die von Fichte über Steffens bis zu Schleiermacher prominente Philosophen als Verfasser von Denkschriften tätig waren. Auch das berühmteste Werk politischer Philosophie aus der Epoche des deutschen Idealismus, Hegels Rechtsphilosophie, war ja in seiner damals aktuellen Bedeutung nichts anderes als ein professoraler Beitrag zum schließlich gescheiterten preußischen Verfassungsgebungsversuch um die Wende vom zweiten zum dritten Jahrzehnt des 19. Jahrhunderts.

Reform – das also ist der Name politischer Fortschrittspraxis, die die Einforderung der Bürger- und Menschenrechte mit der Kritik jener revolutionären Praxis verbindet, die sich als Terror dargestellt hatte. Noch Schiller hatte die Gräuel der Revolution als eine Erscheinungsform der Pöbelherrschaft zu erklären versucht. »In den niederen und zahlreicheren Klassen«, schrieb Schiller, »stellen sich uns rohe gesetzlose Triebe dar, die sich nach aufgelöstem Band der bürgerlichen Ordnung entfesseln, und mit unlenksamer Wut zu ihrer tierischen Befriedigung eilen«. »Die losgebundene Gesellschaft«, fand Schiller, »anstatt aufwärts in das organische Leben zu eilen, fällt in das Elementarreich zurück.« »Die *moralische* Möglichkeit fehlt«, so lautete Schillers Fazit. »Der freigebige Augenblick« finde »ein unempfängliches Geschlecht«, und Schillers politisch-pädagogische Ästhetik bezieht sich darauf kompensatorisch in Vorbereitung einer besseren Zukunft.

In Schillers Wahrnehmung sind somit die Schrecken der Revolution Ausdruck defizitärer Moral, und dieses moralische Defizit verhält sich zum moralisch-politischen Sinn der Revolution kontingent. Demgegenüber hat später Hegel den Terror ganz im Gegenteil als eine Erscheinungsform des politischen Moralismus zu sehen gelehrt. Hegels

Terroranalysen dürfen als sein fortdauernd bedeutendster Beitrag zur
Theorie moderner revolutionärer Praxis gelten. Nicht über einen Rückfall in die Barbarei, vielmehr in einem Akt institutionell emanzipierter
moralischer Selbstermächtigung zur Gewalt konstituiert sich der Terror. »Es herrschen nun«, schreibt Hegel zur Charakteristik des politischen Zustands in Frankreich vor dem 9. Thermidor des Jahres II neuer
Zeitrechnung, die abstrakten »Prinzipien – der *Freiheit,* und wie sie im
subjektiven Willen ist, der – *Tugend.* Diese Tugend hat jetzt zu regieren
gegen die Vielen, welche mit ihrer Verdorbenheit und mit ihren alten
Interessen … der Tugend ungetreu sind.« Die »Tugend ist hier ein ein-
faches Princip und unterscheidet nur solche, die in der Gesinnung sind
und solche, die es nicht sind. Die Gesinnung aber kann nur von der Gesinnung erkannt und beurtheilt werden. Es herrscht somit der Ver-
dacht; die Tugend aber, sobald sie verdächtigt wird, ist schon verur-
theilt.« »Von Robbespierre wurde das Prinzip der Tugend als das
Höchste aufgestellt, und man kann sagen, es sey diesem Menschen mit
der Tugend ernst gewesen. Es herrschen jetzt die *Tugend* und der
Schrecken; denn die subjektive Tugend, die bloß von der Gesinnung aus
regiert, bringt die fürchterlichste Tyrannei mit sich. Sie übt ihre Macht
ohne gerichtliche Formen und ihre Strafe ist ebenso nur einfach – der
Tod.«

Der Anblick dieser Schrecken, so hatte bereits Kant bemerkt, bewirkt
Trauer im moralischen Sinn. Gegenstand dieser Trauer sind nicht ein-
fachhin Übel, die Menschen, indem sie auf Kosten anderer ihren Vorteil suchen, einander bereiten, vielmehr jene Untaten, zu denen die Täter sich in »Verfolgung« vermeintlich höchster Zwecke legitimiert, ja
verpflichtet wissen. Die »Schrecken der Revolution«, so hatte das Hegel in einem der eindrucksvollsten Kapitel seiner »Phänomenologie des
Geistes« charakterisiert, verschaffen Anschauung ›der absoluten Freiheit‹ in ihrem »negativen Wesen«, »welches allen Unterschied und alles
Bestehen« eines »Unterschiedes in sich vertilgt« hat.

Was soll das heißen? Es ist kein Anachronismus, vielmehr eine Sache theoriegeschichtlicher Konsequenz, sich die Antwort auf diese Frage vom jungen Karl Marx geben zu lassen. Die Französische Revolution hatte bürgerliche Freiheiten zur Geltung gebracht, und die
Deutschen, so Marx, hatten das, freilich auf höchstem spekulativen Niveau, leider bloß nachgedacht. Indessen: Was revolutionär in die Wirklichkeit umzusetzen die Deutschen insoweit historisch bislang schuldig

geblieben sind – das waren nun eben nicht Gehalte letzter, vielmehr, nach Marx, historisch vorletzter politischer Emanzipation. Die proletarische Revolution wird die bürgerliche Revolution zu überbieten haben, und die Vertilgung ›allen Unterschieds‹, von der Hegel in seiner Analyse der Jakobiner-Herrschaft gesprochen hatte, wird dann folgendermaßen aussehen: An die Stelle der »Freiheit des Eigentums« wird die Befreiung »vom Eigentum« treten, an die Stelle der »Gewerbefreiheit« die Befreiung vom »Egoismus des Gewerbes«, die »Religionsfreiheit« wird durch die Befreiung »von der Religion« überboten sein und damit auch die »Judenemanzipation« durch die »Emanzipation der Menschheit vom *Judentum*«.

Banalerweise handelt es sich bei dieser zuletzt zitierten politischen Verheißung des Juden Karl Marx nicht um einen rassistischen Antisemitismus, der sich theoretisch und praktisch in Deutschland erst sehr viel später formieren sollte. Es handelt sich vielmehr um ein Programm zur Überbietung der von Marx so genannten »politischen Emanzipation« bürgerlich-liberaler Prägung durch die »menschliche Emanzipation«. Das ist das Konzept einer Revolution, deren Träger zu sein, wie Karl Marx fand, gerade den Deutschen, nachdem sie in ihrer bisherigen Geschichte eine Revolution nicht zustande gebracht hatten, für die Zukunft verheißen wurde. Die Deutschen als Subjekt einer die bürgerliche Revolution emanzipatorisch noch überbietenden, endgültigen Revolution – das ist die Vision. »Das gründliche Deutschland kann nicht revolutionieren, ohne *von Grund aus* zu revolutionieren. Die *Emanzipation des Deutschen* ist die *Emanzipation des Menschen*. Der *Kopf dieser Emanzipation* ist die *Philosophie*, ihr *Herz* das *Proletariat*.« Die Französische Revolution sei nur eine vorletzte Stufe in der menschlichen Freiheitsgeschichte gewesen. »In Deutschland« hingegen werde »die Unmöglichkeit der stufenweisen Befreiung die ganze Freiheit gebären«. Dazu bedarf es einer Philosophie, in der Deutschland »mit der *offiziellen* modernen Gegenwart« nicht lediglich »*al pari*« steht, in der es vielmehr die reale Vollendung der Geschichte vorwegnimmt.

Just diese Philosophie ist, in Überbietung der Revolutionsphilosophie des Deutschen Idealismus, die Marxsche Geschichtstheorie. »Wie die Philosophie im Proletariat ihre *materiellen*«, so werde »das Proletariat in der Philosophie seine *geistigen* Waffen« finden, und sobald der Blitz des Gedankens gründlich »in den deutschen naiven Volksboden eingeschlagen« sein werde, vollziehe sich dann »die Emanzipation der *Deutschen* zu *Menschen*«.

Spontan dürften solche Sätze heute kaum noch verständlich sein. Immerhin spürt man, dass sie den philosophischen Revolutionsenthusiasmus deutsch-idealistischer Prägung, für die es von Kant bis Hegel die exemplarisch zitierten eindrucksvollen Belege gibt, bei weitem überbieten. »Der dialektische und historische Materialismus ist in erster Linie Philosophie der revolutionären sozialistischen Umgestaltung der Welt« – so lautet das noch heute ebenso trocken wie unüberbietbar anspruchsvoll im orthodox-marxistischen »Philosophischen Wörterbuch« aus dem Geist einer ehemals regierenden Einheitspartei. In deren Selbstverständnis hatte sich somit, in gewisser Weise, die Marxsche Gewissheit, dass die Letzten, nämlich die Deutschen, revolutionsgeschichtlich schließlich die Ersten sein würden, erfüllt – wiederum auf der Ebene der orthodox gewordenen Theorie freilich. Ist doch inzwischen weltweit bei allen, die ans Geschichtskonzept fälliger Überbietung der bürgerlichen Revolution, für die die französische das unüberbietbare Muster ist, durch die proletarische Revolution glaubten, Marx bis heute der erste in der Bildnisreihe jener Klassiker geblieben, die als Propheten dieses Glaubens im Herrschaftsbereich des real existent gewesenen Sozialismus zu kanonischer Geltung gelangt waren.

Zusammenfassend gesagt heißt das: Bei Marx vollzieht sich die Verwandlung der Revolutionstheorie in eine politische Ideologie totalitären Typus. »Sie ist kein anatomisches Messer, sie ist eine Waffe. Ihr Gegenstand ist ihr *Feind*, den sie nicht widerlegen, sondern *vernichten* will.«

Heinrich Heine hat, noch bevor Marx jene Sätze niederschrieb, dergleichen als Konsequenz deutscher denkerischer Gründlichkeit befürchtet. Entsprechend hielt er auch von jenem deutschen Autostereotyp nichts, demzufolge die Deutschen immer nur denken, was die Franzosen tun, und entsprechend war es die zentrale Absicht seiner Geschichte der Religion und Philosophie in Deutschland, die Franzosen, die in romantischer Germanophilie geneigt waren, die deutsche Philosophie für eine Sache weltfernen spekulativen Tiefsinns zu halten, über die politischen Potenzen dieses Tiefsinns aufzuklären. »Es werden bewaffnete Fichteaner«, schrieb Heine, »auf den Schauplatz treten, die in ihrem Willensfanatismus weder durch Furcht noch durch Eigennutz zu bändigen sind; denn sie leben im Geist, sie trotzen der Materie.«

Untangierbar sei der »Transzendental-Idealist« »in der Verschanzung des eigenen Gedankens«. Daraus werde er mit revolutionärer Kraft eines Tages »hervorbrechen und die Welt mit Entsetzen und Bewunderung erfüllen«.

Diese berühmte Passage aus Heines Schrift zur Aufklärung der Franzosen über den vermeintlich politikfernen Charakter deutscher Philosophie ist hier nicht in der Absicht zitiert worden, zu insinuieren, spätere Ereignisse der deutschen Geschichte ließen sich in diesem von Heine prognostizierten »Hervorbrechen« deutscher Idealisten aus ihrer Gedankenschanze vorangedeutet finden. Der Sinn des Zitats ist, auf die deskriptive Genauigkeit aufmerksam zu machen, mit der Heine, als Revolutions- und Terrortheoretiker, die revolutionäre Subjektivität gekennzeichnet hat. »Weder durch Furcht noch durch Eigennutz zu bändigen« – das ist eine unüberbietbar genaue Charakteristik dessen, was in der Sprache der späteren deutschen Jugendbewegung »Idealismus« hieß und was politisch als Fanatismus in Erscheinung tritt, wenn die Zwecke, von denen man sich weder »durch Furcht noch durch Eigennutz« ablenken lassen will, nicht mehr lediglich Zwecke sind, die der Approbation durch den moralischen Common Sense fähig wären, vielmehr Zwecke, die man als Menschheitszwecke weiß und von denen man zugleich zu wissen glaubt, wieso jenseits des Kreises der eigenen philosophischen Erleuchtung die Menschen diese Zwecke als ihre eigenen noch gar nicht erkannt haben. Das ist der Kontext, innerhalb dessen die zitierte Idee, die »Emanzipation der Deutschen« werde zur »Emanzipation des Menschen« werden, überhaupt erst konzipierbar wurde. Die Kühnheit dieser Idee mag man, als letztinstanzliche deutsche philosophische Antwort auf die Herausforderungen der Französischen Revolution, bewundern, aber nicht ohne jenes komplementäre Erschrecken, das Heine gegenüber dem absoluten Idealismus bekundete.

Als Metaphysik hat dieser »absolute Idealismus« näherhin die Gestalt einer Geschichtsphilosophie. Solche Geschichtsphilosophie ist in allen Fällen als letztinstanzliche Legitimationsbasis totalitärer Demokratie auszumachen. Die in politische Ideologie transformierte Geschichtsphilosophie stattet nämlich ihre Subjekte mit einer unüberbietbaren Legitimität aus. Sie vermittelt Einsicht in den epochalen Geschichtsverlauf und sie vermittelt ihren Subjekten mit dieser Einsicht zugleich die weitere Einsicht, wieso sie, kraft ihrer Position im Geschichtsverlauf, die bislang Ersten und Einzigen sind, die der Einsicht in eben diesen Geschichtsverlauf überhaupt fähig sind. Daraus ergibt sich die Selbstzuschreibung der Rolle, als Partei bereits gegenwärtig die Menschheit der Zukunft in Vorhutgestalt zu repräsentieren. Wer aber bereits heute weiß, in welcher zukünftigen Gesellschaftsverfassung die Menschheit zu sich selbst kommen wird, hat auch das Recht, ja die Pflicht, die entsprechenden aktuellen Fälligkeiten politisch verbindlich zu machen.

Die Konsequenzen einer solchen geschichtsmetaphysisch-ideologischen Orientierung der Politik an einem als grundsätzlich begriffen unterstellten Geschichtslauf sind erheblich. Denn nun erst wird die Politik im spezifisch modernen Sinne terrorfähig, nämlich durch die politischen Diskriminierungsfolgen der geschichtsmetaphysisch hergestellten Deckungsgleichheit von Alt und Neu einerseits und Schlecht und Gut andererseits. Zur Ironie der Sache gehört, dass eine so geschichtsmetaphysisch orientierte Politik, wo immer sie zur herrschenden Politik geworden ist, zwangsläufig in Ultrakonservativismus und Dogmatismus umschlägt. Nichts ist ja konservierungsbedürftiger als jene Doktrin, die einen als in weltgeschichtlich privilegierter temporaler Position befindlich zu sein bestätigt.

Exemplarisch spiegeln sich die skizzierten geschichtsmetaphysischen Voraussetzungen totalitärer Demokratie in einem markanten Satz, der in der Ausgabe vom 18. August 1919 des Tscheka-Organs »Rotes Schwert« zu lesen war. Der Satz lautet: »Uns ist alles erlaubt.« Die Frage ist: Unter welchen Orientierungsvoraussetzungen weiß man sich zu einem solchen Satz legitimiert? Die Antwort ist derselben Nummer des Organs der Organisation zur Zerschmetterung der Konterrevolution zu entnehmen. Sie lautet: »Unsere Humanität ist absolut ... Wir sind die Ersten in der Welt, die das Schwert nicht zu Zwecken der Versklavung und Unterdrückung ziehen, sondern im Namen der Freiheit.«

Die Selbstermächtigungsformel »Uns ist alles erlaubt« ist also nach Ausweis ihrer sie legitimierenden geschichtsmetaphysischen Gründe keine zynische, vielmehr eine moralische Formel, und die Gewalt, die von ihr freigesetzt wird, folgt nicht aus moralischer Dekomposition. Sie folgt vielmehr aus einem Akt metaphysischer Geschichtssinneingreifung.

Karl Popper hat die vermeintliche Einsicht in die Gesetzmäßigkeit historischer Abläufe »historizistisch« genannt, und er hat sein Buch

»Das Elend des Historizismus« den Opfern des Irrglaubens an die Existenz von Geschichtsgesetzen gewidmet. In zurückgenommener, nämlich wissenschaftstheoretischer Weise ausgedrückt besagt dieser Irrtum, dass die unverkennbare Gerichtetheit der zivilisatorischen Evolution eben keine Zielgerichtetheit ist, dass die beschleunigenden, ordnungsstiftenden oder auch ordnungsauflösenden Handlungen innerhalb dieses Prozesses sich keineswegs nach Analogie eines Plans aneinander fügen, dass sie vielmehr mit dem Ablauf der Zeit einander mit Interferenzeffekten zu überlagern beginnen, dass sie also im Verhältnis zueinander Ereignischarakter gewinnen – mit der Wirkung, dass die Evolution als solche, unbeschadet ihrer Gerichtetheit, gerade nicht prognostizierbar ist. Einfacher gesagt: Die Zukunft der zivilisatorischen Evolution ist offen, und eine Politik, die sich stattdessen an einer Ideologie orientiert, die die Zukunft als eine durch gesetzmäßige Epochenabfolge besetzte Zukunft behandelt, verwandelt daher zwangsläufig auch die Gesellschaft von einer offenen in eine geschlossene Gesellschaft.

Karl Popper übrigens hatte, selbstverständlich, in seine Kritik des Historizismus über die Geschichtsideologie des marxistisch-leninistischen Internationalsozialismus auch die naturalisierte Geschichtsphilosophie der nationalsozialistischen Rassenideologie einbezogen. Es ist banal zu sagen, dass diese Rassenideologie nach ihrem intellektuellen Standard mit der Klassenideologie des Marxismus-Leninismus keinerlei Vergleich aushält. Nichtsdestoweniger erfüllt auch der Versuch, sich den Geschichtslauf statt als einen Ablauf von Klassenkämpfen als einen Ablauf von Rassenkämpfen zurechtzulegen, die von Popper analysierte historizistische Denkfigur präzis. Man muss nämlich der bevorzugten Rasse, über die uns die fragliche Rassenideologie belehrt, selbst angehören, um der Einsicht in die prätendierte Wahrheit dieser Rassenideologie überhaupt fähig zu sein. Die naturalisierte Geschichtsphilosophie definiert somit auch hier diejenige Position im Ablauf der Geschichte, in der konkret sich zu befinden die reale Bedingung der Möglichkeit der Einsicht in den Lauf der Geschichte ist – auch hier mit der praktisch-politischen Wirkung, sich selber als privilegiertes Geschichtssubjekt zu erkennen und somit zu ergreifen und alle Widersprechenden kraft ihres Widerspruchs als jene Feinde zu erkennen und dingfest zu machen, die es nicht zu widerlegen, sondern zu vernichten gilt.

Das ist es auch, was man gegenwärtig haben muss, um den Sinn jenes moralisierenden Respekts zu erkennen, den Heinrich Himmler vor seinen SS-Obergruppenführern am 4. Oktober 1943 in Posen denjenigen zollte, die nun pflichtmäßig tätig geworden seien, »dieses Volk ..., das uns umbringen wollte, umzubringen«. »Von euch werden die meisten wissen, was es heißt, wenn 100 Leichen zusammenliegen, wenn 500 daliegen oder wenn 1000 daliegen. Dies durchgehalten zu haben und dabei, abgesehen von Ausnahmen menschlicher Schwächen, anständig geblieben zu sein, das hat uns hart gemacht. Dies ist ein niemals geschriebenes und niemals zu schreibendes Ruhmesblatt unserer Geschichte ...« Sich die Hände schmutzig machen, aber für höhere Zwecke – so verständigt sich über sein Tun nicht ein Subjekt in der Begrenztheit der Reflexionskapazitäten der instrumentellen Vernunft. Hier handelt es sich nicht um die technische »Angemessenheit von Verfahrensweisen an Ziele«. Hier handelt es sich vielmehr um die Ableitung außerordentlicher Mittel aus der bindenden ideologischen Verpflichtung der herausgestellten höchsten Zwecke selbst. Himmlers Worte sind Worte eines im äußersten Sinne Zielgewissen, dessen moralischer Common Sense ideologisch zertrümmert und dessen praktische Urteilskraft infolgedessen durch hochgradigen Wirklichkeitsverlust korrumpiert ist. Nicht in halbierter Rationalität »positivistischer« Indifferenz im Verhältnis zu den praktischen Zwecken unseres Tuns, vielmehr in der von keinem Zweifel mehr erreichbaren Zielgewissheit des ideologischen Fanatikers konnten die nationalsozialistischen Rassenpolitiker sagen: »Wir hatten das moralische Recht« zur Vollstreckung des höheren Sinns der Rassenkampfgeschichte, den zu erfassen der moralische und kognitive Common Sense in der Tat unfähig ist.

Der unüberbotene Fall höherer Zielgewissheit weit jenseits der Reichweite einer bloß »instrumentellen Vernunft« repräsentiert schließlich Hitler höchstselbst. Der Führer der Nationalsozialistischen Deutschen Arbeiterpartei war, wie er längst vor der Machtergreifung in seinem Hauptbuch »Mein Kampf« bekundet hatte, strikter Antipositivist, ein höhnischer Verächter juristischer Verfahrensgerechtigkeit, ein Verspötter des »Objektivitätsfimmels« der Wissenschaftler mit ihrer Selbstbindung an Regeln wertfreier Tatsachenfeststellung. Die Legitimität, die Hitler für seinen »Kampf« in Anspruch nahm, war eine tatsächlich aus jenen höchsten Werten abgeleitete Legitimität, deren absolut verpflichtenden Charakter man erkennt, sobald man den Lauf der Weltgeschichte als einen den Gesetzmäßigkeiten des Rassenkampfes folgenden Lauf verstanden hat. Absolute Dominanz ideologisch ausgelegter Wertrationalität, Perhorreszierung bloß individueller Interessen, Antipragmatismus – kurz: politische Heilsgläubigkeit prägt das Bewusstsein der totalitären Großtäter unseres Jahrhunderts.

Nur vor diesem Hintergrund lässt sich verstehen, was Hitler noch in den letzten Tagen des untergehenden Reichs über seinen Tod hinaus allen seinen Nachfolgern als bindende Verpflichtung testamentarisch auferlegte, nämlich die »peinliche Einhaltung der Rassengesetze« und die Fortsetzung des »unbarmherzigen Widerstands gegen den Weltvergifter aller Völker, das internationale Judentum«. Als »gespenstisch« mag man dies im historischen Rückblick kommentieren. Aber es handelt sich darum, die Rationalität dieses Testaments zu verstehen, und einzig dann, wenn man sie als heilsideologisch gebundene Wertrationalität versteht, schließt sich der Sinn des Hitlerschen Testaments auf. Das Großdeutsche Reich war verloren, die sowjetischen Granaten trommelten auf den Beton des Bunkers der Reichskanzlei, der »Endsieg« fiel den Feinden zu. Was ließ sich nun noch erhalten? Einzig das Bewusstsein des höheren Rechts der eigenen Sache, und dieses Bewusstsein musste erhalten bleiben, weil es den Zusammenbruch der eigenen Subjektivität hätte bedeuten müssen, im Untergang der eigenen Sache überdies anerkennen zu müssen, man habe Millionen und Abermillionen trivialer Machtpolitik wegen in den Tod getrieben.

Selbstverständlich ist die Ideologie des Rassenkampfes keine hinreichende Bedingung des nationalsozialistischen Völkermords, aber sie ist eine notwendige Bedingung. Auch gläubige Nationalsozialisten existierten geschichtsgewiss. Die kognitive Basis dieser Geschichtsgewissheit war die vermeintliche Einsicht in die naturgeschichtsgesetzliche Bestimmtheit der Kulturgeschichte durch Rassenkämpfe. Es ist eine Frage für sich, welchen Bedingungen man es zuzuschreiben hat, dass diese Absurdität in relevanten Gruppen einschließlich der intellektuellen Führerschaft dieser Gruppen das Bewusstsein zu besetzen vermochte. Nachdem dieses Bewusstsein zum herrschenden Bewusstsein einer Partei und schließlich zum Bewusstsein einer herrschenden Partei geworden war, wurde die fragliche Ideologie sogar zur etablierten Wissenschaft erhoben. Es gab Lehrstühle für Rassenkunde, einschlägige Publikationsorgane und Fortbildungskurse für Lehrer, Ärzte und Parteikader.

Auch für die Rassenkampftheorie der Weltgeschichte gilt, noch einmal, dass sich aus ihrem konsequenten Antipositivismus vollkommene
Einheit von Theorie und Praxis ergibt. Was gilt, ist unmittelbar dem
erkannten Naturgesetz der Geschichte zu entnehmen. Wer hier widerspricht, irrt nicht einfach; er gibt sich vielmehr als Feind zu erkennen.
Jeder Widerspruch gegen die eigene Geschichtsgewissheit intensiviert
diese Gewissheit. Der vermeintlich wertfreie Objektivismus wissenschaftlicher Tatsachenfeststellung enthüllt sich als Ideologie dekaden-
ter politischer Desengagiertheit.

Vergegenwärtigt man sich heute diese Zusammenhänge, so verblüfft
es noch im Nachhinein, dass es jemals möglich war, den Instrumen-
talismus und Objektivismus methodisch restringierter Rationalität für
ein Prädispositiv ideologischer Engagements zu halten. Der Sachzusammenhang liegt genau umgekehrt: Das heilsideologisch besetzte
Bewusstsein ist ein Bewusstsein absolut dominierender Wertrationalität, die sich aus den Restriktionen des methodischen Objektivismus,
desgleichen auch aus den Bindungen sozial kontrollierter Gemeiner-
fahrung, aus dem Traditionalismus des Common Sense radikal emanzi-
piert hat. Um einen »Rückfall in die Barbarei« handelt es sich somit bei
der nationalsozialistischen Gewaltherrschaft gerade nicht. Die Fakten
mit dieser leider oft benutzten Formel zu kommentieren hieße, den
Völkern, die in der Frühgeschichte Europas »Barbaren« tatsächlich genannt worden sind, noch im Nachhinein Unrecht tun, und schon aus
diesem Grund sollte man den nationalsozialistischen Terror nicht »barbarisch« nennen. Dieser Terror war vielmehr ein politisches Phänomen,
das einzig im Kontext der modernen Zivilisation verständlich gemacht
werden kann, nämlich als politische Konsequenz des Versuchs, den
Desorientierungsfolgen des eigenen Gescheitertseins an den Herausforderungen der ohnehin desorientierungsträchtigen Moderne in die
Gewissheiten einer Geschichtsideologie zu entkommen, die einen in die
Rolle des Endsiegers einsetzt.

Um es abschließend zu wiederholen: Die Reinigung der Gesellschaft
von denjenigen, die sie an ihrer heilsideologisch geschichtlichen Selbst-
vollendung hindern – das ist, unter ausdrücklicher Inanspruchnahme
medizinischer Metaphorik, seit der Aufklärung stets der Zentralsinn
moderner Massenliquidationen gewesen. »Säuberung« ist bis heute der
Name jener politischen Praxis geblieben, über die totalitäre Parteien die
Reinheit ihres Ursprungsgeistes zu erhalten trachten. Dem entspricht

übrigens auch eine Bestattungspraxis, die sich zur eingangs skizzierten aufgeklärten Friedhofsreform genau komplementär verhält. Das Massengrab ist ein geeignetes Metonym des Totalitarismus. Seine Funktion war stets, nach der Liquidation jener Menschen, von denen die Gesellschaft zu säubern war, nun auch noch die Erinnerung an diese dauerhaft zu liquidieren. Allein schon aus diesem Grund werden Massengräber möglichst unauffindbar gemacht. Zum Verschwinden gebracht werden somit diejenigen, die nicht nur als Lebende, vielmehr auch noch als Tote, nämlich durch Evokation der Erinnerung an sie, Partei, Volk oder Gesellschaft zu beeinträchtigen vermöchten. Noch in der Sorgfalt, mit der der totalitäre Säuberungswille nach der physischen Liquidation überdies die Spuren der Erinnerung an die Liquidierten zu tilgen sucht, spiegelt sich die Bedeutung, die das Totengedächtnis generell im Lebenszusammenhang aufgeklärter Kulturen gewonnen hat. Im Falle Lenins macht der politische Wille zur Konservierung von Erinnerung bekanntlich sogar vor dem Leib des Toten nicht Halt, und als das Paradox eines unvergänglichen Leichnams ist er im Zentrum des Riesenreichs als wichtigstes Objekt des politischen Kultus bis heute ausgestellt geblieben. Indem nun auch im Geltungsbereich dieses Kultus, metaphorisch oder sogar buchstäblich, die Massengräber der Opfer geöffnet werden, dürfte sich, nach der Pragmatik des Sachzusammenhangs, auch der ideologische Hauptrepräsentant der Prinzipien, in deren Namen die Massengräber einst gefüllt worden waren, in seiner privilegierten Mausoleumsexposition nicht lange mehr halten können. Stalin ist ihm, naheliegenderweise, auf dem entsprechend fälligen Weg bereits vorangegangen.

Hans Maier | **Gewaltdeutungen im 19. Jahrhundert**
Hegel, Goethe, Clausewitz, Nietzsche

Der Aufbau technischer Gewaltpotentiale führt im 19. Jahrhundert noch nicht zu globalen Ausbrüchen von Gewalt ähnlich denen des 20. Jahrhunderts seit dem Ersten Weltkrieg. Gemessen an den Fortschritten der Gewalt*technik* bleibt die *Anwendung* von Gewalt in dieser Epoche zeitlich und regional begrenzt. Weder erreichen internationale Konflikte die Dauer, Schärfe, Unentrinnbarkeit von *Weltkriegen*, noch ereignet sich im Inneren der Staaten, zumindest der westlichen, europäischen, eine Gewaltverdichtung wie während der Konventsherrschaft in Frankreich 1792–94. So wird verständlich, dass das 19. Jahrhundert – nach 1815 – eine Zeit der Kongresse und Konventionen, der internationalen Diplomatie und der Bemühungen um die »Hegung des Krieges« wird, dass jedoch rechtsstaatliche Fortschritte in westlichen Staaten inzwischen Diktaturen und Despotien – zumindest in Europa – als endgültig überwunden und allenfalls in »exotischen Ländern« noch existierend erscheinen lassen.

Gleichwohl bleibt nach der Schlüsselerfahrung der Jakobinerherrschaft und des revolutionären Schreckens bei vielen Zeitgenossen ein geschärfter Sinn für Krisen, Umbrüche, politische Überraschungen und Katastrophen zurück. Das spiegelt sich in den philosophischen und literarischen Zeugnissen der Zeit vielfältig wider. Einige Beispiele seien im Folgenden – ohne Anspruch auf Vollständigkeit – herausgegriffen. Dass die absolute Freiheit, indem sie das Eigenrecht des Einzelnen verneint, zur »Furie des Verschwindens« wird und den Tod produziert, ist Hegels denkwürdiger Kommentar zum staatlichen Terror im Frankreich der Revolution (1). Auch die ins Unermessliche gesteigerten technisch-industriellen Möglichkeiten der Zukunft fesseln die Phantasie der Dichter, der utopischen Romanciers von Goethe bis Jules Verne: teils in sieg-

haften Beschwörungen der künftigen Eroberung und Erschließung der
Welt, teils im beklommenen Vorausahnen damit verbundener Zerstö-
rungen, für die der Schluss des Faust II ein eindrückliches Beispiel gibt
(2). Nach den Heeren der Revolution und Bonapartes »Zertrümme-
rungs-Kriegen« kann der Krieg bei Clausewitz auf eine Weise gedacht
werden, die durch den Begriff »gegenseitige Vernichtung« geprägt ist
und wo die Anwendung von Gewalt »keine Grenzen« kennt: Krieg und
Politik treten damit in ein korrespondierendes Verhältnis (3). Und endlich taucht in Nietzsches »Nachgelassenen Fragmenten« das Bild einer
»Großen Politik« auf, welche die Menschheit als Ganzes umfasst, in der
es um die »Erd-Regierung« geht, um Höherzüchtung einerseits, Vernichtung von »Missrathenen« anderseits, um »Kriege, bei denen die
Lebensmuthigen die Anderen vertreiben«, um den Einsatz der »Existenz der Menschheit ...« (4).

Hegel: Die absolute Freiheit und der Schrecken

Unter den Texten zur Französischen Revolution, die nicht aus der Nah-
sicht des Zeitgenossen, sondern aus dem Abstand eines philosophischen
Betrachters geschrieben sind, nimmt Hegels Abschnitt »Die absolute
Freiheit und der Schrecken« aus dem 6. Kapitel der »Phänomenologie
des Geistes« einen besonderen Rang ein.[1] Hier werden Beobachtungen
verarbeitet, wie sie in Deutschland angesichts der Gräuel der Revolution seit 1792 an vielen Orten angestellt wurden: Zugleich aber wird
das Urteil aus der Sphäre der Emotionalität herausgeholt, der gärende
Stoff mit trockener Sachlichkeit, fast in der Art eines logischen Exer-
zitiums, behandelt.

Das Thema ist nicht neu. Wieland hatte es schon Jahre früher in seinem »Schreiben an einen Korrespondenten« vom Oktober 1792
anklingen lassen mit der These, »dass das französische Volk die Freyheit, womit ihm seine erste Nazional-Versammlung ein so gefährliches
Geschenk machte, noch weit weniger als seine vormahlige Sklaverey
ertragen könne«. Er fügte hinzu: »Diese Freyheit ist für die Unglücklichen eine wahre Büchse der Pandora, aus welcher alle Arten übel-
thätiger Leidenschaften, Ausschweifungen, Laster und Verbrechen, mit

ihrem ganzen verderblichen Gefolge, wie ein giftiger Nebel, über sie gekommen sind, dessen Berauschung sie taub gegen die Stimme der Vernunft und der Menschlichkeit, und so blind gegen ihren eigenen Vorteil macht, dass sie die einzigen Mittel ihrer Rettung mit Füßen von sich stießen, und auf dem Wege, der ihre Verderben unfehlbar beschleunigen muss, sich einzig retten zu können glauben.«[2]

Für Hegel ist jedoch der revolutionäre Schrecken nicht einfach etwas, auf das man mit entsetzter Abwehr und Empörung reagiert, so begreiflich diese Reaktion auch wäre. Die Vorgänge in Frankreich stellen vielmehr das Denken vor eine neue Aufgabe. Philosophie sieht den Schrecken in einem politischen Kontext – in einer Korrelation mit dem, was Hegel die *absolute Freiheit* nennt. Diese entsteht, indem das Bewusstsein alles Nützliche, alle Gegenständlichkeit, alle Einzelnheit des Selbst abstreift und sich in das »allgemeine Selbst« verwandelt, das zugleich »reell allgemeiner Willen« ist. Damit sind alle staatsrechtlichen Verfahren und Mechanismen – der Wahl, der Einwilligung, der Repräsentation – außer Kraft gesetzt.[3] Die Bewegung der Gesellschaft zum »allgemeinen Selbst« wird bis zur letzten Abstraktion vorangetrieben. Hegel drückt das mit dem angemessenen Pathos aus. »Diese ungeteilte Substanz der absoluten Freiheit erhebt sich auf den Thron der Welt, ohne dass irgendeine Macht ihr Widerstand zu leisten vermöchte. Denn indem in Wahrheit das Bewusstsein allein das Element ist, worin die geistigen Wesen oder Mächte ihre Substanz haben, so ist ihr ganzes System, das sich durch die Teilung in Massen organisierte und erhielt, zusammengefallen, nachdem das einzelne Bewusstsein den Gegenstand so erfasst, dass er kein anderes Wesen habe als das Selbstbewusstsein selbst, oder dass er absolut der Begriff ist.« Indem das Bewusstsein als Gewissheit seiner selbst zum einzigen Band der Sozietät wird, fallen in der absoluten Freiheit alle »abgesonderte[n] bestehende[n] Massen«, alle Gliederungen und Einzelheiten dahin. Was jenseits des allgemeinen Bewusstseins und des allgemeinen Willens steht, ist – wie Hegel über den zu später Stunde eingeführten robespierreschen Staatskult spöttisch sagt – nur noch »die Ausdünstung eines faden Gases, des leeren Etre suprême«.

Doch was tut die absolute Freiheit auf dem Thron der Welt? Wie schafft sie Gegenständlichkeiten, erkennbare politische Strukturen? Was geschieht, wenn »nach Aufhebung der unterschiedenen geistigen Massen und des beschränkten Lebens der Individuen« nur noch »die

Bewegung des allgemeinen Selbstbewusstseins in sich selbst« existiert? Hegels Antwort schlägt zwei Richtungen ein. Zunächst kommt es nach seiner Auffassung zu einer inneren Dialektik des allgemeinen Willens: Dieser geht in sich und stellt sich, als einzelner Wille, »das allgemeine Gesetz und Werk« gegenüber. Kann sich in diesem allgemeinen Werk ein einzelnes Selbstbewusstsein wieder finden? Es kann – aber offenbar nur dann, wenn der allgemeine Wille in einem »Selbst, das Eines ist«, verkörpert ist. Ein solches Individuum schließt aber dann notwendig alle anderen Einzelnen vom Ganzen seiner Tat aus. Unabweisbar ist sodann eine zweite Folge: Die allgemeine Freiheit bringt keine positive Tat hervor; »es bleibt ihr nur das *negative Tun*; sie ist nur die *Furie* des Verschwindens«.

So schlägt das allgemeine Bewusstsein, auf die Spitze getrieben, in die »eigensinnige Punktualität« des wirklichen Selbstbewusstseins um, konkret: in die Diktatur, verkörpert in einem erleuchteten, zu allen Taten ermächtigten Gesetzgeber und Herrscher. Dieser »herrscht« jedoch vorwiegend ex negativo – in dem »trocknen Vertilgen dieses seienden Selbsts, an dem nichts sonst wegzunehmen ist als nur sein Sein selbst ... Der *Schrecken* des Todes ist die Anschauung dieses ihres negativen Wesens.« Die ideelle Negation des Einzelnen führt im revolutionären Gedankenstaat mit innerer Logik auch zur realen Vernichtung des Einzelnen. So kann Hegel sagen: »Das einzige Werk und Tat der allgemeinen Freiheit ist daher der *Tod*, und zwar ein *Tod*, der keinen inneren Umfang und Erfüllung hat, denn was negiert wird, ist der unerfüllte Punkt des absolut freien Selbsts; er ist also der kälteste, platteste Tod, ohne mehr Bedeutung als das Durchhauen eines Kohlhaupts oder ein Schluck Wassers.«[4]

Hegel hat nicht nur die Jakobinerdiktatur als »Freiheit der Leere« begriffen, aus der die »Zertrümmerung aller bestehenden gesellschaftlichen Ordnung« und »die Hinwegräumung der einer Ordnung verdächtigen Individuen« folgt.[5] Er hat auch als erster den reinen Schrecken des Negativen beschrieben – den bedeutungslosen Tod und die kalt-sachliche Vernichtung als Elemente einer neuen, ahumanen Gewalt, gerichtet nicht mehr gegen »ehrliche Feinde«, sondern gegen »Schädlinge«.[6]

Goethe: »Eröffn' ich Räume vielen Millionen …« (Faust II, 5. Akt)

Auch in Goethes »Faust« ist der in die Welt ausgreifende, alle Grenzen überschreitende Impetus des 19. Jahrhunderts zu spüren. Naturwissenschaft und Technik, industrielle Revolution, Kolonialismus und Imperialismus sind in vielen Einzelheiten gegenwärtig.[7] Von den frühesten Fragmenten der Dichtung bis zu dem im Alter konzipierten und ausgearbeiteten »Faust II« erweitern sich die räumlichen und historischen Dimensionen: Ist der Anfang von »Faust I« noch umgeben von der Luft mittelalterlichen Gelehrten- und Scholarentums, so spielt der zweite Teil des Werkes teils in antiker, teils in neuzeitlicher (und zeitgenössischer) Umgebung. Faust erscheint im 4. Akt von »Faust II« als Militärberater und Schlachtenlenker, im 5. Akt als Regent und Kolonisator. Auf Raumgewinn und Welterschließung zielen seine letzten Worte und Taten:

»Eröffn' ich Räume vielen Millionen,
Nicht sicher zwar, doch tätig-frei zu wohnen.
Grün das Gefilde, fruchtbar; Mensch und Herde
Sogleich behaglich auf der neuesten Erde,
Gleich angesiedelt an des Hügels Kraft,
Den aufgewälzt kühn-emsige Völkerschaft.«[8]

Dabei gehört Gewalt, erschaffende wie zerstörende, ganz selbstverständlich zu Fausts Tun. Im 4. Akt des »Faust II« helfen die »drei Gewaltigen« – Symbole roher Kraft und Besitzgier – Faust, die Schlacht gewinnen.[9] Im 5. Akt dirigiert der Uralte, fast Erblindete von seinem Palast am Meer aus, mit Hilfe Mephistos, ein Heer von Arbeitern, Werkzeugen, Maschinen. Es herrscht die Atmosphäre von Gewalt, Frondienst und Sklaverei (»Arbeiter schaffe Meng' auf Menge, / Ermuntere durch Genuss und Strenge, / Bezahle, locke, presse bei!«), auch wenn äußerlich die Attitüde von Freiwilligkeit und bürgerlichem »Gemeindrang« gewahrt bleibt. Der Kolonisator trotzt den Wellen Land ab, er schafft Lebensmöglichkeiten für Millionen Menschen, er entäußert sich, so scheint es, in seinem Werk. Aber er genießt auch ganz persönlich, wie sich sein herrscherlicher Wille durchsetzt, wie die Menge ihm frönt, wie sich »das Werk« vollendet. Schon erblindet, kann er es mit eigenen Augen nicht mehr sehen – aber er ergötzt sich am Geklirr der Spaten, berauscht sich an der Vision einer grenzenlosen Zukunft: »Es kann die Spur von meinen Erdetagen Nicht in Äonen untergehn.«[10] Sein Kolonisationswerk, das für viele bestimmt ist und »breiten Wohngewinn« für ganze Völker bieten soll, ist zugleich – verkörpert im Palast am Meer – Fausts ureigener »Welt-Besitz«.

Eben diesen Weltbesitz aber »verderben« dem landerschließenden Kolonisator die greisen Eheleute Philemon und Baucis mit ihrem kleinen Gütchen im Dünengelände. Ihr Alterssitz, eine Hütte unter dunklen Linden, wird von Goethe beziehungsreich als Kontrapunkt in die im Umbruch begriffene Welt der Dämme und Buhnen, der neuen Hafen- und Kanalbauten eingefügt – mit allen Zeichen einer alten Welt: die Kapelle mit ihrem Glockengeläut, das Knien, Beten, Gottvertrauen der alten Leute. Und wie Baucis die Damm- und Kanalbauten als Teufelswerk erlebt (»Menschenopfer mussten bluten, Nachts erscholl des Jammers Qual ...«), so stören und erzürnen Faust umgekehrt der Lindenduft und das Läuten aus der nahe gelegenen Idylle. Eine Umsiedlungsaktion wird geplant – sie schlägt mit Mephistopheles' und der Gewaltigen Nachhilfe in Zerstörung, Brand und Mord um. Philemon und Baucis finden in den Trümmern ihrer Hütte den Tod. Offenkundig ist in der neuen Welt kein Platz für die alte.[11]

Goethe hat sich in seinen letzten Lebensjahren, wie wir wissen, eingehend mit der Gründung der Stadt Bremerhaven beschäftigt. Hier handelte es sich, ähnlich wie im 5. Akt von »Faust II«, um einen – wegen des Tiefgangs der Schiffe – weit vor die Tore der alten Stadt hinausverlegten Hafenbau. Auch die »globalen« Kanalbauvorhaben jener Zeit, die erst viel später realisiert wurden (Suez, Panama, Rhein-Donau), haben Goethe fasziniert; in einem Gespräch mit Eckermann vom 21.2.1827 wünschte er sich, diese »drei großen Dinge« noch zu erleben, und meinte, »es wäre wohl der Mühe wert, ihnen zu Liebe es noch einige fünfzig Jahre auszuhalten«.[12]

Dennoch scheint das Pathos des Kolonisators, des landschaffenden Eroberers, in diesen Szenen eigenartig gebrochen. Wer Faust angesichts des berühmten »mosaischen« Testaments (»Eröffn' ich Räume vielen Millionen ...«) zum positiven Helden stempeln will[13], muss allzu vieles überhören: nicht nur den offenen Kontrapunkt der Philemon-und-Baucis-Geschichte, sondern auch den verdeckten der Mephisto-Kommentare. Läuft doch die Apotheose des »auf freiem Grund mit freiem Volke« stehenden Herrschers am Ende auf Selbsttäuschung hinaus: Fausts Werk, das er dem Meer abgerungen zu haben meint, wird bei einer Überschwemmung untergehen – im großen Schmaus Neptuns, des Wasserteufels, wie Mephisto sagt. Und das Geklirr der Spaten, für Faust ein Zeichen des Sieges über die Natur, signalisiert nicht das Gelingen des Dammbaus, sondern die Vorarbeiten für eine Bestattung. Wiederum Mephistopheles: »Man spricht, wie man mir Nachricht gab, / Von keinem Graben, doch vom Grab.«[14]

Konnte man im 19. Jahrhundert die Gegenstimmen aus der Welt Philemons und Baucis' noch überhören, so sind sie im 20. Jahrhundert übermächtig geworden. Paul Celans »Todesfuge« spielt mit den Namen Margarete und Sulamith nicht nur allgemein auf Goethes Faust-Dichtung an, es finden sich auch spezielle Verweise auf die Philemon-und-Baucis-Szenen. So heißt es im »Faust II« in einer Regieanweisung von Mephisto, als er sich anschickt, mit den Gewaltigen gegen die beiden Alten vorzugehen: »Er pfeift gellend.« Auch bei Celan pfeift der Mann seine Rüden herbei, »er pfeift seine Juden hervor, lässt schaufeln ein Grab in die Erde«.[15] Dazu der Kommentar von Albrecht Schöne: »In den hier angeführten Versen des Hauptwerks unserer Literatur sah der Dichter der ›Todesfuge‹ präfiguriert, was die Deutschen den Juden antaten …«[16]

▪ Carl von Clausewitz: Vom Kriege

Der preußische General von Clausewitz schrieb zur Zeit des alten Goethe. Sein klassisches Werk »Vom Kriege« (1832/34) ist ohne den Anschauungsunterricht der Revolutionskriege und ohne die Figur Napoleon Bonapartes nicht zu denken.[17] Krieg kann nach Clausewitz' paradoxer Formulierung ein Ding sein …, was bald mehr, bald weniger Krieg ist.[18] Im 18. Jahrhundert war es im allgemeinen eher »weniger Krieg« als zu anderen Zeiten. Man kalkulierte beim Kriegführen sorgfältig Gewinne und Verluste und setzte nicht alles auf eine einzige Karte. »Auf diese Weise wurde der Krieg in eben dem Maße, wie sich die Regierung vom Volk trennte und sich als den Staat ansah, ein bloßes Geschäft der Regierungen, welches sie vermittelst der Taler in ihrem

Koffer und der müßigen Herumtreiber in ihren und den benachbarten Provinzen zustande brachten. Die Folge war, dass die Mittel, welche sie aufbieten konnten, ein ziemlich bestimmtes Maß hatten …; dies raubte dem Kriege die gefährlichste seiner Seiten: nämlich das Bestreben zu dem Äußersten und die dunkle Reihe von Möglichkeiten, die sich daran knüpft.«[19]

Demgegenüber haben die Heere der Revolution und der als Kriegsgott zertrümmernd durch Europa stampfende Napoleon laut Clausewitz den wirklichen Krieg wieder hergestellt. Plötzlich war er kein »Halbding« mehr, sondern wieder gegenwärtig in seiner vollen Erscheinung. Ist es nicht natürlich und notwendig, fragt Clausewitz, »dass uns diese Erscheinung auf den ursprünglichen Begriff des Krieges mit allen strengen Folgerungen zurückführt«?[20]

Dem »ursprünglichen Begriff« des Krieges gilt demgemäß die theoretische Leidenschaft des Denkers Clausewitz in seinem Hauptwerk. Dabei bezieht er ein weites Feld der Beobachtung ein: die Griechen, Alexander den Großen, die Römer, das Mittelalter, die Moderne; aus der jüngeren Vergangenheit Gustav Adolf, Karl XII., Friedrich den Großen – und eben Napoleon. In mehreren Anläufen versucht er eine begriffliche Explikation des Krieges – nicht von der juristischen, staatsrechtlichen Seite her, sondern aus der Beschreibung und Erklärung der Phänomene. Was ist der Krieg? Zunächst nichts anderes, meint Clausewitz, als ein erweiterter Zweikampf. Sein Zweck ist, den Gegner niederzuwerfen, ihn zur Erfüllung unseres Willens zu zwingen. Das geschieht durch Gewalt. Diese Gewalt – Urstoff des Krieges – wird in drei »Wechselwirkungen« zum Äußersten geführt, sie eskaliert[21]: einmal dadurch, dass Gewaltanwendung in sich tendenziell grenzenlos ist; sodann weil hier lebendige Kräfte, nicht tote Sachen zusammenstoßen (es gilt, den Gegner niederzuwerfen, sonst bin ich nicht mehr Herr meiner selbst!), endlich weil die Willenskraft der beiden Gegner unberechenbar ist und sich im Schlagabtausch zu einer äußersten Intensität des Kampfes steigert. So wird durch Eskalation der Gewalt aus einem schlichten Zweikampf *Krieg*, im Zweifel sogar »absoluter Krieg«. Die reine Form des absoluten Krieges ist freilich in der Wirklichkeit kaum anzutreffen; denn, so Clausewitz, »eine vollkommene Vereinigung der Kräfte in der Zeit« ist unwahrscheinlich; man kann »wohl alle beweglichen Streitkräfte gleichzeitig wirken lassen, aber nicht alle Festungen, Ströme, Gebirge, Einwohner usw. …« Auch in seinem Resultat ist Krieg »nie et-

was Absolutes«: Auch der unterliegende Staat kann wieder Kraft gewinnen und auf Revanche sinnen.[22]

Ist das ein Bild des entfesselten, gar des »totalen« Krieges? Man darf
sich durch die »kriegerische« Terminologie von Clausewitz nicht täu-
schen lassen. Gewiss, Gewalt kennt bei ihm keine Grenzen; gewiss, der
Krieg hat die Tendenz zur Vernichtung des Gegners.[23] Er ist, das hat
Clausewitz von Napoleon gelernt, Vernichtungskrieg. Aber so lange es
lebendige Kräfte sind, die im Kampf aufeinander prallen, relativieren
sich all diese Absolutheiten und Totalitäten. Gewalt ist bei Clausewitz
noch nicht eine den Menschen überwältigende und entmündigende
technische Gewalt; könnte er sonst die These vertreten, das Fußvolk sei
die selbständigste unter den Waffen, die Artillerie dagegen »ganz un-
selbständig«?[24] Und »Vernichtung des Gegners« heißt bei ihm noch
immer, bei aller Bedeutung des neuen »Volkskriegs«, Vernichtung der
Kombattanten – das Kampfunfähig-Machen der Heere also, nicht das
Schädigen oder gar das Ausrotten der Zivilbevölkerung.

Worin liegt dann der Clausewitzsche »ursprüngliche Begriff des
Krieges mit allen strengen Folgerungen«? Er liegt gerade nicht im
Technischen, in der Entfesselung blinder mechanischer Gewalt – so
sehr modernisierende Auslegungen ihn dahin drängen wollten.[25] Er
liegt in einem neuen Verständnis der Relation von Krieg und Politik.
Auch darin erweist sich der Preuße als getreuer Schüler Bonapartes
und der Französischen Revolution: »Um … das Maß der Mittel kennen
zu lernen, welches wir für den Krieg aufzubieten haben, müssen wir
den politischen Zweck desselben unsererseits und vonseiten des Feindes bedenken; wir müssen die Kräfte und Verhältnisse des feindlichen
Staates und des unserigen, wir müssen den Charakter seiner Regierung, seines Volkes, die Fähigkeiten beider, und alles das wieder von
unserer Seite, wir müssen die politischen Verbindungen anderer Staaten und die Wirkungen, welche der Krieg darin hervorbringen kann, in
Betrachtung ziehen. Dass das Abwägen dieser mannigfachen und man-
nigfach durcheinander greifenden Gegenstände eine große Aufgabe,
dass es ein wahrer Lichtblick des Genies ist, hierin schnell das Rechte
herauszufinden, während es ganz unmöglich sein würde, durch eine
bloße schulgerechte Überlegung der Mannigfaltigkeit Herr zu werden,
ist leicht zu begreifen.«[26] Das ist, in umständlichen Sätzen, die genaue
Umschreibung dessen, was häufiger als (missverständliche) Kurzfor-
mel aus dem Buch »Vom Kriege« zitiert wird: der Krieg »eine Fortset-

zung des politischen Verkehrs, ein Durchführen desselben mit andern Mitteln«.[27]

Vordergründig mag man in dieser Verklammerung von Krieg und Politik einen auf spätere Zeiten vorausweisenden Zug sehen – eine Vordeutung auf ein mobilisierendes, die Kräfte der Nation zusammenfassendes »Schaltbrett«[28] des Staates. Doch die technischen Assoziationen des 20. Jahrhunderts sind bei Clausewitz noch meilenfern. Das Politische und das Militärische werden bei ihm nicht im Sinn einer Unter- oder Überordnung gesehen, sondern im Sinn einer gegenseitigen Ergänzung und Durchdringung – was ihn z. B. zu Erörterungen über die Frage führt, wie die militärische Gewalt wohl am besten in Kriegs- und Friedenszeiten in einem Kabinett vertreten sei.[29] Kurzum: Es führt in die Irre, wenn man den Geist der »totalen Mobilmachung« in Clausewitz' sorgfältige Darlegungen hineindenkt. Kriegerische Potentiale begreift er in erster Linie als moralische, nicht als technische Größen; ist doch »ein ungeheurer Faktor in dem Produkt der Staats-, Kriegs- und Streitkräfte das Herz und die Gesinnung der Nation«.[30]

■ Friedrich Nietzsche: »Große Politik«

»Große Politik« ist ein Schlüsselwort in Nietzsches späten Schriften. Es umschreibt eine Form weltweiter Herrschaft, wie sie der Philosoph – nach seiner Abkehr von der Apolitie der freien Geister – in den letzten Schaffensjahren konzipiert hat. Es geht um die Bildung des Menschen zu der ihm möglichen Größe; die Stufen heißen »Züchtung« – »Vernichtung der Missrathenen« – »Erdherrschaft«. Nicht zufällig wird immer wieder die Metapher des Bildhauers, des Künstlers gebraucht – sein unablässiges Arbeiten, sein »Jauchzen … beim Geschrei des Marmors«.[31] Zugrunde liegt ein platonischer Entwurf von Politik. Nietzsche »hat mit dem Entwurf der ›großen Politik‹ eine Art moderner Platon sein wollen, und wenn die ›Politeia‹ Utopie gewesen ist, dann ist es Nietzsches ›große Politik‹ auch, Utopie, die weder auf konkrete Züge des Europabildes Nietzsches noch gar auf seine mehr und mehr den Wahnsinn streifenden persönlichen Herrschaftsvorstellungen, weder auf Zeitgenössisches noch auf die nahe Zukunft festgelegt werden sollte«.[32]

Festlegen sollte man Nietzsche auf seine extremen Äußerungen in der Tat nicht.[33] Wegerklären und hermeneutisch in bloße Gedankenspiele auflösen sollte man sie freilich ebenso wenig.[34] Längst ist uns Nietzsches Christentumskritik vertraut – und auch die aus ihr fließende Kritik an den »Schatten Gottes« in der modernen Zivilisation: Humanität, Fortschritt, Gleichheit, Demokratie, Sozialismus; jene, in Nietzsches Worten, »christlich-demokratische Denkweise«, die »das Heerden-Thier« und die »Verkleinerung des Menschen« begünstigt.[35] Doch hier steht Nietzsche in einer Linie mit vielen Zeitgenossen – von Carlyle bis Schopenhauer, von Taine bis Jacob Burckhardt. In der Radikalität seiner positiven Gegen-Entwürfe jedoch ist er völlig einzigartig. Er bringt auf den Begriff, was in Tendenzen der Zeit allenfalls von ferne anklingt. Er verkündet die Mitleidlosigkeit des Künstlers mit seinem Stoff. Es gilt die Existenz der Menschheit dranzusetzen, »um vielleicht Etwas Höheres zu erreichen als die Erhaltung der Gattung …«[36] »Wir *müssen* Zerstörer sein.«[37]

Dass es niedere und höhere Rassen gibt und dass die höheren Rassen berufen sind, über die niederen zu herrschen, das ist im 19. Jahrhundert ein weit verbreiteter Gedanke und fast ein westlicher Grundkonsens; anders ist das abrupte Tempo beim Wettlauf um die Kolonisierung der Welt durch die weißen Völker nicht zu erklären.[38] Schon seltener sind Höherentwicklungs- und Züchtungsphantasien platonisch-utopischer Art; sie fehlen sogar bei »Rassisten« wie Gobineau, Vacher de Lapouge, Chamberlain, die eher von der pessimistischen Vorstellung des »Niedergangs der weißen Rasse« beherrscht sind.[39] Und fast gänzlich ohne Analogien sind Vernichtungs- und Ausrottungsphantasien, welche die ganze Menschheit einbeziehen, wobei die Grenze nicht zwischen »Rassen«, sondern zwischen der »leibgewordenen Vernunft« auf der einen und den »Dumpfen«, »Müden«, Entarteten, Parasitischen auf der anderen Seite verläuft.[40] Nietzsches Sprache ist hier in ihrer Maßlosigkeit kaum zu überbieten. »Mord aus höchster Liebe zu den Menschen«, heißt es in einem nachgelassenen Fragment aus dem Winter 1882/83.[41] »Im Kriege erst seid ihr heilig, und wenn ihr Räuber und grausam seid.«[42] »An mitleidigen Menschen ist die Härte eine Tugend.«[43] »Ich liebe den, der so mitleidig ist, dass er aus der Härte seine Tugend und seinen Gott macht.«[44] Und im Juni–Juli 1883: »Ich gab euch die schwerste Last – dass die Schwächlinge daran zu Grunde gehen – zur Züchtung.«[45] »Alles Schaffen ist Umschaffen – und wo schaffende Hände

wirken, da ist viel Sterben und Untergehen. Und nur das ist Sterben
und in Stücke gehen: ohne Erbarmen schlägt der Bildner auf den Marmor.«[46] Zugespitzt heißt es in Aufzeichnungen aus dem Frühjahr 1884:
»Es bedarf einer Lehre, stark genug, um züchtend zu wirken: stärkend
für die Starken, lähmend und zerbrechend für die Weltmüden.«[47] »Erster Grundsatz: keine Rücksicht auf die Zahl: die Masse, die Elenden
und Unglücklichen gehen mich wenig an – sondern die ersten und
gelungensten Exemplare, und dass sie nicht aus Rücksicht für die
Missrathenen (d. h. die Masse) zu kurz kommen. Vernichtung der
Missrathenen – dazu muss man sich von der bisherigen Moral emanci-
pieren.«[48] »Ich will Kriege, bei denen die Lebensmuthigen die Anderen
vertreiben: diese Frage soll alle Bande auflösen und die Weltmüden
hinaustreiben – ihr sollt sie ausstoßen, mit jeder Verachtung über-
schütten, oder in Irrenhäuser sperren, sie zur Verzweiflung treiben
usw.«[49] Es gilt »jene ungeheure Energie der Größe zu gewinnen, um,
durch Züchtung und anderseits durch Vernichtung von Millionen
Missrathener, den zukünftigen Menschen zu gestalten und nicht zu
Grunde zu gehen an dem Leid, das man schafft, und dessen Gleichen
noch nie da war! –«[50]

Es ist kein Einwand, wenn wohlmeinende Interpreten argumentie-
ren, Nietzsche – und dem Staat seiner Zeit – habe für die Realisierung
dieser Vernichtungsphantasien das nötige Rüstzeug gefehlt, seine Visionen seien daher pure Gedankenspiele gewesen – ein »Theater der
Grausamkeit« also, ersonnen von einem geborenen Spieler und Artis-
ten. Das Gegenargument liegt näher: Um Massenvernichtung möglich
zu machen, bedarf es neben äußerer Zurichtungen auch psychologi-
scher Hilfestellungen und legitimierender Argumente. Bedenkt man,
wie sehr die Aktionen der Massenvernichtung im 20. Jahrhundert noch
von Leugnung, Verhüllung, Verheimlichung umgeben waren, weil die
Akteure die Zeit und die Massen noch nicht für »reif« hielten, so hat
Nietzsche mit seiner ungehemmten Offenheit und Vernichtungs-Ent-
schlossenheit diesen Bann bereits gebrochen. Seine Äußerungen sind
das früheste Zeugnis einer gänzlich neuen, von allen Skrupeln befrei-
ten, einer in der Tat weltumfassenden und »totalen« Politik.

■ Anmerkungen

1 G. W. F. Hegel, Phänomenologie des Geistes, Kap. VI. (»Der Geist«), B. III. (»Die absolute Freiheit und der Schrecken«).

2 Chr. M. Wieland, Schreiben an einen Korrespondenten in Paris, in: Der neue teutsche Merkur, Okt. 1792, 192–212; im folgenden zitiert nach der Ausgabe: Th. Stammen/F. Eberle (Hg.), Deutschland und die Französische Revolution 1789–1806, Darmstadt 1988, 196–205, 198 (Zitat).

3 Hegel umschreibt hier den zentralen Satz des Contrat social: »La volonté générale ne se représente pas.« Das Allgemeine *selbst* vollbringen schließt nach Rousseau aus, dass das Selbst nur repräsentiert und vorgestellt ist.

4 Die berühmte Stelle kombiniert zwei Metaphern: Das durch die Guillotine als Instrument der Massentötung nahe gelegte »Durchhauen eines Kohlhaupts«, und den Tod, der freiwillig, und daher leicht, wie »ein Schluck Wasser«, konsumiert wird. Vielleicht klingt hier Lessings Auffassung an, die Christen der Verfolgungszeit hätten ihr Martyrium auf sich genommen, wie man ein Glas Wasser austrinkt. Das würde damit übereinstimmen, dass Hegel den »Fanatismus der Zertrümmerung« sowohl in religiösen wie in politischen Erscheinungsformen wirksam werden sieht. Das klingt noch in § 5 der Rechtsphilosophie an, wo der Gedankengang von »Die absolute Freiheit und der Schrecken« summarisch zusammengefasst wird: »Nur indem er etwas zerstört, hat dieser negative Wille das Gefühl seines Daseins; er meint wohl etwa irgend einen positiven Zustand zu wollen, z. B. den Zustand allgemeiner Gleichheit oder allgemeinen religiösen Lebens, aber er will in der Tat nicht die positive Wirklichkeit desselben, denn diese führt sogleich irgend eine Ordnung, eine Besonderung sowohl von Einrichtungen als von Individuen herbei, die Besonderung und objektive Bestimmung ist es aber, aus deren Vernichtung dieser negativen Freiheit ihr Selbstbewusstsein hervorgeht. So kann das, was sie zu wollen meint, für sich schon nur eine abstrakte Vorstellung, und die Verwirklichung desselben nur die Furie des Zerstörens sein.«

5 G. W. F. Hegel, Phänomenologie des Geistes, Kap. VI. (»Der Geist«), B. III. (»Die absolute Freiheit und der Schrecken«), Schlusspassage.

6 Ambivalent ist Hegels Haltung zur christlichen Tradition. Einerseits taucht immer wieder der »Fanatismus« als Gemeinsamkeit von Christentum und Revolution auf. Andererseits sieht Hegel, dass der »kälteste, platteste Tod« die christliche Sinngebung des Opfers zerstört, weil der allgemeine Wille in letzter Abstraktion »nichts Positives hat, und daher nichts für die Aufopferung zurückgeben kann«.

7 Joh. W. Goethe, Faust: Texte, hg. v. A. Schöne, Frankfurt am Main 1994, und Joh. W. Goethe, Faust: Kommentare, hg. v. A. Schöne, Frankfurt am Main 1994; W. Frühwald, Die Erfahrung, sich selbst historisch zu werden: Goethes Spätwerk, in: Insel-Almanach auf das Jahr 1999: Johann Wolfgang Goethe zum 250. Geburtstag, Frankfurt am Main u. Leipzig 1998, 197–213; J. Schmidt, Goethes Faust: Erster und zweiter Teil, München 1999.

8 Faust II, Fünfter Akt (Joh. W. Goethe, Faust: Texte, hg. v. A. Schöne, Frankfurt am Main 1994, 445 f.).

9 Faust II, Vierter Akt (Joh. W. Goethe, Faust: Texte, hg. v. A. Schöne, Frankfurt am Main 1994, 400–419).

10 Faust II, Fünfter Akt (Joh. W. Goethe, Faust: Texte, hg. v. A. Schöne, Frankfurt am Main 1994, 446).

11 Faust II, Fünfter Akt (Joh. W. Goethe, Faust: Texte, hg. v. A. Schöne, Frankfurt am Main 1994, 427–438).

12 Joh. W. Goethe, Faust: Kommentare, hg. v. A. Schöne, Frankfurt am Main 1994, 707 f.; W. Frühwald, Die Erfahrung, sich selbst historisch zu werden: Goethes Spätwerk, in: Insel-Almanach auf das Jahr 1999: Johann Wolfgang Goethe zum 250. Geburtstag, Frankfurt am Main u. Leipzig 1998, 203.

13 Wie es sowohl im Nationalsozialismus wie im DDR-Sozialismus geschah. – Zur Rezeptionsgeschichte: Joh. W. Goethe, Faust: Kommentare, hg. v. A. Schöne, Frankfurt am Main 1994, 709 f.

14 Faust II, Fünfter Akt (Joh. W. Goethe, Faust: Texte, hg. v. A. Schöne, Frankfurt am Main 1994, 445).

15 Faust II, Fünfter Akt (Joh. W. Goethe, Faust: Texte, hg. v. A. Schöne, Frankfurt am Main 1994, 435).

16 Joh. W. Goethe, Faust: Kommentare, hg. v. A. Schöne, Frankfurt am Main 1994, 726.

17 Clausewitz wird im folgenden zitiert nach der (einzigen) vollständigen Ausgabe: W. Hahlweg (Hg.), Vom Kriege: Hinterlassenes Werk des Generals Carl von Clausewitz, Bonn 1980 (19. Auflage, Jubiläumsausgabe); ergänzend wird herangezogen die von Reinhard Stumpf herausgegebene und kommentierte Auswahlausgabe: R. Stumpf (Hg.), Kriegstheorie und Kriegsgeschichte: Carl von Clausewitz – Helmuth von Moltke (= Bibliothek der Geschichte und Politik, hg. v. R. Koselleck, Bd. 23), Frankfurt am Main 1993.

18 Maßstab für dieses Mehr oder Weniger ist der von Clausewitz so bezeichnete »absolute Krieg« (im Unterschied zum »wirklichen Krieg«). Er hat seine »absolute Gestalt« (erst) unter Napoleon angenommen; W. Hahlweg (Hg.), Vom Kriege: Hinterlassenes Werk des Generals Carl von Clausewitz, Bonn 1980, 954 f.

19 Ebd., 967.

20 Ebd., 954.

21 Mit Recht gilt Clausewitz als erster Theoretiker der Eskalation: R. Stumpf (Hg.), Kriegstheorie und Kriegsgeschichte: Carl von Clausewitz – Helmuth von Moltke, Frankfurt am Main 1993, 748 (Kommentar).

22 W. Hahlweg (Hg.), Vom Kriege: Hinterlassenes Werk des Generals Carl von Clausewitz, Bonn 1980, 199.

23 Ebd., 192–195. Vernichten ist Wehrlosmachen des Gegners, Ausschaltung der feindlichen Kampfkraft, nicht aber in jedem Fall physische Tötung; von den heute nahe liegenden Assoziationen (»Judenvernichtung«) darf man sich bei der Interpretation des Clausewitzschen Sprachgebrauchs nicht leiten lassen; siehe auch R. Stumpf (Hg.), Kriegstheorie und Kriegsgeschichte: Carl von Clausewitz – Helmuth von Moltke, Frankfurt am Main 1993, 770.

24 W. Hahlweg (Hg.), Vom Kriege: Hinterlassenes Werk des Generals Carl von
    Clausewitz, Bonn 1980, 509.
25 Zur Rezeptionsgeschichte vgl. R. Stumpf (Hg.), Kriegstheorie und Kriegsge-
    schichte: Carl von Clausewitz – Helmuth von Moltke, Frankfurt am Main 1993,
    719–725.
26 W. Hahlweg (Hg.), Vom Kriege: Hinterlassenes Werk des Generals Carl von
    Clausewitz, Bonn 1980, 961.
27 »So sehen wir also, dass der Krieg nicht bloß ein politischer Akt, sondern ein
    wahres politisches Instrument ist, eine Fortsetzung des politischen Verkehrs, ein
    Durchführen desselben mit anderen Mitteln« (ebd., 210). Zur Interpretation sie-
    he Reinhard Stumpf: »Clausewitz stellt der bisherigen Art, den Krieg zu denken,
    ein neues Modell entgegen. Glaubte man bisher, bei Kriegsbeginn ›verdränge‹
    der Krieg ›als etwas von ihr ganz Unabhängiges‹ die Politik, die ihn doch erzeugt
    hatte, so beging man einen methodischen Fehler, weil man den absoluten Krieg
    in die Wirklichkeit hineinzog. ›Der Krieg der wirklichen Welt‹ ist aber ›kein sol-
    ches Äußerstes‹, sondern ist ›ein Pulsieren der Gewaltsamkeit‹, das immer ›dem
    Willen einer leitenden Intelligenz unterworfen‹ bleibt. Diese leitende Intelligenz
    aber ist die Politik: sie wird ›den ganzen kriegerischen Akt durchziehen‹. In die-
    sem Sinne, dass nämlich auch der Krieg Politik bleibt, sich nur anderer Mittel
    bedient, ist die berühmte Überschrift von I 1, 24, der Krieg sei eine ›bloße Fort-
    setzung der Politik mit anderen Mitteln‹, zu verstehen.« (R. Stumpf [Hg.],
    Kriegstheorie und Kriegsgeschichte: Carl von Clausewitz – Helmuth von Molt-
    ke, Frankfurt am Main 1993, 764 f.).
    Vergleiche auch die Verdeutlichungen Clausewitz' im 6. Kapitel B des achten Bu-
    ches (»Der Krieg ist ein Instrument der Politik«): »Es ist wahr, auch der Krieg
    selbst hat in seinem Wesen und in seinen Formen bedeutende Veränderungen
    erlitten, die ihn seiner absoluten Gestalt näher gebracht haben; aber diese Verän-
    derungen sind nicht dadurch entstanden, dass die französische Regierung gewis-
    sermaßen emanzipiert, vom Gängelbande der Politik losgelassen hätte, sondern
    sie sind aus der veränderten Politik entstanden, welche aus der der französischen
    Revolution sowohl für Frankreich als für ganz Europa hervorgegangen sind.
    Diese Politik hatte andere Mittel, andere Kräfte aufgeboten und dadurch eine
    Energie der Kriegführung möglich gemacht, an welche außerdem nicht zu den-
    ken gewesen wäre. Also auch die wirklichen Veränderungen der Kriegskunst sind
    eine Folge der veränderten Politik, und weit entfernt, für die mögliche Trennung
    beider zu beweisen, sind sie vielmehr ein starker Beweis ihrer innigen Vereini-
    gung. Aber noch einmal: der Krieg ist ein Instrument der Politik; er muss not-
    wendig ihren Charakter tragen, er muss mit ihrem Maße messen; die Führung
    des Krieges in seinen Hauptumrissen ist daher die Politik selbst, welche die Fe-
    der mit dem Degen vertauscht, aber darum nicht aufgehört hat, nach ihren eige-
    nen Gesetzen zu denken.« (W. Hahlweg [Hg.], Vom Kriege: Hinterlassenes Werk
    des Generals Carl von Clausewitz, Bonn 1980, 997 f.).
28 Der Begriff findet sich bei E. Jünger, Die totale Mobilmachung (1930), in: ders.,
    Sämtliche Werke, Bd. 7 (Zweite Abt. Essays I), Stuttgart 1980, 119–142, 126 (Zitat).

29 W. Hahlweg (Hg.), Vom Kriege: Hinterlassenes Werk des Generals Carl von Clausewitz, Bonn 1980, 995 f.

30 Ebd., 413.

31 F. Nietzsche, Nachgelassene Fragmente 1884–1885 (KSA, Bd. 11), Frgm. 25[249], 77. Ähnlich schon im Juni–Juli 1883: »... ohne Erbarmen schlägt der Bildner auf den Marmor.« (F. Nietzsche, Nachgelassene Fragmente 1882–1884 [KSA, Bd. 10], Frgm. 10[20], 371).

32 H. Ottmann, Philosophie und Politik bei Nietzsche, Berlin 1999 (2. Auflage), 243.

33 Freilich sollte Thomas Manns berechtigte Warnung, Nietzsche wörtlich zu nehmen, auch nicht dazu führen, dass man diese Texte einfach umgeht, wie es in der zeitgenössischen Nietzsche-Literatur nur allzu oft geschieht. – Zum vielstrapazierten Thema Nietzsche und der Nationalsozialismus vgl. aus jüngster Zeit: B. H. F. Taureck, Nietzsche und der Faschismus, Hamburg 1989, bes. 154–190; St. E. Aschheim, Nietzsche und die Deutschen: Karriere eines Kults, Stuttgart 1996, 336–352; M. Riedel, Nietzsche in Weimar: Ein deutsches Drama, Leipzig 1997, 109–148.

34 Dies geschieht in manchmal ärgerlicher Direktheit bei W. Kaufmann, Nietzsche: Philosoph – Psychologe – Antichrist, Darmstadt 1982. Auch M. Montinari, Nietzsche lesen, Berlin u. New York 1982, verdrängt den Extremismus des späten Nietzsche; der Philosoph bleibt für ihn stets der kanonische »Voltairianer« der mittleren Periode.

35 F. Nietzsche, Nachgelassene Fragmente 1884–1885 (KSA, Bd. 11), Frgm. 36[16], 557.

36 F. Nietzsche, Nachgelassene Fragmente 1882–1884 (KSA, Bd. 10), Frgm. 10[26], 372.

37 Ebd., Frgm. 24[28], 661.

38 F. Ansprenger, Auflösung der Kolonialreiche, Lausanne 1970, 13–19.

39 Hierzu aufschlussreich H. Ottmann, Philosophie und Politik bei Nietzsche, Berlin 1999 (2. Auflage), 245 ff. u. 262 ff.; vgl. auch B. H. F. Taureck, Nietzsche und der Faschismus, Hamburg 1989, 154–176.

40 Ebd., 155.

41 F. Nietzsche, Nachgelassene Fragmente 1882–1884 (KSA, Bd. 10), Frgm. 4[129], 116.

42 Ebd., Frgm. 5[1]/93, 197.

43 Ebd., Frgm. 5[1]/176, 206.

44 Ebd., Frgm. 5[17], 222.

45 Ebd., Frgm. 10[3], 365.

46 Ebd., Frgm. 10[20], 371.

47 F. Nietzsche, Nachgelassene Fragmente 1884–1885 (KSA, Bd. 11), Frgm. 25[211], 69.

48 Ebd., Frgm. 25[243], 75.

49 Ebd., Frgm. 25[290], 85.

50 Ebd., Frgm. 25[335], 98.

Peter Krüger   ▌**Der Erste Weltkrieg**
                ▌**als Epochenschwelle**

I.

Epochenschwelle – das war nicht nur eine wissenschaftliche Festlegung, sondern die Hoffnung auf den Anbruch eines neuen Zeitalters, ermöglicht durch die Zerstörung alter Ordnungen im Ersten Weltkrieg, der zwar keineswegs mit dem Ziel begonnen worden war, etwas Neues zu schaffen, aber durch seine lange Dauer, Intensität und Ausbreitung eine derartige Anspannung aller Ressourcen zur Folge hatte, dass nichts von ihm unberührt blieb. Große, teilweise umwälzende Veränderungen waren unabwendbar, mehr noch, wie immer die Entscheidung ausgehen mochte, die Auszehrung und Überbeanspruchung zwang die an diesem Kriege beteiligten europäischen Staaten zur Anpassung an die neuen Verhältnisse und machte sie darüber hinaus, je tiefer die alte Ordnung erschüttert wurde, umso offener oder anfälliger für neue Vorstellungen politischer, gesellschaftlicher, wirtschaftlicher und internationaler Ordnung. Zwei Zeugnisse, eine Art Proklamation und ein Privatbrief, bringen die Spannung zwischen den Extremen solcher Konzeptionen und – gefährlicher noch, weil unkalkulierbar in den Auswirkungen – zwischen revolutionärer Erwartung auf der einen und schon enttäuschter Hoffnung auf der anderen Seite zum Ausdruck. Über die III., die am 6. März 1919 gegründete Kommunistische Internationale sagte Lenin: »In der ganzen Welt hat eine Wendung zum revolutionären Kampf begonnen. Der Krieg hat gezeigt, dass der Kapitalismus zugrunde geht. Eine neue Ordnung schickt sich an, ihn abzulösen. Das alte Wort Sozialismus haben die Verräter des Sozialismus mit Schande bedeckt. Nunmehr nennen sich die Arbeiter, die ihrer Sache, dem Sturz der Herrschaft des Kapitals, treu geblieben sind, Kommunisten. In der ganzen Welt wächst der Bund der Kommunisten. In einer Reihe von Ländern hat schon die Sowjetmacht gesiegt. Es wird nicht lange dauern, und wir werden den Sieg des Kommunismus in der ganzen Welt sehen, wir werden die Gründung der Föderativen Weltrepublik der Sowjets erleben.«[1]

Etwa zur gleichen Zeit, am 17. Mai 1919, richtete William Bullitt, damals Attaché bei der Friedensdelegation der USA in Paris, sein Entlassungsgesuch an Präsident Wilson: »I was one of the millions who trusted confidently and implicitly in your leadership and believed that you would take nothing less than ›a permanent peace‹ based upon ›unselfish and unbiased justice‹. But our Government has consented now to deliver the suffering peoples of the world to new oppressions, subjections, dismemberments – a new century of war.«[2] Den jungen Diplomaten Bullitt erfasste Enttäuschung – eines der verbreiteten Kennzeichen jener Epoche –, schon ehe der Versailler Vertrag unterzeichnet war. Auch Lenin, der allerdings von ganz anderer, nämlich von Machtwillen geprägter Natur war, stand das noch bevor.

Die Pariser Friedenskonferenz und der Versailler Vertrag vom 28. Juni 1919 bedeuteten an sich schon einen epochalen Einschnitt, denn es änderten sich hier die Grundlagen des Friedenschließens. Das ist bereits zuvor von Präsident Wilson verkündet und seitdem in der wissenschaftlichen Analyse eingehend untersucht worden. Die Friedensbedingungen sollten nicht nur rechtsförmig abgefasst und damit völkerrechtlich betont werden, sondern nun generell auf allgemeinen Rechtsprinzipien beruhen, insbesondere auf dem Selbstbestimmungsrecht bei den neuen Grenzziehungen oder auf der Ablehnung einer herkömmlichen Kriegsentschädigung zugunsten einer begrenzten Forderung von Reparationen, der Wiedergutmachung von Schäden, die der Zivilbevölkerung durch die Verursacher des Krieges zugefügt worden waren. Hiermit und mit den Strafbestimmungen der Artikel 227–230 des Versailler Vertrags, die von der Einsetzung eines Gerichtshofs der führenden Siegermächte zur Aburteilung Kaiser Wilhelms II. »pour offense suprême contre la morale internationale et l'autorité sacrée des traités« sowie von Militärgerichten zur Ahndung deutscher Verstöße gegen »lois et coutumes de la guerre« handeln, setzte sich eine neue Auffassung vom gerechten Frieden durch. In dessen Namen sollte die Verantwortung des Deutschen Reiches für den Krieg und für die Kriegsvergehen in aller Breite bis hin zur Wiedergutmachung der Schäden aufgerollt werden. Man wich somit dezidiert ab von der bis dahin gültigen Praxis, nämlich von dem in Friedensverträgen immer wieder beschworenen Vergessen – durch die Oblivionsklausel – all dessen, was zum Kriege geführt hatte und im Kriege geschehen war, von dem bewussten Akt also, durch den Friedensvertrag einen Schlussstrich unter die Vergangenheit zu ziehen. Das war ein Novum und zeigte, wie tief die Erschütterungen des Ersten Weltkriegs saßen, wie vehement er jeden Rahmen einer traditionellen Kriegsbeendigung gesprengt hatte. Es trug dazu bei, die folgenreiche Debatte über die Kriegsschuldfrage anzufachen, und bot willkommene Ansatzpunkte für die nationalistische, republik- und verständigungsfeindliche, schließlich rechtsextreme und nationalsozialistische Mobilisierung in Deutschland in einer totalitären Formen der Ordnung von Staat und Gesellschaft zuarbeitenden, ideologischen Vereinseitigung und Absolutierung komplexer Verhältnisse und Entwicklungen.

Dieses Novum und seine nachhaltigen Auswirkungen waren nicht zu bezweifeln, auch wenn Bullitt in dem zitierten Brief eine gerechtere Anwendung der neuen Prinzipien gefordert hatte. Trotz ihrer Fehler waren die Friedensverträge jedoch angesichts der immensen Schwierigkeiten, vor denen die Delegierten standen, eine eindrucksvolle Leistung. Denn im Krieg waren, weil er lang andauerte, jedoch lange Zeit keine klare Überlegenheit einer Seite brachte, daher immer mehr Ressourcen aufsog und nahezu totalen Charakter annahm, alle ungelösten Probleme in den internationalen Beziehungen ebenso wie im Innern der beteiligten Staaten aufgebrochen. Der Erste Weltkrieg war auch ein Ergebnis dieser Probleme und nicht geleisteter Anpassungen und Reformen und löste deswegen – das sollte man bei all dem Widerstand dagegen nicht vergessen – mit brutaler Konsequenz politisch, gesellschaftlich, organisatorisch und kulturell einen ungeheuren Modernisierungsschub vor allem hin zur Industriegesellschaft aus, den zu verarbeiten die Staaten und Gesellschaften, auch die nur indirekt betroffenen neutralen, kaum nachkamen, was wiederum zur Beschleunigung und Inszenierung der starken antiliberalen, antipluralistischen, autoritären und, in den umfassenden, schrankenlos und einseitig auf den Zweck neuer Kollektive ausgerichteten Bestrebungen, schon totalitären Bewegungen trieb. Auch das war eine Epochenschwelle, und diese Dynamik erschwerte den Aufbau einer neuen internationalen Ordnung beträchtlich.

Jedenfalls war entschieden, dass der Erste Weltkrieg zwar einem neuen Zeitalter den Weg gebahnt hatte, aber wie es gestaltet werden sollte, blieb eine offene Frage, ebenfalls ein Charakteristikum dieser Epoche.

Denn am Ende des Krieges stand keine umfassende, gesicherte, allgemein akzeptierte Neuordnung; stattdessen die Aussicht auf eine Periode konfliktreicher Auseinandersetzungen, die noch dadurch verschärft wurden, dass es sich in den gravierenden Fällen um die Konfrontation von Mächten und politischen Bewegungen mit Programmen prinzipiellen, universalistischen Anspruchs handelte, die sich innere und internationale Neugestaltung gleichermaßen zum Ziel setzten. Man wollte sich nicht mehr darauf beschränken, das eigene Haus einzurichten, sondern die ganze Menschheit zu den eigenen Prinzipien bekehren. Erst dann – und dieser Aspekt wird häufig übersehen, obwohl er den Epochenwandel maßgeblich und in fast religiös-teleologischer Weise bestimmte – konnte man die eigenen Ordnungsvorstellungen als gesichert ansehen: internationaler Wandel durch Revolutionierung. Das gab den internationalen Beziehungen zum Teil eine ungewohnte, ideologisch bestimmte Dynamik.

Nur wenige fragten so nachdrücklich nach dem Sinn des Ersten Weltkriegs für das Proletariat wie Lenin, dessen Antwort radikal und für die Zukunft der Arbeiterbewegung entscheidend war. Er zog die äußerste Konsequenz: Der Krieg wurde zur Voraussetzung und Chance für die Revolution, das Werk einer Parteielite der Bolschewiki; die »Organisierung der Avantgarde der Unterdrückten zur herrschenden Klasse«[3] ordnete den Einzelnen völlig der Führung und dem Kollektiv unter. Sie war die grundsätzliche Absage an den parlamentarisch-demokratischen Verfassungsstaat und führte für Lenin zum absoluten Führungsanspruch und zur Beseitigung der Demokratie. Die Diktatur des Proletariats war der Weg der Gewalt im Namen eines höheren, die Menschheit erlösenden Endzwecks, und er präzisierte: »Es ist klar, dass es dort, wo es Unterdrückung, wo es Gewalt gibt, keine Freiheit, keine Demokratie gibt.«[4] Alle übrigen, alle am demokratischen Verfassungsstaat orientierten Sozialisten, wie z. B. die deutschen Sozialdemokraten, wurden zu Abtrünnigen, Verrätern, Feinden des Proletariats erklärt. In der Zerreißprobe des Krieges und unter dem Druck der unentrinnbaren Frage an jede politische und gesellschaftliche Gruppe, wie sie zu Krieg und Frieden, zur inneren und internationalen Neuordnung stehe, hatte die Spaltung der Arbeiterbewegung bereits begonnen. Sie vertiefte sich unter Lenins Einfluss zu einem universalen Gegensatz.

Eine auch machtpolitisch erheblich weitergehende Konfrontation bis hin zu einer möglichen Zweiteilung der Welt kündigte sich in dem Friedensprogramm Wilsons an, das in allem, außer dem Anspruch auf universale Geltung, demjenigen Lenins entgegengesetzt war. Mit Wilsons Friedenspolitik bemächtigte sich das »Progressive Movement« der internationalen Beziehungen und übertrug einen bedeutenden, jedoch schwer zu verwirklichenden innenpolitischen Reformimpuls auf die Außenpolitik. Prinzipien der politisch-gesellschaftlichen Ordnung der Vereinigten Staaten sollten gesichert werden, indem man die Ausnahmesituation des Krieges dazu benutzte, diese Prinzipien in einer zunehmend sich verflechtenden Welt durchzusetzen. Die Freiheit jedes Einzelnen, der Individualismus jedes politisch frei entscheidenden Bürgers, sollte die Basis der internationalen Ordnung sein. Das war auch der tiefere Grund dafür, weshalb Wilson ein neues Zeitalter internationaler Rechtlichkeit und freier Kooperation – mit Abschaffung des traditionellen europäischen Staatensystems, geheimer Abmachungen und der Machtpolitik ebenso wie des Gleichgewichts – einleiten wollte. Immer wieder betonte Wilson, besonders nachdrücklich in seiner Kriegsbotschaft vom 2. April 1917, seine Entschlossenheit – die etwas Missionarisches hatte –, »den Prinzipien von Frieden und Gerechtigkeit im Leben der Welt Geltung zu verschaffen [...] und unter den wirklich freien und sich selbst regierenden Völkern der Welt« ein diese Prinzipien sicherndes »Zusammenspiel der Zwecke und des Handelns« einführen zu wollen. Denn ein »beständiges Zusammenspiel für den Frieden kann nicht anders erhalten werden, als durch eine Partnerschaft demokratischer Nationen«, und der Frieden »muss auf den erprobten Grundlagen politischer Freiheit errichtet werden«.[5]

Mit diesem Programm beschwor Wilson den Anbruch eines neuen Zeitalters, gegründet auf die Bindung der internationalen Ordnung an das Recht, auf die Achtung der Unabhängigkeit und der Rechte aller Staaten, der Selbstbestimmung, des ungehinderten Wirtschaftsaustauschs, der friedlichen Streitschlichtung, und vor allem auf eine internationale, Sicherheit gewährleistende Friedensorganisation, den Völkerbund: »Was wir suchen, ist die Herrschaft des Rechts, gegründet auf die Zustimmung der Regierten und getragen von der organisierten Meinung der Menschheit.«[6] Ausschlaggebend hierfür war die überragende wirtschaftliche und politische Stärke der noch jungen Weltmacht USA, die aber schließlich Wilson desavouierte und sich der Verantwortung entzog, was beträchtlich zur Verschärfung des Sicherheitsproblems und der Labilität in Europa beitrug.

Das europäische Staatensystem als »Vormacht der Welt« (Theodor Schieder) war im Krieg zerbrochen. Trotz des Völkerbundes kam eine tatsächlich funktionierende Weltordnung nicht zustande, und der Aufstieg außereuropäischer Staaten und neuer regionaler Zentren war unübersehbar und setzte sich beschleunigt fort, nachhaltig verstärkt durch den Dekolonisierungsprozess. Die USA, die einzige tatsächliche Weltmacht mit ihrer durch den Krieg erst voll entfalteten, dominierenden Position sowohl im europäisch-atlantischen als auch im pazifischen Raum, lehnten es ab und waren auch nicht dazu in der Lage, für eine angemessene Ausbalancierung und Stabilisierung der internationalen Beziehungen in diesen Gebieten zu sorgen, die von schwerwiegenden offenen oder latenten Interessengegensätzen mit kaum absehbaren Entwicklungen geprägt waren. Es zeichnete sich bereits die Gefahr eines machtpolitischen wie ideologischen Ost-West-Konflikts ab, einer Zweiteilung der Welt, über die Max Weber am 24.11.1918 schrieb: »Mit einer w e l t politischen Rolle Deutschlands ist es vorbei: die angelsächsische Weltherrschaft [...] i s t Tatsache [...]. Amerikas Weltherrschaft war so unabwendbar wie in der Antike die Roms nach dem Punischen Krieg. Hoffentlich bleibt es dabei, dass sie nicht mit Russland geteilt wird. Dies ist für mich Ziel unserer künftigen Weltpolitik, denn die russische Gefahr ist nur für jetzt, nicht für immer, beschworen.«[7] Die Oktoberrevolution war unmittelbare Drohung eines Umsturzes zumindest in Mitteleuropa, zugleich auf längere Sicht Alternative und Verlockung zu radikalen Veränderungen des Bestehenden gegenüber einer liberalen, parlamentarischen Demokratie, die in ihrer Komplexität und ihrem Pluralismus in die Defensive geriet gegenüber ihren nach neuer Eindeutigkeit und Unbedingtheit strebenden Verächtern von rechts und links, verstärkt durch die Erfahrungen des Weltkriegs. Das Überschreiten einer Epochenschwelle wird darin ebenso deutlich wie in einer bemerkenswerten Übereinstimmung zwischen Lenin und Wilson: dem Streben nach Verschmelzung von innerer und internationaler Ordnung. Nur eine grundlegende Umgestaltung und Erneuerung der Gesellschaft vermochte nach ihrer Auffassung eine Erneuerung des internationalen Systems einzuleiten, und beide waren überzeugt, Leitbilder und Prinzipien hierfür im eigenen Land geschaffen zu haben.

Europa litt ohnehin darunter, dass zwar eine Weltorganisation, aber keine europäische, errichtet wurde; dass es nur ein nicht recht funktionierendes Kondominium der Sieger, aber keinen wirklichen Ersatz für

Staatensystem und Europäisches »Konzert« des 19. Jahrhunderts gab; dass Sowjetrussland überhaupt nicht einbezogen war; und dass im übrigen zu den nach Revision der Friedensverträge strebenden Besiegten auch unzufriedene, revisionistische Sieger kamen und für neue Unruhe sorgten, wie etwa Frankreich mit seiner Ruhraktion 1923.[8] Auch reichte es 1919 noch nicht zu einer für ein internationales System von nach wie vor souveränen Staaten unentbehrlichen, schlüssigen Zuordnung von Weltorganisation, Großmachtinteressen, überkommenen Sicherheitsinstrumenten und traditioneller Diplomatie. Dabei hatte die Struktur des Staatensystems durch den Ersten Weltkrieg weitere wirklich epochale Veränderungen erfahren, die eine verbindlichere Organisation des Zusammenlebens dringend erforderlich machten: die Entstehung neuer Staaten in Mittel- und Osteuropa nach dem Zusammenbruch der Kaiserreiche und damit die Durchsetzung des Nationalstaats als Ordnungsprinzip in ganz Europa, und das jedes damals in Europa bekannte Maß an ökonomischer Desintegration, Erschöpfung, Verschuldung, Blockierung der Austauschverhältnisse und drückenden sozialen Lasten übersteigende, wirtschaftliche Desaster. Die politische wie wirtschaftliche Erholung und die Reorganisation Europas verlangten nach neuen, und zwar – ebenfalls ein epochaler, folgenreicher Wandel – von der Politik, den Regierungen, einzuleitenden Maßnahmen und internationalen Verständigungen.[9]

II.

Es genügt nicht, die Signale eines neuen Zeitalters, die von Lenin und Wilson 1917/18 ausgingen, hervorzuheben, so wichtig sie als Markierung universaler Ansprüche in einem künftigen Weltmachtsystem und im Zeichen des sich allmählich anbahnenden Ost-West-Konflikts auch sind. Fast wichtiger noch ist der tiefe, in seinen Ausmaßen damals noch kaum absehbare grundlegende Umbruch in Europa, dessen äußere Erscheinungsformen – totale Kriegsanstrengung mit Erschöpfung der Ressourcen, »Selbstentmachtung Europas«, tiefgreifende, teilweise revolutionäre Veränderungen, Zerstörung des komplexen Systems wirtschaftlicher und politischer Wechselbeziehungen und seiner ordnenden Grundlagen – allerdings die Auswirkungen nur undeutlich zum

Ausdruck bringen oder aber überlagern. Es gibt also gleichsam Tiefenschichten epochaler, unter dem zugleich polarisierenden und katalysierenden Druck des Weltkriegs verdichteter und beschleunigter Veränderungen. Deswegen scheint es angebracht, der soeben dargestellten ersten Schicht weitreichenden Wandels im internationalen System die Betrachtung struktureller Wandlungen – einer zweiten, tiefer liegenden Schicht der Veränderung und ihrer Bedingungen – folgen zu lassen und in einem dritten Teil auf die geistigen Veränderungen hinzuweisen, die der Erste Weltkrieg hervorrief oder intensivierte, und auf den Bewusstseinswandel einzugehen, der all diese Veränderungen erst ermöglichte, sie begleitete oder von ihnen angeregt und bestärkt wurde.

Der Erste Weltkrieg ist gekennzeichnet durch die prägende Grunderfahrung des technisierten, die gesamte Gesellschaft eines Staates in Anspruch nehmenden Krieges der Massen, der keinen Lebensbereich unberührt ließ und daher politisch kaum noch lenkbar war. Wegen der ungeheuren Anstrengungen aller drohten überkommene politisch-gesellschaftliche Positionen und Strukturen sich aufzulösen oder ihre Legitimation zu verlieren. Tiefgreifende innere Veränderungen, in manchen Staaten mehr, in manchen weniger, waren die kaum vermeidbare Konsequenz. Eine Niederlage gefährdete das Weiterexistieren der Staaten in ihrer gewohnten Form und konnte innen- und außenpolitisch unabsehbare Folgen haben. Das schlug sich im Willen zum Kampf bis zum Sieg nieder und ließ alle Verständigungsversuche scheitern.

Ein solcher Krieg entwickelte bei den Verantwortlichen zwangsläufig eine Tendenz zur Ausweitung auf der Suche nach Verbündeten und nach Unterstützung und zur Intensivierung infolge der Ausschöpfung aller Ressourcen. Ausmaß und Formen dieser Intensivierung mit der Tendenz zur totalen Kriegführung hingen einerseits ab von der Verfügbarkeit von Ressourcen, dem Grad der Betroffenheit und der Nähe zum Kriegsschauplatz – was die angelsächsischen Länder in eine verhältnismäßig günstige Lage brachte –, andererseits von der Stabilität und Belastbarkeit der Institutionen eines Landes. In noch höherem Maße hingen Erfolg oder Misserfolg der Kriegführenden von den ambivalenten, beunruhigenden Konsequenzen eines anderen, für die Kriegsanstrengungen, aber auch für die Veränderungen, die sie bewirkten, maßgebenden Faktors ab: der Organisierbarkeit und tatsächlichen Organisation aller Ressourcen für die Kriegführung – einschließlich der Menschen.

Der Krieg offenbarte erst, über welch enormes Machtpotential die Staaten dank der Entfaltung moderner Wissenschaft, Technik, Produktions- und Finanzkraft und Organisation verfügten. Entscheidend war also neben der Menge der Ressourcen die Organisationsfähigkeit. Denn nur dadurch vermochten die Regierungen die gesamte Gesellschaft in den Dienst umfassender Mobilisierung aller Machtmittel für den Krieg zu stellen. Der Bevölkerung wurde bei zunehmenden Entbehrungen ein Höchstmaß an Leistung, Ausdauer und Durchhaltevermögen abverlangt. Das war nicht zu erzielen ohne große Disziplin, Pflichterfüllung und überzeugende Rechtfertigung des Einsatzes für den Krieg. Hier lag jedoch das Problematische und die verändernde Kraft organisierter Indienstnahme von Menschen und Gütern: der Glaube an umfassende Machbarkeit und der Einsatz von Propaganda und Ideologie[10], der damit verbunden war und der ein ganz neues Verständnis von Politik herbeiführen konnte: die Gestaltung politischer Massenbeeinflussung. Dies wurde im Ersten Weltkrieg zum ersten Mal in umfassendem Sinne und mit neuen oder verbesserten Methoden praktiziert. Noch unter einem anderen Aspekt deutete sich hier ein bemerkenswerter Wandel an: Insbesondere diejenigen, die den liberalen, demokratischen Verfassungsstaat bekämpften oder sich aus Enttäuschung über seine Unzulänglichkeiten von diesem Ordnungskonzept abgewandt hatten, zogen für den weiteren politischen Kampf nach dem Krieg ihre Lehren aus der Organisierbarkeit der Massen und aus den Erfahrungen und dem Weltbild des Krieges.

Der Krieg veränderte also die Lebensumstände der Menschen in gravierender Weise und spannte sie ein in die vielgliedrige, immer unüberschaubarer werdende Organisierung seiner Hilfsmittel und Erfordernisse durch den Staat und die von ihm gelenkten Hilfseinrichtungen, die viele Bürger und gesellschaftliche Gruppen auch mittelbar erfaßten und damit den Dienst für den Krieg effektiver gestalteten, etwa in der Wirtschaft oder den Kirchen. Technik und Organisation erhielten fast mythische Qualität, prägten, selbst im Widerspruch, neue Leitbilder vom Menschen und seinem Ordnungsgefüge, verdichteten und beschleunigten mit enormer Schubkraft ohnehin vorhandene Entwicklungsläufe der modernen Industriegesellschaft in einer bis dahin unbekannten, gewohnte Ordnungen sprengenden Einseitigkeit der Konzentrierung auf den Krieg und führten das Ende des alten Europa herbei, so zählebig sich dieses, auch in der Erinnerung, erwies. Eine der folgenreichsten, tief in das Leben der Menschen eingreifenden Veränderungen wird dabei oft unterschätzt: die ungeahnte Ausdehnung der Zuständigkeit des Staates, sein regelnder Eingriff in alle Lebensbereiche, seine gefährlich ungewisse, neu definierte Stellung in der Gesellschaft und, oft übersehen, im internationalen System. Die Regierungen übernahmen Verantwortung und Aufgaben in gewaltigem Umfang und riefen damit Erschütterungen und Veränderungen im politischen System und gesellschaftlichen Gefüge hervor. Dass der Staat dabei nicht selten überfordert war, tat dem tiefen Eindruck, den die Kriegserfahrung von der weitgehenden Realisierbarkeit vollkommen zweckgerichteter Erfassung des Menschen durch den Staat vermittelte, keinen Abbruch; sie musste eben nur noch perfekter organisiert werden.

Wohlgemerkt, dies waren Vorstellungen, wenn auch mit grundsätzlich verschiedenen Endzwecken, einer sich allmählich formierenden neuen radikalen Rechten und der radikalen, praktische Erfahrungen im Bolschewismus sammelnden Linken. Das Feld behauptete zunächst, auch als Modell für die neu gegründeten oder weitgehend durch den Krieg veränderten Staaten, der westliche, liberal-demokratische Nationalstaat. Der Sieg der Westmächte hatte ihn noch einmal gestärkt und damit den vielstimmigen Protest, vornehmlich seit den 1880er Jahren, und die Absage an das liberale 19. Jahrhundert zurückgedrängt. Dennoch wirkten die Erfahrungen des Weltkriegs weiter.

Schließlich, ein letzter wichtiger Punkt, der mit der Rolle des gestärkten Interventionsstaats zusammenhängt und eine gravierende Veränderung, den Eintritt in eine neue Phase schwieriger internationaler Wirtschaftsbeziehungen bedeutet: die Desintegration der internationalen Wirtschaft. Sie wurde durch den Ersten Weltkrieg eingeleitet – mit langfristigen Folgen –, in den 1920er Jahren nicht ohne Erfolg bekämpft, jedoch seit der Weltwirtschaftskrise in zerstörerischer Beschleunigung auf einen Höhepunkt in der modernen Wirtschaftsentwicklung getrieben.

Der Sachverhalt trat schon im Krieg mit aller Klarheit hervor, und kein Experte konnte behaupten, er habe diesen epochalen Wandel nicht erkannt, was meines Wissens auch niemand wirklich tat. Die erst in der Europäischen Wirtschaftsgemeinschaft wieder erreichte, sozusagen natürliche, das heißt weitgehend unter den Bedingungen ökonomischer Interessen und ökonomischen Wettbewerbs gewachsene wirtschaftliche Integration Europas beendete der Weltkrieg nicht nur faktisch.[11] Er sorgte vielmehr für eine grundlegende Strukturveränderung. Die wie selbstverständlich erfolgte Integration vor 1914 war unwiederbringlich verloren, und zwar infolge der Intensität und Ausweitung des Krieges, der gegenseitigen umfassenden Wirtschaftskriegführung, der alliierten, wenn auch in dieser Form nicht erfolgreichen, Planungen eines Wirtschaftsblocks mit staatlichen Lenkungsmaßnahmen der Siegermächte nach dem Krieg und vor allem – obgleich bisher in diesem Zusammenhang nicht beachtet – aufgrund der im Krieg dem Staat zugewachsenen Zuständigkeiten auch für alle binnen- wie außenwirtschaftlichen Gestaltungen. Es war wie bei der »verlorenen Unschuld«: Einmal verloren, konnte sie, wie Gunnar Myrdal bemerkte, nie mehr zurückgewonnen werden. Das bedeutete, wirtschaftliche Integration – besser: Re-Integration – war künftig nur noch über den politischen Willen der Regierungen, also über Nationalstaaten und deren dezidierten, wie auch immer bedingten Willen zur internationalen wirtschaftlichen Verständigung zu erreichen. Auf diesem Wege, über den Nationalstaat und seine Interessen, wurde in einem neuen Anlauf schließlich die westeuropäische Integration bis hin zur Europäischen Union heute erreicht.[12]

III.

Die erörterten Vorgänge und Strukturwandlungen bildeten die Voraussetzungen auch für die geistigen Veränderungen, die der Krieg hervorrief, eine dritte Tiefenschicht epochalen Wandels. Unter den extremen Bedingungen einer Gesellschaft im Dienst der Kriegsmaschinerie entstand eine Ausnahmesituation, die vieles ermöglichte oder erzwang, was in normalen Zeiten nicht zu verwirklichen war, und die das Denken und Fühlen der Menschen in neue Bahnen lenkte, sie viel stärker als je zuvor in einem existentiellen Sinne an den Augenblick, an die unmittelbar erfahrene Ohnmacht und Degradierung zur Verfügungsmasse, an die konkreten Lebensumstände und an die furchtbare Erfahrung des Massensterbens und der systematischen Vernichtung band und sie vor unausweichliche Fragen nach den Grundlagen ihres Daseins, dem Sinn des Krieges und den Bedingungen des Weiterlebens stellte. Viele entwickelten daraufhin eine neue Dynamik des Wollens und der authentischen Entscheidung. Vor allem in Intellektuellen-

kreisen hatte die Entscheidungsphase des Krieges 1917/18 daher eine
Existentialisierung der Diskurse zur Folge, und durchweg wurde gerade in dieser Krise das konkrete erfahrene Leben gegen die abstrakte
Vernunft und Wissenschaft sowie gegen die herkömmliche, rechtlich
und verfassungsmäßig geregelte Politik und institutionalisierte Staat-
lichkeit gesetzt.

Vor diesem Hintergrund, ausgehend von Zeitbewusstsein und Zeit-
erfahrung, vollzogen sich erhebliche Wandlungen in der Intensivierung, Beschleunigung und Vereinseitigung geistiger und ideologischer
Entwicklungen der Vorkriegszeit, die sich mit den neuen Erlebnissen
der Kriegszeit verbanden.[13] Da war zum einen, gerade im Hinblick auf
die Entstehungsgeschichte politischer Religionen als Ersatz für verloren gegangene geistig-religiöse Verankerung, die sprunghaft zunehmende Inanspruchnahme der Religion für politische und gesellschaftliche Zwecke, für die Ausrichtung des Bewusstseins und der Hoffnung
der Menschen auf bestimmte Ziele. Da war zum anderen das Aufkommen starker geistiger und ideologischer Strömungen mit zumindest
in der Tendenz universalem Anspruch einer großen, Heil bringenden,
die Menschheit politisch und gesellschaftlich befreienden Mission und
zugleich der immer tiefer dringende Appell an die Unterordnung des
Einzelnen unter große, als zum Überleben unentbehrlich dargestellte
Gemeinschaften und Ziele und unter eine auf sich selbst zurückgezo-
gene Ordnung: das Aufgehen des Individuums im Kollektiv als Bedingung der weiteren Existenz. Die Wirkungen des Krieges auf die Menschen waren allerdings mannigfaltig und nach nationaler Tradition und
Kultur, persönlicher Stellung, gesellschaftlicher Schicht, politischer und
religiöser Bindung unterschiedlich. Es öffnet sich hier der Forschung
ein so weit verzweigtes, faszinierendes Gebiet, dass abschließend nur
die beiden gerade erwähnten Schwerpunkte der Entwicklung berück-
sichtigt werden können, und auch das bloß in wenigen, stark verallge-
meinernden Hinweisen, die sich auf deutsche Beispiele stützen.

Die Instrumentalisierung der Religion, vor allem im deutschen Protestantismus, erreichte im Ersten Weltkrieg einen Höhepunkt und
nahm in dieser Ausnahme- und Umbruchsituation insofern kritische
Züge an, als sie an einen Punkt geriet, von dem aus ein epochaler Wandel des Religiösen hin zur Vergötzung von Staat, Volk oder Nation
begünstigt wurde – und sei es aufgrund von missverständlichen Äußerungen. Ungeachtet nachträglicher Verwahrungen und anderer Orien-

tierungen im deutschen Protestantismus gewannen Äußerungen Publizität, die konservative Staatsnähe mit der Öffnung zu Problemen der Zeit verbanden und nationalistische Gottesvorstellungen durch eine Überhöhung des Krieges als Läuterung und Teil der göttlichen Erlösungsplanung und durch eine Absage an die Moderne – politisch, gesellschaftlich, kulturell – unterstützten. Schon die religiöse Legitimierung eines gerechten Verteidigungskrieges, mehr noch die Inanspruchnahme eines Erlösungsauftrags für das deutsche Volk und die folgerichtige Deduktion eines heiligen Krieges, eines Kreuzzugs gar, schließlich in einzelnen Übersteigerungen die Liebe zum Volk als Gottesdienst zu verkünden, den Krieg als Triumph von Volk und Gemeinschaft über den Individualismus zu feiern, und in einer Zeit erneuter Nietzsche-Begeisterung von Christus als Weltenkämpfer und »siegumleuchteten Heerführer der Starken«[14] zu sprechen, der die Männer unter dem Einsatz von Gut und Blut zum Kampf um sich schart – das alles war geeignet, die Grenzen der Religion zu verwischen, die Vermenschlichung Gottes zu fördern und in der gedanklichen Vagheit der Emphase unpräzise, der beliebigen Verwendbarkeit ausgesetzte Formeln zu verbreiten, die eine religiöse Aura oder gar die Gottnähe eines künftigen Führers und den Religionsersatz einer autoritären, die Individualität auslöschenden Gemeinschaft vorbereiten konnten. Hier fand tatsächlich eine Umkehrung der Werte statt.

Ein Beispiel der Transformation geistlicher Appelle und ihrer Bereitstellung für politische Zwecke ist der Bismarck-Roman Karl Bleibtreus von 1915.[15] Bismarck ist hier die große nationale Führerpersönlichkeit, die »der Gott der Deutschen« auserwählte, die deutsche Einheit – mit unverkennbar völkischen Anklängen – zu schaffen, und dessen Erbe es zu verteidigen gelte: wiederum mit Gottes Hilfe und der seiner Auserwählten. Gott, Bismarck und die Geschichte wurden in den Dienst einer Ideologie genommen. Auch dies war, selbst wenn es sich nur um einen publikumswirksamen Ausschnitt der Meinungen handelte, gewissermaßen ein Ergebnis des langen Säkularisierungsprozesses. Kirche und Religion wurden gerade im Kriege weltlicher: Dabei verließen sie aber ihren eigentlichen Wirkungskreis, näherten sich anderen Wert- und Glaubenssystemen an und begaben sich auf deren Argumentationsebene. Um sie ins Christentum zurückzuholen, war die Kirche auf dieser Ebene zu schwach, aber diese Bewegungen selber wurden dadurch aufgewertet. Außerdem führte diese Annäherung zu dem fehlgeleiteten Bemühen, dem Mangel an einem großen, einigenden, überzeugenden Kriegsziel durch religiöse Zutaten abzuhelfen. Das grundsätzliche Problem politischer Ersatzreligionen war und ist allerdings ihre Unfähigkeit, andere Überzeugungen zu ertragen. Sie vermögen sie weder zu akzeptieren noch zu integrieren. Aus der Unbedingtheit und dem prinzipiell, wenn auch in der Praxis schwer durchzusetzenden, totalen Anspruch solcher Ersatzreligionen an den Einzelnen war Widersprüchliches, Vielfältiges, Pluralismus vor allem, ausgeschlossen. Die Folgen waren zwingend: Da ihr Zweck darin bestand, eine einheitliche geschlossene Gemeinschaft zu errichten, zu sichern und zu vollenden, konnte Integration nur über Zwang und Gewalt, im Extrem durch Unterwerfung und Vernichtung aller Gegner, der inneren wie der äußeren, erzielt werden. Sie verbinden sich häufig in einer Art religiöser Weihe oder Sakralisierung mit radikal nationalistischen Strömungen und entwickeln sich vor allem in Ländern mit ungefestigten und rückständigen politischen Institutionen.

Die Nähe politischer Religionen zu totalitären Entwicklungen erfährt daher besondere Aufmerksamkeit. Doch ergeben sich immer wieder Schwierigkeiten mit der präzisen Erfassung, Differenzierung und Abgrenzung des Totalitären. Gerade deshalb ist der Erste Weltkrieg als Ausnahmesituation von kaum abzuschätzendem Ausmaß und mit der Eröffnung ungeahnter Veränderungsmöglichkeiten, da Grenzüberschreitungen von Normen und Regeln durchführbar und teilweise unumgänglich wurden, von maßgebender Bedeutung für die Feststellung der Ausgangspunkte und der Inkubationsphase totalitären Denkens und Handelns. Denn Entgrenzung als Zerstörung legitimer rechtlich-moralischer Ordnung ist die Bedingung des Totalitären, das seiner Natur nach keine Grenzen kennt. Entgrenzung verstehen diejenigen, die sie handhaben, als Ermöglichung von Machtentfaltung, als Schrankenlosigkeit des Handelns bei der Verfolgung bestimmter Zwecke. Entgrenzung erfahren die von den Machthabern Abhängigen als Beseitigung der Garantien gesicherten Daseins und freier Entfaltung, als den Zwang auferlegten Verhaltens, Zwang auch zu eigenen Grenzüberschreitungen in vorgeschriebenen Bereichen und in gelenkter, auf erwünschte Zurichtungen menschlichen Handelns eingestellter Weise. Anzeichen zeigten sich im Ersten Weltkrieg etwa bei wahrheitswidriger Propaganda, Verunglimpfung und Nichtachtung des Gegners und unmenschlich brutaler Kriegführung unter Anwendung aller Mittel. Entgrenzung zeigt sich aber auch als Ohnmacht der ihr Unterworfenen, als Erfahrung der Rechtlosigkeit, des schwindenden Halts für die eigene Existenz, der Auflösung vertrauter Institutionen, der bedrohlichen Einengung selbstbestimmter Entscheidungen und Aktionen und der Fesselung derer, die der Schrankenlosigkeit der Gewalthaber ausgeliefert sind.

In diesem Sinne, und durch historische Quellen belegbar, ist Entgrenzung ein historischer Prozess und zugleich eine methodische Leitlinie für die Totalitarismusforschung: zu fragen nach den Umständen, dem Umfang, der Dauer und den Folgen von Entgrenzung und nach dem strukturellen Wandel, den sie bewirkt. Denn hier sind sowohl die Ursprünge totalitärer Entwicklungen als auch die Ansatzpunkte ihrer Erforschung vereint. Das leidige Problem, wie und wo totalitäre Bewegungen sich bestimmen lassen, ist wissenschaftlich angemessen zu lösen, indem man die Frage ausweitet und nach den Ursprüngen und damit einer notwendigen Bedingung dieser Bewegungen sucht, auch wenn sie erklärtermaßen über die Auslösung des Totalitären hinausreicht, nicht nur und nicht unausweichlich zum Totalitarismus führt. Diese Bedingung ist die Entgrenzung, die Überschreitung, in voller Absicht, von Grenzen, die ein Rechtssystem, eine Verfassung, ein Komplex gültiger Institutionen setzt. Sie zu untersuchen führt zu Erkenntnissen, die nicht bloß für die Erforschung des Totalitarismus wichtig sind, sondern zu dessen Einordnung in größere Zusammenhänge beitragen, vor allem, was die Voraussetzungen für die Zersetzung politisch-gesellschaftlicher Ordnungen betrifft.

Dort nämlich, wo Grenzüberschreitung nicht momentane Aktion oder Verfehlung ist, wo sie mehr bedenkt als eine wieder zu behebende akute Durchbrechung einer Ordnung, wo sie aus Lücken, Mängeln, systematischer Delegitimisierung oder Beseitigung einer Ordnung chronische Formen und Strukturen entstehen lässt, da kann Grenzüberschreitung zum Kennzeichen und zur methodischen Leitfunktion einer Untersuchung der Anfänge des Totalitären werden.

Strukturelle, über längere Zeiträume betriebene Entgrenzung, also Überschreitung und Zerstörung verfassungsmäßiger, rechtlicher und moralischer, kurz institutioneller Grenzen jeder Art bieten untrügliche Anzeichen für potentiell totalitäre Entwicklungen – auch wenn sie nicht verwirklicht werden – und können dementsprechend untersucht werden mit Hilfe der methodischen Frage, wie eine Gesellschaft mit den, in der Dynamik fortgesetzten Wandels moderner Ordnungen stets

möglichen, Entgrenzungen umgeht, wie sie sie behebt oder ihnen nach-
gibt und damit den Weg öffnet für die Verabsolutierung ideologisch bestimmter Prinzipien und Ziele in Überschreitung aller dem entgegen-
stehenden Rechts- und Ordnungsschranken. Deswegen stellt schon aus
Gründen geschichtswissenschaftlicher Analytik die Entstehung und
Entwicklung der Verfassung der Vereinigten Staaten für Totalitaris-
musforschungen ein besonders wichtiges Studienobjekt dar. Denn in
ihr wurden von Anfang an und ganz bewusst vielfältige Sicherungen
der Rechte des Einzelnen und des rechtlich fixierten Verfahrens bei allen politischen und gesellschaftlichen Vorgängen eingerichtet, um jede
nach Dominanz strebende, Handlungsfreiheit entgrenzende Vereinseitigung gesellschaftlicher Zwecke zu unterbinden. Dies ist der eigent-
liche Sinn der viel zitierten »checks and balances«. Sie richten sich
gegen Grenzüberschreitungen in der gemeinsam gesetzten und verant-
worteten Ordnung und gegen totalitäre Auswüchse, wie sie schon wenig später – und in ihrem Wesen von den amerikanischen Beobachtern
richtig erkannt – im Verlauf der Französischen Revolution sichtbar
wurden. Also weniger die Formen totalitärer Herrschaft, vielmehr Entgrenzung und Durchbrechung rechtlicher Ordnungen als Ausgangspunkte und Wege zu ihr sind der wichtige und umfassendere
Forschungsgegenstand. Ein solches Vorgehen, verdeutlicht an entscheidenden Epochen wie dem Ersten Weltkrieg und seinen Folgen, hat auch
den Vorteil, Totalitarismus als weitesten Begriff einer schließlich alles
in Anspruch nehmenden Konzentrierung gesellschaftlicher Kräfte auf
ein beherrschendes ideologisches Ziel zu begreifen, ein Begriff, der
dann im konkreten Fall Präzisierung und Differenzierung, Herausar-
beitung von Ursprüngen und Unterschieden in den Erscheinungsformen erlaubt – das Gegenteil von vordergründiger Gleichsetzung, wie
sie dem Totalitarismusbegriff etwa in Bezug auf Faschismus und Kommunismus vorgeworfen wird.

Der Auftrieb für völkisch-nationalistische, antimoderne Bewegungen hing mit der sich verschärfenden Anspannung und den Entbehrungen in Deutschland seit 1916 zusammen, außerdem mit der immer
schwieriger werdenden Legitimierung des Krieges und ganz allgemein
mit einer Welle der Entdeckung völkischer Gemeinschaft, weit über
rechtsextreme Kreise hinaus, als Hort unmittelbarer Erfahrung von Zu-
sammengehörigkeit, existentieller Sinngebung, gemeinsamer Identität
und Handlungsmöglichkeiten.[16] Diese Hinwendung zu direkteren, an

Emotionen und Dezisionismus appellierenden, viel stärker dem Mythos
sich öffnenden Lebensformen geschah in bewusster Zurückweisung
von komplexen politisch-gesellschaftlichen Systemen, von Demokratie, Liberalismus, Parlament und Verfassungsstaat, von Rationalismus
und westlicher Zivilisation und generell der verwirrenden, widersprüchlichen Erscheinungsformen der Moderne. Eine solche Abwehr
fügte sich in den Protest gegen das liberale 19. Jahrhundert, einer fundamentalen Bewegung, die sich seit den 1880er Jahren in allen Lebens-
bereichen Bahn brach, eine Reaktion auf die ungeahnte Dynamik der
Veränderungsprozesse seit dem späten 18. Jahrhundert, auf den Inbe-
griff eines Zeitalters des Fortschrittsglaubens, des Rationalismus und
Utilitarismus, eines Fortschritts, der sich offenbarte im freiheitlichen
nationalen Verfassungsstaat, in gesellschaftlicher Emanzipation, im un-
aufhaltsamen, alles verändernden Aufstieg der modernen Wissenschaft,
in der technisch-industriellen Revolution und in neuen, avantgardi-
stisch und experimentell geprägten Formen der Kultur. Was da im Krieg
zum Durchbruch kam, war in den davon betroffenen gesellschaftlichen
Gruppen und in intellektuellen Kreisen der verstärkte Widerstand gegen die Schattenseiten der Moderne, die Ambivalenz modernen Denkens, den Veränderungsdruck, das Versinken in der Anonymität, den
Verlust an Authentizität und Spontaneität; daher rührte auch, gerade
im Krieg, die Attraktivität Nietzsches, seines »gefährlichen Lebens«
und aller übrigen vitalistischen Strömungen. Die Folge war in diesen
Kreisen ein einschneidender Legitimitätsverlust überkommener Institutionen, also der politischen und gesellschaftlichen Einrichtungen,
Normen und Verhaltensregeln, und eine Geringschätzung oder gar Be-
kämpfung des Rechts- und Verfassungsstaates. Darin offenbarte sich
auch, wie oft – unter dem Druck des Krieges verschärft und beschleunigt – der Weg von der Zivilisationskritik vor 1914 zur Ablehnung der
Moderne, der Komplexität und Widersprüchlichkeit des modernen Lebens führte, ein Weg, der häufig umschlug in das Verlangen nach dem
Eindeutigen, nach einfacher Unmittelbarkeit und bekennender Einglie-
derung – vorzugsweise in die manchmal wie ein Geschenk des Krieges
betrachtete ephemere Volksgemeinschaft.[17] Eine weitere Folge war die
Erkenntnis, dass Fortschritt kein umfassender, einheitlicher Prozess war,
der sich sozusagen nur unteilbar entwickeln konnte. Spätestens während des Krieges hatte er sich als teilbar erwiesen: Wissenschaftliche,
technische und organisatorische, militärische oder wirtschaftliche Effi-

zienz und Fortschrittlichkeit konnten isoliert, zu hoher Entfaltung getrieben und je für sich instrumentalisiert werden, ohne zugleich politischen und gesellschaftlichen Fortschritt einzuschließen.

Aus all dem wird klar, dass es sich, abgesehen von der Notlage der Opfer moderner Entwicklungen, vornehmlich um eine Sache der Intellektuellen handelte, auch wenn sie Unterstützung vor allem bei der militärischen Führung fanden, soweit sie an die Bereitschaft zum Opfer für das Vaterland – wieder eine Profanierung des Religiösen – und an den Durchhaltewillen appellierten. Die Vermittlung militärischer Werte bereits in der Schule half dabei. Die Bedeutung der Intellektuellen hatte schon seit Jahrzehnten im Maße der Delegitimierung anderer Autoritäten zugenommen.[18] Insbesondere im Krieg mit seinem enorm gestiegenen Bedürfnis nach Sinngebung war ihre Deutungskompetenz beträchtlich gestiegen, wenigstens in den Schichten, die sie erreichen konnten, während die unteren und Teile der Mittelschichten dem Einfluss derer ausgesetzt waren, die sich auf die Vereinfachung, Vulgarisierung und Brutalisierung bestimmter Lehren verlegten – bis hin zum Religionsersatz. Es wurde vor allem eine Übersteigerung des Deutschtums, verbunden mit völkischen und rassischen Stereotypen, laut; die propagierte Überlegenheit des Deutschen führte zur Abwertung, ja Erniedrigung anderer. Die Ausrichtung der Menschen auf ein neues, brutaleres Menschen- und Gesellschaftsbild ließ sich im Ersten Weltkrieg aus den Erfahrungen und dem verengten Weltbild des Krieges heraus wie ein Versuchsfeld neuer Propagandaformen betrachten. Dies trug auch bei zur Formung einer neuen Generation. In der Gemeinsamkeit der Kriegsorganisation, des Fronterlebnisses und der Friedlosigkeit wuchs eine Generation heran, die andere Präferenzen hatte als individuelle Freiheit und persönliche Unabhängigkeit und sich stattdessen eher nach Sicherheit, Geborgenheit und Auskommen im Kollektiv und seiner Wertsetzung sehnte.

Die Schützengrabenromantik ist dabei ein typisches Phänomen weniger des ursprünglichen Erlebens als vielmehr verarbeitender Stilisierung, der – häufig vielleicht notwendigen – Verdrängung und der Weigerung, sich auf die existentielle Herausforderung des Kriegserlebnisses einzulassen, eine Art seelischen Halts im Nachhinein. Das war ein wesentlicher Punkt einer Wirkung des Krieges, die erst Jahre später einsetzte und politisch zusammen mit der Kriegsschuldfrage und dem Aufbegehren gegen den Versailler Vertrag politisch instrumentalisiert wurde. In diesem Kontext entfalteten sich auch die Bemühungen, die Gloriole eines Heldengeschlechts zu schaffen im Rahmen einer mythisierten Geschichte hinunter bis zur germanischen Vorzeit, wobei auch die Siegfried- und die Nibelungensage[19] maßgebende Bedeutung gewannen, was den Vorteil hatte, dass Niederlagen anschaulich als Verrat und hohe, rein materielle und zahlenmäßige Überlegenheit der anderen dargestellt werden konnten.

Einige gemeinsame Erscheinungsformen der verschiedenen erwähnten Bewegungen zeigen sich in der Hinwendung zu völkischen Vorstellungen, zu historischen und biologischen Determinanten, zu einer neuen Sinngebung und Dynamik des Wollens, ergänzt durch nachhaltige Aversionen gegen die Moderne und pauschal gegen alles »Westliche«. Es wäre aber nun einseitig, allein diese autoritären, im Ansatz des Verfügungswillens über den ganzen Menschen und die ganze Gesellschaft schon totalitären, Strömungen zu betrachten nur wegen ihrer verhängnisvollen Wirksamkeit in den folgenden Jahrzehnten. Die Heranziehung aller Schichten, insbesondere die Integration der Arbeiterbewegung in den Staat, machte politische Zugeständnisse und Reformen vor allem in den Staaten zwingend, die sich wie das Deutsche Reich vor 1914 noch nicht von ihren konstitutionellen Mängeln befreit hatten, ohne dass deren Ausmaß im Krieg für eine revolutionäre Situation wie in Russland gereicht hätte; die Novemberrevolution hat andere Gründe. Liberalismus, Demokratie und Parlamentarismus erhielten jedenfalls in Mittel- und Osteuropa durch den Krieg neue Kraft. Es sei nur an die Einsicht Gustav Stresemanns[20] erinnert, der die Überlegenheit der parlamentarischen Demokratie auch in der Kriegsanstrengung und der Ausschöpfung der Ressourcen erkannte. Auch weitgehende Gesellschaftsreformen und das Eintreten für eine auf demokratisch-parlamentarischen Prinzipien beruhende Variante des Sozialismus schien trotz aller Widerstände nicht mehr ausgeschlossen. Vor allem aber wurden damit die Kräfte gestärkt, die mit dem Westen intensiv zusammenarbeiten und die die europäischen Spaltungen und alte Feindschaften überwinden wollten. Der Kampf um die Gestaltung Europas als Folge des Ersten Weltkriegs wurde, obgleich zeitweise verdeckt, ein Kernproblem der europäischen Geschichte seit 1918. Und insgesamt ergab sich aus den Widersprüchen und Polarisierungen dieses Krieges das Ringen zwischen freiheitlich kooperativer und autoritär antagonistischer Ordnung, zwischen offener Zivilgesellschaft und geschlossener Zwangsgemeinschaft in der Zwischenkriegszeit und die Ausgangslage für die Katastrophe des Zweiten Weltkriegs.

■ Anmerkungen

1 W. J. Lenin, Werke, Bd. 29, Ost-Berlin 1961, 229; M. Hildermeier, Geschichte der Sowjetunion 1917–1991: Entstehung und Niedergang des ersten sozialistischen Staates, München 1998.

2 W. Michalka (Hg.), Der Erste Weltkrieg: Wirkung, Wahrnehmung, Analyse, München u. Zürich 1994; K. Schwabe (Hg.), Quellen zum Friedensschluss von Versailles, Darmstadt 1997; M. F. Boemeke/G. D. Feldman/E. Glaser (Hg.), The treaty of Versailles: A reassessment after 75 years, Washington/D. C. u. Cambridge 1998.

3 W. J. Lenin, Werke, Bd. 25, Ost-Berlin 1960, 475 (»Staat und Revolution«).

4 Ders., Ausgewählte Werke, Bd. II, Moskau 1947, 225.

5 Botschaften der Präsidenten der Vereinigten Staaten von Amerika zur Außenpolitik: 1793–1947, bearbeitet v. H. Strauß, Bern 1957, 96–101.

6 R. St. Baker (Hg.), Woodrow Wilson: Memoiren und Dokumente über den Vertrag zu Versailles, Bd. III, Leipzig o. J. (1923), 44 (aus der Mount-Vernon-Ansprache, 4. Juli 1918).

7 Marianne Weber, Max Weber: Ein Lebensbild (1926), Heidelberg 1950, 648.

8 St. Jeannesson, Poincaré, la France et la Ruhr (1922–1924): Histoire d'une occupation, Strasbourg 1998; bemerkenswert für unser Thema die folgenreiche, radikal-nationalistische Strömungen fördernde deutsche Propaganda und Ermutigung rechtsradikaler Strömungen (siehe ebd., 166–176, 261–265 u. 414 f.).

9 P. Krüger, Das doppelte Dilemma: Die Außenpolitik der Republik von Weimar zwischen Staatensystem und Innenpolitik, in: German Studies Review (22/1999), 247–267. Instruktiv über einen Problembereich der Nachkriegsordnung: H. Lemberg (Hg.), Ostmitteleuropa zwischen den beiden Weltkriegen (1918–1939), Marburg 1997.

10 K. D. Bracher, Zeit der Ideologien, Stuttgart 1982; M. Creutz, Die Pressepolitik der kaiserlichen Regierung während des Ersten Weltkriegs: Die Exekutive, die Journalisten und der Teufelskreis der Berichterstattung, Frankfurt am Main usw. 1996; J. Horne (Hg.), State, society and mobilization in Europe during the First World War, Cambridge 1997.

11 C. Strikwerda, The troubled origins of European economic integration: International iron and steel and labor migration in the era of World War I, in: American Historical Review (98/1993), 1106–1142 (Forum).

12 P. Krüger, Unification économique et politique de l'Europe au XXe siècle, in: K. Malettke (Hg.), Imaginer l'Europe, Paris u. Brüssel 1998, 191–220.

13 G. Hübinger/W. J. Mommsen (Hg.), Intellektuelle im Deutschen Kaiserreich,
    Frankfurt am Main 1993; W. J. Mommsen/E. Müller-Luckner (Hg.), Kultur und
    Krieg: Die Rolle der Intellektuellen, Künstler und Schriftsteller im Ersten Welt-
    krieg, München 1996; Th. E. Raithel, Das »Wunder« der inneren Einheit: Studi-
    en zur deutschen und französischen Öffentlichkeit bei Beginn des Ersten Welt-
    krieges, Bonn 1996. Eine Warnung aber vor unterschiedsloser Vereinnahmung
    und gängigen Klischees bietet St. Meineke, Friedrich Meinecke: Persönlichkeit
    und politisches Denken bis zum Ende des Ersten Weltkriegs, Berlin u. New York
    1995, bes. 205 ff., 225 ff. u. 314 ff.

14 U. Gause, Friedrich Rittelmeyer (1872–1938): Vom liberalen Protestantismus zur
    anthroposophischen Christusfrömmigkeit, in: Zeitschrift für Religions- und
    Geistesgeschichte (48/1996), 152–171, 166 (Zitat); F. W. Kantzenbach, Religiöse
    Aspekte der so genannten »Kriegslyrik« unter Berücksichtigung des literari-
    schen Expressionismus, in: Zeitschrift für Religions- und Geistesgeschichte (41/
    1989), 340–361; ein treffendes Gegen-Zitat Max Victor Fraenkls (24. Juli 1915),
    nach »Die Aktion«: »Das Plätschern im Weltblutbad, von betitelten und unbeti-
    telten ›Intellektuellen‹ hüben und drüben unermüdlich geübt, ist eine Zeiter-
    scheinung zum Speien. Sintemalen diese Männchen in ihren Hirnwerkstätten
    zu wenig eigene Gedanken zu erzeugen vermögen, so misshandeln sie mit ihren
    Federn tote, wehrlose Größen. Das muss Christus über sich ergehen lassen, und
    Betriebsame sind dabei, Evangelienverse als Stärkungspillen für die Krieger zu
    verabreichen. Solche Falschmünzerei wird an Jesus verbrochen, obgleich in Fülle
    Worte überliefert sind, mit denen er das Gegenteil eines nationalen Rechtsstaa-
    tes, einer Selbstbehauptung gegen äußere Feinde predigt […]. ›Deutschspre-
    chung‹ haben Sie (Pfemfert!) dafür geprägt! Eine ausgezeichnetes Gegenstück
    zu ›Heiligsprechung‹ und trifft ins Schwarze« (ebd., 360). Siehe auf der anderen
    Seite dagegen Joh. Jantsch (Hg.), Der Briefwechsel zwischen Adolf von Harnack
    und Martin Rade: Theologie auf dem öffentlichen Markt, Berlin u. New York
    1996 (aus der eingehenden und wegweisenden Einleitung bes. 105–121). Allge-
    mein zum Stand der Forschung u. a. H. Lübbe (Hg.), Heilserwartung und Terror:
    Politische Religionen des 20. Jahrhunderts, Düsseldorf 1985; E. Jesse (Hg.), Tota-
    litarismus im 20. Jahrhundert: Eine Bilanz der internationalen Forschung, Bonn
    1996; H. Maier (Hg.), ›Totalitarismus‹ und ›Politische Religionen‹: Konzepte des
    Diktaturvergleichs, Bd. I, Paderborn usw. 1996; ders./M. Schäfer (Hg.), ›Totalita-
    rismus‹ und ›Politische Religionen‹: Konzepte des Diktaturvergleichs, Bd. II, Pa-
    derborn usw. 1997.

15 K. Bleibtreu, Bismarck: Ein Weltroman in 4 Bänden, Berlin u. Leipzig 1915.

16 Siehe W. Michalka (Hg.), Der Erste Weltkrieg: Wirkung, Wahrnehmung, Analy-
    se, München u. Zürich 1994, Teil IV (»Umstrittene Volksgemeinschaft«). Ihr leis-
    tete der Kulturchauvinismus Vorschub: siehe W. Freiherr v. Löhneysen, Kultur-
    chauvinismus: Die Frage nach dem Zeitgeist des Jahres 1917, in: P. Krüger (Hg.),
    Deutschland, deutscher Staat, deutsche Nation: Historische Erkundungen eines
    Spannungsverhältnisses, Marburg 1993, 99–124. Harnack sprach bei aller Zu-
    rückhaltung von der Überlegenheit bestimmter Völker und Rassen, die der Krieg

offenbare, und von dem Kulturkrieg des deutschen Volkes gegen den Niedergang: siehe Joh. Jantsch (Hg.), Der Briefwechsel zwischen Adolf von Harnack und Martin Rade: Theologie auf dem öffentlichen Markt, Berlin u. New York 1996, 105 ff. Siehe u. a. auch Th. Herzl, Der Judenstaat, Berlin 1918, 17 u. 80.

17 St. E. Aschheim, Nietzsche und die Deutschen: Karriere eines Kults, Stuttgart 1996, 130–167; siehe auch H. Fries, Die große Katharsis: Der Erste Weltkrieg in der Sicht deutscher Dichter und Gelehrter, Bd. 2 (»Euphorie – Entsetzen – Widerspruch: Die Schriftsteller 1914–1918«), Konstanz 1995.

18 R. Koselleck, Der Einfluss der beiden Weltkriege auf das soziale Bewusstsein, in: W. Wette (Hg.), Der Krieg des kleinen Mannes, München 1992, 324–343; G. Hübinger, Die europäischen Intellektuellen 1890–1930, in: Neue Politische Literatur (39/1994), 34–54; W. Kruse (Hg.), Eine Welt von Feinden: Der Große Krieg 1914–1918, Frankfurt am Main 1997.

19 J. Heinzle/A. Waldschmidt (Hg.), Die Nibelungen: Ein deutscher Wahn, ein deutscher Alptraum: Studien und Dokumente zur Rezeption des Nibelungenstoffs im 19. und 20. Jahrhundert, Frankfurt am Main 1991.

20 J. Wright, Gustav Stresemann: Liberal or realist?, in: T. G. Otte/C. A. Pagedas (Hg.), Personalities, War and diplomacy: Essays in international history, London u. Portland/OR 1997, 81–104.

Omer Bartov

Utopie und Gewalt
Neugeburt und Vernichtung des Menschen

Man kann kein Omelett machen, ohne Eier aufzuschlagen!
Ein modernes revolutionäres Motto

Von den Anfängen menschlicher Zivilisation bis in unser Jahrhundert waren die Menschen fasziniert von dem Gedanken der Neuschaffung des Menschen, davon, Einzelne und Gesellschaften in Übereinstimmung mit den Gesetzen Gottes und der Natur, Geschichte oder Wissenschaft, zu einem perfekteren Dasein zu formen. Dieser Wunsch nach Perfektion wurde oft von dem Willen begleitet, das Bestehende zu zerstören und das Erbe der Vergangenheit auszulöschen. Aus diesem Grund säumen Ruinen und Leichenberge den Weg nach Utopia. Da sie *per definitionem* immer ein Ziel beinhalten muss, erzeugt die Utopie Zukunftsphantasien, deren imaginäre Verwirklichung deutlich die Züge vergangener Mythen trägt; die Herstellung eines zukünftigen Paradieses auf Erden ist begleitet vom Bild des verlorenen Garten Eden. Solche Verbindungen von Mythos und Vision erzeugen Mechanismen von Erinnerung und Prophezeiung, Fiktion und Repräsentation, Verdrängung und Einordnung, die den Kern der menschlichen Selbstwahrnehmung und Identität betreffen. Materialiter ein Nichts, okkupiert die Utopie den Geist; eine Landschaft unendlicher Phantasie, kann sie doch der Auslöser unendlicher Zerstörung sein.

▓ Grenzen und Überschreitungen

Das Leben als Idee ist tot.
Das könnte der Anfang einer großen Umkehr sein
einer Erlösung vom Leid.
Es gibt nach dieser Einsicht nur mehr
eine Schuld: Fluch dem, der Leben schafft.

Ich schaffe das Leben ab,
das ist die aktuelle Humanität,
die einzige Rettung vor der Zukunft.[1]

Utopie beginnt mit Grenzziehungen: zwischen Wirklichkeit und Vision, dem Wünschenswerten und dem Unerwünschten, dem Vertrauten und dem Fremden. Sie verbannt das Spaltende im Namen der Harmonie, das Außergewöhnliche zugunsten des Kollektivs. Ob sie nun auf metaphysischen Dogmen, politischen Prinzipien, sozialen Ideen oder biologischem Determinismus beruht – die Utopie kann keine abweichende Meinung tolerieren. Sie ist folglich definiert durch das, was sie ausschließt. Doch sind die Grenzen einmal gesetzt, folgen die Überschreitungen zwangsläufig.[2] Historisch können wir von mehreren Arten von Grenzen sprechen: Die einen beruhen auf ethnischen, religiösen, geographischen, politischen und sozialen Kategorien, andere auf Geschlechts- und Generationsunterschieden, obwohl die individuelle Identität normalerweise dadurch bestimmt wird, mehr als nur einer solchen Kategorie anzugehören. Grenzen können ein Gefühl der Sicherheit und Stabilität erzeugen, aber gleichzeitig der Grund für Spannung und Konkurrenz, für Unterdrückung und Unterwerfung sein. Solange sie von der Mehrheit angenommen werden, können Grenzen daher den Anschein von Harmonie erwecken; aus genau diesem Grund wird jegliche Überschreitung als Gefahr der Zersetzung und des Chaos angesehen. Umgekehrt kann Überschreitung festgesetzter Grenzen auch als Schritt zu einer größeren Harmonie dargestellt werden. In der Tat setzt die vollkommene, allumfassende Utopie die vollständige Beseitigung von Grenzen zwischen Geschlechtern und Rassen, Klassen und Glaubensrichtungen, Gegenwart und Zukunft voraus. Nichtsdestoweniger beruht die Vorstellung der Utopie auf einem unüberwindlichen Graben zwischen verdorbener Realität auf der einen und dem Ideal, um das man sich bemühen sollte, auf der anderen Seite. Utopie ist also eine Harmonie, die auf Differenz basiert.[3]

Die Antike erkannte die Grenzen zwischen Zivilisation und Barbarei. Die Unterwerfung der griechischen, römischen oder chinesischen Zivilisation durch barbarische Invasoren führte im Gegenzug zu neuen Abgrenzungen zwischen einer idealisierten, fernen Vergangenheit und einer aktuellen Dekadenz, die als Ursache von Zerstörung, Eroberung und der Beseitigung jener Grenzen angesehen wurde, die mit kultureller Überlegenheit und traditionalen Privilegien verbunden gewesen waren. Die utopische Vision kannte aber auch die Vorstellung des ›reinen‹, von den sozialen und moralischen Krankheiten der degenerierten Zivilisation unverdorbenen, barbarischen Eroberers, der für die alten Ideale stehen konnte. Die Grenzen zwischen Zivilisation und Barbarei, Wirklichkeit und Utopie waren also ständig in Bewegung, selbst dort, wo sie ewige Unveränderlichkeit behaupteten.[4]

Im mittelalterlichen und frühneuzeitlichen Europa war die vorherrschende Utopie der Himmel, dessen wesentliche Eigenschaften durch Konfessionen und Klassen hindurch identisch blieben. Aber jenseits dieser rein religiösen Utopie, bei der die Grenze zwischen Leben und Tod überwunden und überschritten werden musste, konzentrierten sich andere Utopien auf Veränderungen der Lebenswelt. Hier war die Utopie der einen Gruppe der Albtraum der anderen, ob es sich um die Rückgewinnung des Heiligen Landes oder die Befreiung der Sklaven, die ›Reconquista‹ Spaniens oder die Islamisierung des Christentums, das Aufkommen des Protestantismus oder den Messianismus von Shabbetai Zevi handelte. Wenn sich die Himmelspforten nur nach der Vertreibung des Todes öffnen, dann kann das Paradies auf Erden nur durch den gewaltsamen Sturz der etablierten Regime und Religionen, die Vernichtung Andersdenkender oder die Eroberung von Land verwirklicht werden. Dem Ausgang Europas aus dem Mittelalter folgten Jahrhunderte der politischen und militärischen Expansion, unabänderlich begleitet von der Ausgrenzung, Vertreibung und Ermordung derer, die der Verwirklichung religiöser und weltlicher Utopien und der Neubestimmung der Identität innerhalb neu gezogener Grenzen im Wege zu stehen schienen.[5]

Dies machte sich besonders in der Zeit des europäischen Kolonialismus bemerkbar, der gezwungenermaßen zur Auseinandersetzung mit bisher unbekannten Kulturen und Religionen, Bräuchen und Normen, Rassen und Ethnien führte. Die fundamentalste Grenze in diesem Prozess verlief zwischen Menschen und Wilden, zwischen Menschlichem und Unmenschlichem. Der europäische Diskurs über die Menschlichkeit der kolonialisierten Völker bestimmte sowohl das Schicksal der Eingeborenen in den Kolonien als auch die Selbstwahrnehmung der Europäer und ihre zunehmende Vorliebe, Arten und Grade der Menschlichkeit nach körperlichen, geistigen und kulturellen Kriterien zu differenzieren und zu bewerten. Moderne, westliche Utopien beinhalteten jetzt die gleiche Trennung, die wir für die Antike konstatiert hatten, zwischen einer romantisierenden Sicht der Natur und ihrer »edlen Wilden« auf der einen und der Entmenschlichung der anderen, »niedrigeren« Rassen und Kulturen auf der anderen Seite. Aber sowohl die Idee einer »Rückkehr zur Natur« als auch die Vorstellung einer »zivilisatorischen Mission« Europas waren mit einem hohen Maß an Gewalt verbunden, das durch sich rasch verbessernde Tötungstechniken eskalierte. Daher konnten utopische Gesellschaftsformen, die außerhalb der Reichweite korrumpierender Zivilisation entstanden waren, die Ausrottung oder Versklavung der Eingeborenen beinhalten, während gleichzeitig Pläne für soziale Gerechtigkeit, Freiheit und Gleichheit auf dem Ausschluss oder der Vernichtung derer basierten, die nicht mehr als Mitglieder der Menschheit anerkannt wurden.[6]

Kulturelle Differenzierung führte auch zu weiteren Unterscheidungen zwischen Gesellschaften mit und ohne Geschichte, die in zunehmendem Maße als das grundlegende Kriterium der Zivilisation nach dem Ende der Religion angesehen wurde. Mit dieser Entwicklung ging die Anerkennung nichtchristlicher Zivilisationen in Asien und in der Antike einher. Wenn moderne utopische Visionen auf einen Punkt ausgerichtet waren, an dem Geschichte zu einem Stillstand und die Menschheit zu einem perfekten Ruhezustand kommen würde, dann war das ein Prozess, der besser *durch* die Geschichte zu vollbringen war, als beides zu vermeiden: So wie der wahre Heilige durch das Tal der Sünden aufsteigt, oder die klassenlose Gesellschaft aus einer entbehrungsreichen Auseinandersetzung mit der historisch notwendigen Phase des unbarmherzigen Kapitalismus hervorgeht. Die Unschuld des ursprünglichen, vorgeschichtlichen Paradieses beruhte auf der Abwesenheit von Geschichte; diese Naivität müsste nun durch ein geschichtliches Bewusstsein als Voraussetzung für die nachhistorische Utopie ersetzt werden. Und während auf den schwindenden weißen Flecken der europäischen Landkarten immer noch einige Regionen vermuteter Unschuld zu finden waren, mussten die dort entdeckten Utopien ausge-

merzt und dann neu geschaffen werden, um sie den Bedürfnissen und
Träumen derjenigen anzupassen, die auf der Flucht vor der Moderne
waren.[7]

Utopia wurde nicht als natürliche Entwicklung wahrgenommen, sondern als geplante und kontrollierte Natur, deren Grenzen vom Menschen – nicht von den Launen des Klimas und der Biologie – entschieden, festgelegt und überwacht wurden. Die Natur war zugleich der
Ort, auf dem Utopia gebaut werden würde, und der Missetäter *par excellence*. Daher musste sie unter strenger Kontrolle und Aufsicht
gehalten werden. Utopie war eine Gartengesellschaft, in der nicht zu-
gelassen werden konnte, dass Möglichkeit und Veränderung, Unord-
nung und Katastrophe die geordnete Entwicklung der von Menschen
gemachten Umwelt störten. Dieser Anspruch auf Herrschaft über die
Natur charakterisierte die meisten Zivilisationen, sowohl die alten als
auch die modernen. Seine letzten Manifestationen sind verbunden mit
der Industrialisierung des 19. Jahrhunderts, und sie finden sich in fa-
schistischer Rhetorik und Planung, liberalen Vororten und Gartenstäd-
ten, sowie den »grünen« Ideologien der Nachkriegszeit. Die gegenwärtige Ökologie-Debatte, deren Ursprung wenigstens zwei Jahrhunderte
zurückliegt, ist in diesem Zusammenhang außerordentlich lehrreich, da
sie die Beziehungen zwischen Kategorien von Menschen und Typen
von Umwelt, zwischen der Bewahrung der Natur und menschlichem
Wohnen, zwischen der Überschreitung der Naturgesetze und der Be-
grenzung der Reproduktion einbezieht.[8]

Grenzen können auch zwischen Arten gezogen werden. Die Natur
verhindert die Zeugung der meisten Mischarten, die Zivilisation ver-
sieht solche Grenzüberschreitungen mit einem strengen Tabu. Die moderne Wissenschaft konzentrierte sich auf die Evolution, die Genetik
und das Klonen; die Ideologien des 19. und frühen 20. Jahrhunderts po-
pularisierten den Gedanken des Sozialdarwinismus, der Rassenhygiene
und des wissenschaftlichen Rassismus. Während die Zivilisation seit
Jahrtausenden Pflanzen domestizierte und Tiere züchtete, gehört die
Vorstellung von der Züchtung »reiner Menschenrassen« zur modernen
Utopie einer perfektionierten Menschheit. Dies ist die große Versuchung: Sich von körperlichen Missbildungen, geistigen Behinderungen
und fremden Rassen zu befreien, die Natur zu manipulieren, um sie
den gewünschten ästhetischen und intellektuellen Kriterien anzupassen, und schließlich das so genannte unwerte Leben ebenso auszurot-

ten wie jene Gruppe von Menschen, die man der Gesundheit und dem Fortschritt der Gesellschaft für abträglich hält. Hier werden herkömmliche Tabus gegen das Experimentieren am Menschen überschritten, während gleichzeitig die Grenze zwischen Mensch und Tier fließend zu werden scheint: Übermenschen werden über den Rest der Menschheit gestellt, Untermenschen als lebensunwert angesehen und häufig für bösartiger als Haustiere gehalten. Wir sollten nicht denken, dass dieses Phänomen sich nur auf extreme Erscheinungen wie den Nazismus beschränkt. Der moderne Diskurs über den Zusammenhang von Biologie und Gesellschaft, Wissenschaft und Ethik, Natur und Nahrung ist vielmehr der notwendige Kontext für eine so radikale Politik wie den Rassenmord.[9]

■ Pläne und Unvermeidbarkeiten

> Der Mensch formt sich nach der Erde,
> die Erde nach dem Himmel,
> der Himmel nach dem Weg.
> Und der Weg nach dem,
> was natürlich so ist.
> *Lao Tse*

Utopien können das Ergebnis der Ordnung der Vergangenheit, der Planung der Zukunft und der Kontrolle der Natur sein – sowohl der menschlichen als auch derjenigen seiner Umwelt. Sie können aber auch als das unvermeidliche Kommen der gottgewollten Apokalypse oder des unabänderlichen Gesetzes von Natur und Geschichte verstanden werden. Gott oder Weltgeist, Evolution oder Klassenkampf, Rassenkrieg oder genetische Bestimmung sind mögliche Ursachen für die Reise der Menschheit nach Utopia.

Apokalypse aufgrund göttlicher Anordnung oder menschlichen Handelns sind die zwei divergierenden Wege zum Ende der Geschichte. Jener vertraut die Zukunft dem Metaphysischen an, dieser ist entschlossen, rationale Kontrolle über das Universum zu gewinnen. Beide Optionen finden sich in einer großen Anzahl von Kulturen und Gesellschaften als Ausgangspunkt der Zivilisation, beide sind auch heute, in einer Zeit, in der sich die Wiederbelebung der Religion mit dem Glauben an die Wissenschaft verbindet, von großer Bedeutung. Unabhängig

davon, welchen spezifischen Weg sie gewählt haben: Zahlreiche religiöse und säkulare, antike und moderne, europäische und außereuropäi-
sche Utopien haben eine Vorstellung von Unvermeidbarkeit ausgebildet. Diese Vorstellung ist die Grundlage sowohl der apokalyptischen
Theologie als auch der durchgeplanten Gesellschaft, ob sie nun darauf
ausgelegt ist, die zu erwartende Katastrophe zu begrenzen oder sie für
politische Zwecke zu instrumentalisieren. Sie steht daher auch im Mittelpunkt jeder Diskussion über die Beziehung zwischen Kreativität und
Zerstörung, Hoffnung und Verzweiflung, und sie ist entscheidend für
das Verständnis, wie Gesellschaften mit Ungewissheit und Furcht umgehen. Gleichzeitig sieht man die Apokalypse oft als Ursache der Auswirkungen von Utopie; sie ist daher sowohl ein Ende als auch ein
Anfang, gefürchtet und erwartet, begleitet von sozialer Gewalt und
kreativem Wandel. Immer dann, wenn sie säkularisiert und in moderne
Ideologien eingegliedert wurden, haben apokalyptisches Denken und
apokalyptische Phantasien einen Paroxysmus noch nie da gewesener
Zerstörung entzündet.[10]

Das Wirken des Menschen ist natürlich ein entscheidendes Element
sowohl der Planung von Utopien als auch des Nachdenkens über ihren
Platz in Gottes Plan und der Logik der Geschichte. Die Moderne war
immer in besonderer Weise eingenommen von der Idee, den Menschen
und die Gesellschaft, die Natur und die Umwelt gemäß einem präzise
festgelegten Plan neu zu schaffen. Einem Plan, der die Übereinstimmung mit der Natur und den unabwendbaren Fortschritt exakt austa-
riert und die als notwendig empfundene Auslöschung von Widerstän-
den einschließt, die *per definitionem* regressiv, reaktionär, degeneriert
oder abnorm sind. Denn die Verbindung von Heilen und Töten, Erschaffen und Zerstören von Leben leitet sich aus einem modernen Uto-
pismus ab, der verlangt, in die Natur einzugreifen oder den Lauf der
Geschichte zu verändern, während er gleichzeitig die Übereinstimmung mit ihren Gesetzen erklärt. All das erfordert lediglich eine Beschleunigung solch unvermeidlicher natürlicher Vorgänge wie Auslese,
Evolution und Veränderung, oder jener unvermeidlichen sozialen Entwicklungen wie das Verschwinden der einen und die Vormachtstellung
einer anderen Klasse. Mit anderen Worten: Derartige Utopien werden
entweder das Überleben der Stärksten sicherstellen oder das Ende der
Geschichte voranzutreiben suchen. Beides tritt ja mit Gewissheit ein,
wenn es auch durch unnatürliche Eingriffe oder durch einen Mangel an

Einsicht bedroht zu sein scheint. Diejenigen, die sich nicht in den Plan der Natur oder den Gang der Geschichte – wie sie vom Menschen jeweils interpretiert werden – einfügen, müssen als genetische Verschwendung ausgeschaltet werden, landen auf dem Müllhaufen der Geschichte oder werden unter den Rädern der Revolution in den Boden gestampft. In diesem Zusammenhang werden althergebrachte moralische Argumente als grundsätzlich unmoralisch angesehen, da sie die höhere Moral blockieren, die im Lauf der Natur oder Geschichte zum Ausdruck kommt, und somit verhindern, dass die Menschheit Utopia erreicht, indem sie Pläne ausführt, die sich auf konkrete biologische Faktoren oder die Geschichtswissenschaft gründen. Die Zerstörung derer, die im Weg stehen, ist deshalb ein moralischer Imperativ, und die individuelle Existenz muss sich dem höheren Gut der Menschheit als ganzer unterordnen.[11]

Es soll ausdrücklich darauf hingewiesen werden, dass Vorstellungen von sozialer Technik, wirtschaftlicher Planung und unvermeidlichen historischen Entwicklungen im 20. Jahrhundert in vielen Teilen der Welt eine wichtige Rolle spielten. Während kommunistische Regime hofften, mittels Planwirtschaft und Zerstörung feudaler Überbleibsel und kapitalistischer Risiken ein proletarisches Paradies zu verwirklichen, versprach der liberale Kapitalismus ein universales Glück, indem er den Glauben an die »unsichtbare Hand« der Marktkräfte mit Staatsintervention in Zeiten sozialen Aufruhrs und internationaler Konflikte verband. Während der Imperialismus sich legitimierte, indem er die »natürliche« Überlegenheit des Westens und seinen wohltuenden Einfluss auf die eingeborene Bevölkerung behauptete, wurde die Entkolonialisierung ebenfalls als ein natürlicher, unvermeidlicher Vorgang dargestellt. Allerdings als ein solcher, in dessen Verlauf neue Nationen entstanden, indem Minderheiten verfolgt, die öffentliche Meinung unterdrückt und »zivilisiertere« Bedingungen durch die Kontrolle sozialer, ökonomischer und politischer Kräfte hergestellt wurden. Darüber hinaus war der Konflikt zwischen den Verteidigern natürlicher Fortpflanzung, ob religiöser oder nationalistischer Provenienz, und den Befürwortern von Familienplanung und demographischer Kontrolle Anlass einer Vielzahl von kritischen Diskussionen über das Wesen des Menschen und die Unterschiede, die innerhalb der Menschheit auftreten. Den Hang zur Utopie, der jeder menschlichen Zivilisation inhärent ist, kann man daher an den Debatten über die Definition von Leben und über das Recht, es zu beenden oder zu bewahren, erkennen; an Argumenten für oder gegen staatliche Eingriffe in die Privatsphäre des Individuums; an Auseinandersetzungen um die Beziehungen zwischen den Geschlechtern, zwischen armen und reichen Ländern, zwischen gesellschaftlichen Klassen. Schließlich im Disput über die Rolle von Religion oder Wissenschaft in unserer Wahrnehmung der Humanität und der Möglichkeit ihrer Neuschaffung gemäß theologischer oder ideologischer Vorgaben. In der Tat verbinden sich Annahmen über die unvermeidlichen Mächte der Natur und Geschichte, deren unbarmherzige Logik entweder Willkürherrschaft und Unterwerfung oder Rebellion und geplante Intervention hervorruft, mit moderner Voreingenommenheit gegenüber biologischen und psychologischen Imperativen. Wenn man individuelles und kollektives Verhalten unter Bezug auf angeborene und grundlegende Veranlagungen erklärt, führt das auch zu gentechnischen Projekten, die die Menschheit einer Neuschaffung gemäß partikulären behavioristischen, moralischen oder ästhetischen Kriterien unterziehen, um sie an vorherbestimmte Pläne oder Ideen anzupassen. Diese technologische und moralische Utopie macht es darüber hinaus notwendig, die Umwelt des Menschen neu zu ordnen, sei es nun, um ihm seine angenommene natürliche, ursprüngliche Form zurückzugeben, oder sie leichter in den Dienst zivilisatorischer Interessen stellen zu können.[12]

■ Erinnerung und Auslöschung

>»Wie dieser Krieg auch immer enden mag: Wir haben den Krieg gegen euch gewonnen; keiner von euch wird übrig bleiben, um Zeugnis zu geben, und selbst wenn einer überleben sollte, wird die Welt ihm nicht glauben ... die Menschen werden sagen, dass die Ereignisse, die du beschreibst, zu schrecklich sind, um an sie glauben zu können ... Wir werden es sein, die die Geschichte der Lager diktieren.«[13]

Utopische Visionen vereinen Hoffnungen auf eine idyllische Zukunft mit Erinnerungen an eine mythische Vergangenheit; sie beinhalten das Auslöschen der Wirklichkeit und der Erinnerung an die Gegenwart, um die Erschaffung einer neuen Welt zu erleichtern, die nicht mehr von alten Albträumen und schleichender Nostalgie bedroht ist. Das Konstrukt der Utopie bedarf radikaler geistiger und physischer Maßnahmen, die nicht nur auf die Zukunft ausgerichtet sind, sondern auch auf die Neuordnung der Vergangenheit. Heiliger Krieg oder soziale Revolution – auch wenn sie bestrebt sind, die gegenwärtige Realität zu verändern – leiten ihr Bild einer idealen Zukunft von einer selektiven Darstellung der Geschichte her, in der sowohl das, was wiederhergestellt, als auch dasjenige, was zerstört werden soll, zu finden ist. Dies wiederum begründet die zentrale Stellung historischer Quellen, ihrer Bewahrer und Interpreten. Gewiss, Erinnerung und Auslöschung sind nicht nur das Ergebnis bewussten und intendierten menschlichen Handelns, sondern auch Produkte des Zufalls und der Natur. Folglich bezieht sich der Diskurs über Utopie oft auf genau jene Ereignisse, deren entsetzliche Konsequenzen die Vernichtung ihrer historischen Aufzeichnungen notwendig mit sich gebracht und nur vereinzelte Restbestände und traumatische Erinnerungen zurückgelassen haben. Wenn Utopie in radikaler Weise die Vergangenheit revidiert, dann tut sie das sowohl durch materielle Vernichtung als auch durch Auslöschung der Erinnerung; sie leidet daher unter chronischer und selbstverursachter Amnesie, legitimiert und erhält sich gleichzeitig aber durch lebendige, jedoch hochgradig selektive Erinnerungen.[14]

Solche Erinnerungen sind nicht nur in historischen Dokumenten und persönlichen Aufzeichnungen enthalten, sondern auch in Sammlungen von Artefakten. Das ambivalente Verhältnis der Utopie zur Vergangenheit umfasst sowohl den Wunsch, sie zu überwinden, als auch das Bedürfnis, mit ihr in Verbindung zu bleiben. Und sei es nur, um die eigene Überlegenheit zu dokumentieren. Aber dieser Wettbewerb zwischen der Vergangenheit und der Zukunft kann ein gewisses Maß an Nostalgie nicht entbehren, da die gesammelten Reste der Vergangenheit ihrer Natur nach letzte Symbole einer verlorenen Welt sind, *agents povocateurs* eines verbotenen Verlangens nach vorutopischer Existenz. Dennoch können Utopien nicht darauf verzichten, solche Relikte zu sammeln und zu präsentieren, selbst wenn sie Zeugnis ablegen von den mörderischen Wurzeln der Gegenwart. So haben die Nazis begonnen, Material für ein jüdisches Museum zu sammeln, obwohl der Holocaust schon im Gange war, so als wollten sie damit ihren Triumph über Deutschlands bösartigsten und abstoßendsten Feind dokumentieren. Gerade weil die Juden vom Angesicht der Erde getilgt werden sollten, musste die Öffentlichkeit mit der NS-Version ihrer vergangenen Existenz versorgt werden.[15] In ähnlicher Weise hat Goebbels die Ausstellung über »Entartete Kunst« organisiert, bevor einige der bedeutendsten modernen Kunstwerke Deutschlands für immer verschwinden sollten. Auf diese Weise wurde den Deutschen ein letztes Mal gezeigt, was sie nie wieder sehen würden, und sie wurden daran erinnert, dass das etwas ist, woran man sich nicht länger erinnern darf. Die so genannte NS-Kunst war ein kultureller Rückschritt, der nur durch massive Zerstörung möglich gemacht wurde, so wie jüdisches Leben in Osteuropa so gründlich ausgelöscht wurde, dass das einzig verbliebene Echo in polnischen Völkerkunde-Museen zu sehen ist: Erinnerung an ein exotisches und seit langem vergessenes Volk, das einmal das Land bewohnt hatte.[16]

Sammlungen von Erinnerungsstücken der Vergangenheit haben einer Reihe anderer Regimes dazu gedient, ihre eigene Vollkommenheit zu glorifizieren und ihre größere Nähe zu gegenwärtigen Idealen zu demonstrieren, während sie gleichzeitig die Nostalgie einer mythischen Vergangenheit heraufbeschworen. Die Kommunisten griffen in Zeiten der Krise häufig auf ein ganzes Arsenal von nationalistischen Gefühlen zurück. So förderte Stalin die Bezugnahmen auf die mittelalterlichen Kriege des Heiligen Russland gegen den Deutschen Orden in der Frühphase des so genannten Großen Patriotischen Krieges von 1941–1945, wie man ihn bezeichnenderweise nannte, auch wenn der wichtigste Slogan der bolschewistischen Revolution »Zerstört die alte Welt und baut die neue auf!« gelautet hatte. Auch die ästhetische Empfindsamkeit verhinderte gelegentlich den allzu einfachen Abschied von bedeutenden Kunstwerken der Vergangenheit. Engländer und Franzosen füllten riesige Museen mit den Schätzen der alten Reiche, die sie in ihren Kolonien erbeutet hatten, obwohl sie eigentlich den Anspruch erhoben, den »Eingeborenen« die Zivilisation zu bringen und ihnen den Weg ins Utopia des Westens zu zeigen. Dieselben Europäer, die die »Last des weißen Mannes« trugen, waren fasziniert vom afrikanischen »Primitivismus«, vom »Japanismus«, von chinesischer, indischer, nahöstlicher und vorkolumbianischer Kunst und gaben dem Verlangen nach einem vermuteten Zustand urzeitlicher Harmonie Ausdruck, den zu zerstören sie im Begriff waren.[17]

Für Utopia ist die selektive Erinnerung und Auslöschung vergangener oder konkurrierender Utopien von entscheidender Bedeutung, nicht zuletzt, weil Versuche, den perfekten Menschen zu schaffen, häufig Konflikte und Gewalt erzeugen, Opfer fordern und damit möglicherweise auch gegenläufige Erzählungen durch Zeugen und Chronisten hervorrufen. Die Erinnerung der Utopie beruht auf einer bestimmten Perspektive, da bei der Eroberung des Platzes in einer Welt, die genau diesen Platz verweigert, die Utopie zu gewaltsamer Zerstörung bestehender Strukturen greifen kann. Daher werden die Bewohner des neu geschaffenen utopischen Raumes notwendigerweise anders empfinden als diejenigen, die daraus vertrieben wurden. In diesem Sinne ist die Utopie der einen Person die Hölle der anderen. Besonders in unserem Jahrhundert hat dieser Mechanismus zu einer Krise des geschichtlichen Zeugnisses und der historischen Evidenz geführt. Wir sind konfrontiert mit einer Vielzahl von widersprüchlichen Dokumenten und Aufzeichnungen, die alle mit jener Art von verzweifelter Dringlichkeit um Aufmerksamkeit wetteifern, die charakteristisch ist für die Ereignisse, an die sie erinnern. Ähnliche Krisen erleben auch Historiker, die sich zerrissen fühlen zwischen dem Wunsch nach der Objektivität von Archivalien und der Einsicht, dass – wie sehr sie sich auch bemühen – ihre Rekonstruktion der Vergangenheit bei denen nur auf Zurückweisung stoßen kann, deren Sicht der Ereignisse jene abgewogene Erzählweise nicht erlaubt, die von einer modernen Historiographie gleichwohl gefordert werden muss. Dies wiederum hat zum Aufkommen radikaler Skepsis und zu historischem Relativismus geführt: Wenn es die Utopie des Historikers ist, von der Vergangenheit so zu erzählen, »wie es eigentlich gewesen ist« (Leopold v. Ranke), so ist die Reaktion auf das Versagen dieser Utopie die Feststellung, dass die Vergangenheit nie erzählt werden kann, dass sie, sozusagen, nicht nur ein fremdes Land, sondern auch ein riesiger Turm zu Babel ist, in dem jeder Einzelne oder jede Gruppe die Welt durch das Prisma der je eigenen, einzigartigen und unübersetzbaren Sprache erfährt.[18]

Der Historiker ist daher aktiv, wenn auch nicht immer bewusst, an der Schaffung einer Utopie beteiligt. Es ist ja – in einigen Zivilisationen seit dem Altertum – die Autorität des Historikers, die ein Bild der Vergangenheit als Modell für die Zukunft liefert. Es ist der Historiker, der Episoden und Personen aus der dokumentierten und mythischen Vergangenheit auswählt, und diese Auswahl bestimmt, woran man sich erinnert und was für immer in Vergessenheit gerät, spurlos getilgt aus den geschriebenen Annalen der geschichtlichen Zeit. Dies gilt mit

Sicherheit für die entfernte Vergangenheit – aber auch die Gegenwart
hat klaffende schwarze Löcher als Folge materialer Vernichtung, quä-
lender und verzerrter Erinnerungen oder von Ereignissen, die sich ihrer
Natur nach der Darstellung und dem Verständnis in der Weise gewohn-
ter Gelehrsamkeit, Erzählung, Kunst und Philosophie entziehen. Somit
sind einzelne, häufig unausgesprochene, unbeschreibliche und instabile
Erinnerungen letzten Endes mit dem biologischen Ende ihrer Träger für
immer verloren, ohne je in eine vermittelbare, wenn auch selektive Erzählung überführt worden zu sein. Paradoxerweise ermöglicht genau
diese zufällige, aber unnachgiebige Vernichtung von Erinnerungen,
dass zukünftige Utopien erdacht werden können, deren fundamentale
Grundlinien sich nicht wesentlich von jenen unterscheiden, die den
notwendigen Raum und die notwendige geistige Auslöschung hervorgebracht haben, auf der sie beruhen. Und doch: Wenn unsere gegenwärtige Zivilisation sich seit einiger Zeit so intensiv mit Erinnerung
beschäftigt, liegt dies daran, dass die erschütterten Utopien der Vergangenheit die Hoffnung gründlich untergraben haben. Um von der Zukunft zu träumen, bedürfen wir der Erinnerung an die Vergangenheit.[19]

■ Endlösungen

>»Wir wollen nicht am Schluss, weil wir einen
Bazillus ausrotten, an dem Bazillus krank werden
und sterben … Insgesamt aber können wir sagen,
dass wir diese schwerste Aufgabe in Liebe zu
unserem Volk erfüllt haben. Und wir haben keinen
Schaden in unserem Inneren, in unserer Seele, in
unserem Charakter daran genommen.«[20]

Utopien schlagen Endlösungen für die ewigen Fragen nach der menschlichen Existenz und der Organisation der Gesellschaft vor. Die utopische Gesellschaft eliminiert ständig jene ermüdenden Probleme, die nie
zuvor gelöst wurden. Solche Versuche, die ererbten Mängel der Zivilisation oder der menschlichen Biologie auszurotten, erzeugen häufig
Gewalt, deren Legitimation – im Blick auf das große Ziel, dem sie dient
– ihre Grausamkeit erheblich steigert.

Sowohl das Wesen der Utopie als auch die Art und das Ausmaß ihrer

Gewalt spiegeln die Gesellschaften und Kulturen wider, die sie erzeugen. Religiöse Utopien müssen im Zusammenhang der etablierten religiösen Doktrin, der sozialen Organisation und der Machtstrukturen, die sie zu reformieren und zu beseitigen hoffen, verstanden werden. Hier wird der erste Schritt zur Utopie gemacht, indem ein neuer oder reformierter Glaube angenommen wird, selbst wenn vielleicht die unvermeidliche institutionelle, hierarchische und soziale Organisation dieses neuen Glaubens dazu neigt, ihre Anhänger von dem Weg abzubringen, auf den sie sich ursprünglich begeben hatten. Weil darüber hinaus viele Religionen Utopie mit dem Tod verbinden, dem Weiterleben nach dem Tod oder der Reinkarnation, bleibt die Existenz auf dieser Erde in einem ambivalenten Verhältnis zu ihrer letzten Bestimmung, ihrem letzten Ziel und Zweck.[21]

Moderne Utopien reflektieren die zunehmende Vorherrschaft von Wissenschaft und Technologie, Massenpolitik und Staatskontrolle, Säkularisation und Entfremdung. So kommt es zu dem Verlangen nach einer größeren Nähe zur Natur und nach sozialer Harmonie in einer immer stärker industrialisierten und atomisierten Umwelt, während man die moderne Wissenschaft und die Technik der sozialen Organisation für seinen Zweck verwendet. Wenn die riesige Ausdehnung der Kolonialreiche zunächst die beste Gelegenheit zu bieten schien, solche Pläne zu realisieren, wurde bald deutlich, dass moderne Utopien dieser Art eine Beziehung der Unterwerfung erzeugen und ihr menschliches Umfeld vis-à-vis kontrollieren. Dies gilt auch dann, wenn sie die Newcomer dem natürlichen Zustand näher brachten. Tatsächlich zeigen die offensichtlichen Zusammenhänge von Utopie und Gewalt in den europäischen Kolonien, dass der Imperialismus eine entscheidende Wurzel modernen utopischen Denkens darstellt, dessen ausgeprägteste und verheerendste Folge in unserem Jahrhundert der totalitäre Staat war.[22]

Das 19. Jahrhundert brachte eine erhebliche Zahl utopischer Visionen hervor. Einige – so die merkwürdige Kulmination des Hegelschen Weltgeistes im preußischen Staat und Mazzinis optimistische Verbrüderung nationaler Freiheitsbewegungen – standen in direkter Beziehung zum Aufkommen des Nationalstaates. Andere – wie der britische Fortschrittsglaube, der französische Flirt mit dem Positivismus und Saint-Simons technokratische Republik – wurzelten in der neuen Religion der wissenschaftlichen Entdeckung und des Fortschritts. Umgekehrt artikulierte sich in so großartigen utopischen Systemen wie

Fouriers »Phalanstères« und Marx' klassenloser Gesellschaft eine Reaktion auf die Erschöpfung und Entfremdung, die mit dem Aufbruch
der Industrialisierung, der Verstädterung und der Säkularisierung einherging. Aber letztlich wurde die totalitäre Utopie erst möglich durch
den totalen, industriellen Krieg, der moderne Wissenschaft und Technologie, allumfassende Mobilisierung der Soldaten und Arbeiter mit
einem ausgeklügelten Überwachungsapparat verband, der die Verwaltung und das öffentliche Bewusstsein kontrollieren und steuern sollte.
Der Totalitarismus entwickelte sich aus der Krise, die zu lösen er vor-
gab. Er bot eine Endlösung für die menschlichen Unvollkommenhei-
ten an, die auf seiner nachgewiesenen Fähigkeit beruhte, alles auszulöschen, das sich nicht unterdrücken, heilen oder umformen lassen
konnte oder wollte. Das Ziel war hier weniger die einfache Kontrolle,
sondern vielmehr ein Zustand, in dem Kontrolle überflüssig wird, indem man den Menschen in einer Weise neu schafft, die seine Übereinstimmung mit der neuen Gesellschaft und die aktive Teilnahme an ihr
sicherstellt. Der Totalitarismus ist die moderne Utopie *par excellence*;
besessen davon, die Massengesellschaft zu mobilisieren und die
höchstentwickelten technischen Mittel und Verwaltungspraktiken anzuwenden, um seine Herrschaft zu etablieren, bemüht er sich gleichzeitig darum, der Geschichte ein Ende zu setzen und jegliche Bewegung jenseits dessen, was als die utopische Phase angesehen wird, zu
verhindern. Ist der Idealzustand erreicht, sollte nichts erlaubt sein, was
ihn aushöhlen könnte; sind die unerwünschten Klassen beseitigt, die
zersetzenden Rassen exterminiert, die alten Eliten zerschlagen, die Geschichte und die Erinnerung an vergangene Ereignisse ausgelöscht
oder neu geschrieben, dann muss die Zeit zu einem Stillstand kommen. Von diesem Zeitpunkt an kann Veränderung nur Subversion bedeuten.[23]

Aber genau wie in der aristotelischen Physik kann dieser ideale
Punkt der absoluten Ruhe nie erreicht werden. Die engste Annäherung
an ihn ist ein Kreis, im Fall der modernen Utopie ein Teufelskreis des
ständigen Strebens nach Perfektion, in einem gewaltsamen Prozess der
Neuschaffung und Abschaffung des Menschen. Der totalitäre Staat
kann nur deshalb genau so definiert werden, weil er auf seinem uner-
bittlichen Marsch nach Utopia keine Beschränkungen anerkennt. Aber
Totalitarismus ist nur der extremste Ausdruck eines weit verbreiteten,
wenn auch manchmal milden Drangs, dessen Wurzeln bis zum Anfang

der Zivilisation zurückreichen und dessen moderne Manifestationen sich dadurch von der Vergangenheit abheben, dass beispiellosen technologischen und organisatorischen Fähigkeiten ein paralleler Zuwachs an Weisheit oder moralischer Sensibilität fehlt. Es ist der Drang, die Kontrolle über Zeit, Materie und Geist an sich zu reißen, die Macht zu gewinnen, etwas zu schaffen oder abzuschaffen, den Lauf der Geschichte anzuhalten, zu beschleunigen oder herauszufordern – ganz unabhängig davon, welche natürlichen oder göttlichen Gesetze ihn steuern mögen. Da die Utopie der Kontrolle des Universums sowohl die Konsequenz als auch die Ursache innerstaatlicher und internationaler Konflikte ist, sind ihre Kriege umso absolutistischer in ihren Zielen und in ihrer Ausführung. Sie sind ausgerichtet auf Endlösungen für Probleme und die Beseitigung von Hindernissen durch totale Vernichtung. Da es im Krieg immer um Zerstörung geht, sind die zerstörerischsten Armeen solche, die von utopischen Theologien oder Ideologien motiviert sind. Und die riesigen Armeen des totalen Krieges – aufgestellt und unterstützt von modernen Massengesellschaften – haben einmalige zerstörerische Energien freigesetzt, nicht zuletzt weil die gewaltigen Strapazen und das Leiden, das die moderne Kriegführung von Zivilsoldaten verlangt, nur durch den Bezug auf abstrakte utopische Ziele gerechtfertigt werden kann – seien diese Ziele der ewige Friede oder soziale Gerechtigkeit, Befreiung von Hunger oder allgemeine Befreiung von Unterdrückung, Weltreich und unbegrenzte Lebensräume oder totale Auslöschung rassischer und ideologischer Feinde.[24]

Der moderne Krieg und der Totalitarismus benötigen und erstreben deshalb Endlösungen, in denen der Mensch als bloßer Gegenstand der Formung, Kontrolle, Reinigung und Vernichtung erscheint. Diese Auffassung von der Welt biologisiert die Gesellschaft und soziologisiert die Biologie; die Menschheit wird ein Organismus, der radikaler Behandlung bedarf, oder eine soziale Konstruktion, die radikale soziologische Neuordnung benötigt. Daher die riesigen Volksvertreibungen, die brutalen Operationen ethnischer Säuberung, die Ausradierung ganzer sozialer Klassen, und letztlich der vorbehaltlose Völkermord, die größte Endlösung von allen. Weil die moderne Welt gelernt hat, das Leben zu verlängern, denkt sie auch den Tod als das absolute Ende der Existenz. Wenn die zukünftige Welt im religiösen Sinne einmal ad acta gelegt ist, Paradies und Hölle reine Metaphern zur Beschreibung (oder Modelle zur Formung) der Zustände dieser Welt geworden sind, dann übernimmt der Tod eine wichtigere Funktion als je zuvor. Massenmord kann dann als ein erreichbares Ziel und als perfektes Mittel zur Lösung bisher unlösbarer Probleme angesehen werden.[25]

Historiker haben ein natürliches Interesse an Endlösungen: Nicht nur wegen ihres Potentials, sie in Altertumskenner zu verwandeln, indem sie die Geschichte anhalten, sondern auch, weil sie in dem auf Utopia ausgerichteten Prozess die Vergangenheit mobilisieren und die Werkzeuge und Quellen des Historikers funktionalisieren – allerdings mit dem Ziel, die *raison d'être* der historischen Profession endgültig zu beseitigen. In der Moderne beruhen Endlösungen auf bürokratischen Strukturen, die wiederum angewiesen sind auf Archive, Dokumentationen und Experten auf allen Gebieten, die für die Organisation der Gesellschaft und die Ordnung der Vergangenheit von Bedeutung sind. Darüber hinaus erfordern Endlösungen Techniken, die ihre Aufgabe erleichtern, den Feind zu identifizieren, den Täter zu mobilisieren und die Zusammenarbeit oder Passivität der Mitläufer zu sichern – alles im Zusammenhang der Massengesellschaft. Identität, ob biologisch, soziologisch oder historisch erzeugt, ist eine entscheidende Komponente, um den Völkermord zu motivieren und seine Parameter zu definieren. Erforderlich ist sie aber auch für den Entwurf der Zukunftsutopie, deren Schaffung durch Massenmord ermöglicht werden wird. Hier sind natürlich nicht nur die Sozialwissenschaften eingebunden, sondern auch die Medizin und Jurisprudenz, deren Rolle bei der Legitimierung und Organisation von Völkermord, als notwendigem Schritt auf dem Weg zur Utopie, offensichtlich unerlässlich ist. Daher spiegelt utopische Gewalt im 20. Jahrhundert die Komplexität moderner Identität, die Mehrdeutigkeiten ihrer historischen und institutionellen Wurzeln und die gefährlichen Potentiale ihrer zukünftigen Ambitionen wider.[26]

Gelehrtes Nachsinnen und wissenschaftliche Innovation, Studium der Vergangenheit und Erforschung der Natur haben alle eine Rolle in der Planung, Rechtfertigung und Durchführung gewaltsamer Endlösungen für die Widersprüchlichkeiten der menschlichen Existenz gespielt.[27] Und dennoch haben das Ansehen und der Status der Sozial- und Naturwissenschaften – trotz einiger wichtiger, aber letztlich unbedeutender Ausnahmen, die meist innerhalb der Grenzen des konventionellen disziplinarischen und intellektuellen Diskurses angesiedelt waren – im Großen und Ganzen nicht abgenommen, und ihre Grundvoraussetzungen sind der fundamentalen Kritik und Revision entgangen, die man angesichts ihres Einflusses auf die Gesellschaft im Kontext des modernen Krieges und Völkermordes hätte erwarten können.[28] In allen schwerwiegenden Fällen von staatlich organisiertem Mord im 20. Jahrhundert hat die Rhetorik der Vergangenheit den Schrecken der Gegenwart gerechtfertigt, Technologie hat Massenmord erleichtert, Krieg hat ein angemessenes psychologisches und organisatorisches Milieu geschaffen. Darüber hinaus beanspruchten in allen diesen Beispielen Religion oder Wissenschaft (manchmal ein Gemisch aus beidem) ein Monopol auf Wahrheit, Wissen und die Visionen einer utopischen Zukunft. Durch die Geltendmachung göttlicher Sanktionen zur Reinigung der Ungläubigen, die Verknüpfung von Ethnie und Glaube oder die Mobilisierung der moralischen Autorität religiöser Führer – so bei den Völkermorden in Armenien, Ruanda und Bosnien. Durch den Anspruch, den angeblich unveränderlichen, wenn auch grausamen Gesetzen der Geschichte zu gehorchen – so der »wissenschaftliche« Marxismus in der Sowjetunion, China und Kambodscha. Oder durch die Verwandlung der Biologie in Schicksal und die angebliche Notwendigkeit rassenhygienischer Fortpflanzungspolitik, Selektion und Vernichtung – so im Falle des nationalsozialistischen, »wissenschaftlichen« Rassismus, der »Rassenhygiene«, der »Euthanasie« und des rassistischen Genozids der Nazis.[29]

Am Ende des zweiten Jahrtausends sind Modernismus und Nationalismus – selbst bereits Geschichte – wieder gefragt, selbst wenn sie dazu dienen, neue Utopien und weitere Gewalt zu entfachen. Der Fall der Mauer, der Niedergang des Kommunismus, der »Sieg« des Kapitalismus, die Verbannung des Krieges in jene Teile der Welt, die uns kaum betreffen, und die Fortführung des Projekts der genetischen Kartographie, um nur einige wichtige aktuelle Entwicklungen zu nennen, haben so manchen zu der Behauptung veranlasst, dass wir entweder am Ende der Geschichte stehen oder an der Schwelle einer utopischen Zukunft. Doch wachsende Armut, wirtschaftliche Ausbeutung, das Wüten neuer Viren, die globale Erwärmung und nicht zuletzt die Bedrohung durch biologischen, chemischen und nuklearen Terrorismus könnten auch so gedeutet werden, dass die Welt sich einer weiteren Apokalypse nähert. Es ist daher mehr als wahrscheinlich, dass das 21. Jahrhundert nicht weniger als das zu Ende gehende Jahrhundert der Gewalt von utopischen und apokalyptischen Visionen betroffen sein wird – von Versuchen, die Menschheit in ihrem Erscheinungsbild umzuformen.

Neuschaffung und Abschaffung
der Humanität

»Der unterirdische Strom westlicher Geschichte ist
schließlich an die Oberfläche gekommen und
usurpiert die Würde unserer Tradition ... Daher sind
alle Versuche, aus der Grausamkeit unserer
Gegenwart in die Nostalgie einer noch unversehr-
ten Vergangenheit oder in die erhoffte Vergessenheit einer besseren Zukunft zu entfliehen, vergeb-
lich.«[30]

»Ausgesetzt und verwundbar, kann die Menschheit
als solche sterben. Es liegt in den Händen von
Menschen und ganz besonders jener, die sich selbst
für ihre Abgesandten oder für die Vollstrecker ihrer
großen Entwürfe halten. Der Begriff der Verbrechen
gegen die Menschlichkeit ist die legale Evidenz
dieser Verwirklichung.«[31]

Die Menschheit ringt immer schon mit der Idee ihrer eigenen Neuschaffung und Abschaffung. Es ist eine zugleich anregende und er-
schreckende Vorstellung: Sie umfasst Schöpfung und Zerstörung, soziale Organisation und religiöse Doktrin, kulturellen Fortschritt und
biologische Determinismen. Sie hat Visionen allgemeinen Glücks und
apokalyptischer Vernichtung hervorgebracht. Daher ist der Fort-
schritts- und Evolutionsoptimismus häufig begleitet von der Furcht vor
dem Unbekannten, vom Unmut über das Untaugliche und von dem
ungeduldigen Drang, ein für alle Mal reinen Tisch zu machen.

Die Moderne litt in besonderer Weise unter der Spannung zwischen
sozialer Verbesserung, wissenschaftlicher Entdeckung und technischer
Innovation auf der einen, sozialer Desintegration, Raubbau an der Natur und technologischer Verwüstung auf der anderen Seite. Und während die Vorstellung vom Ende einer Epoche sich häufig mit der Nostalgie für die entschwindende Vergangenheit und den Hoffnungen auf
eine bessere Zukunft verbindet, hat die Moderne diesem Komplex ein
weiteres Element hinzugefügt: die Fähigkeit, radikaleren und schnelle-
ren Wechsel hervorzubringen. Zeit, Raum und menschliches Gefühl
wurden umgewälzt; innerhalb der Spanne der Lebenszeit eines Einzelnen hat die Welt sich mehrmals grundlegend gewandelt, wurde sie zerstört, wieder aufgebaut und erneut zerstört. Dies alles mit einer sol-

chen Sorgfalt und Geschwindigkeit, dass die Bedeutung der Nostalgie
und der Zukunftsvision beinahe unter die Bewusstseinsgrenze ge-
drückt wurden.

Das 20. Jahrhundert hat darüber hinaus Zweifel über die genaue Definition des »Humanen« aufkommen lassen.[32] Die Zerbrechlichkeit, ja
die Sterblichkeit der Humanität scheint das endgültige historische Ver-
mächtnis unserer Zeit zu sein: Völkermord und Holocaust, Imperialismus und Postkolonialismus, Traditionen der Aufklärung, die zum industriellen Kapitalismus, aber auch zum industriellen Mord geführt
haben.[33] Die Erschaffung, Auslöschung, Zerstörung und Neuschaffung
des »Humanen« muss daher verstanden werden im Kontext der unglaublichen Anstrengungen dieses Jahrhunderts, durch Indoktrination
und Erziehung, Vertreibung und Neuansiedlung, ethnische Säuberung
und Stadtplanung, die Politik der Geburtenkontrolle, Rassenhygiene
und Genetik, durch das Entwerfen neuer Karten und Grenzen, die Neu-
definition individueller und sozialer Identitäten und nicht zuletzt durch
Massenmord die Menschheit zu verändern. Sowohl allgemeine als auch
spezielle utopische Ideologien, im Bündnis mit den administrativen,
technologischen und bürokratischen Möglichkeiten des modernen
Staates, haben große Veränderungen der »condition humaine« in einem
andauernden Prozess der Vernichtung und des Wiederaufbaus, der be-
völkerungsstatistischen Restrukturierung und des Ausbruchs von Vernichtung generiert. Hieraus erklärt sich der verbreitete Wunsch, Uni-
versalität grundsätzlich zu verabschieden und somit die Möglichkeit
von Geschichte und die Wirklichkeit von »Menschheit« zu beseitigen,
da der Versuch, hierüber umfassende Theorien zu entwickeln und zu
verwirklichen, so viel Leid und Blutvergießen hervorgebracht hat. Aus
derselben Quelle stammt aber auch die Beharrlichkeit jener, die am
Konzept der Aufklärung festhalten wollen, das die Menschheit als Kon-
glomerat Einzelner versteht, die mit unveränderlichen Rechten auf Leben und Gerechtigkeit ausgestattet sind, und dieses Konzept für den
einzig möglichen Schutzwall gegen völkermörderische Tendenzen und
Möglichkeiten unserer Zeit ansehen.[34]

Solche Transformationen unserer Wahrnehmungen der Menschheit
können als Hinweis auf Fragmentierung, Auflösung und Anarchie angesehen werden, aber auch umgekehrt als Anfang einer befreienden
Sichtweise und die Heraufkunft einer neuen, bisher vernachlässigten
oder ignorierten Konzeptualisierung von »Humanität«. Die öffentliche

und gelehrte Faszination, die Völkermord und Zerstörung, Auslöschung und Erinnerung auslösen, kann in ähnlicher Weise als Anzeichen für einen tiefen kulturellen Pessimismus am Ende des Jahrtausends oder als eine sich anzeigende Bereitschaft zur Auseinandersetzung mit dem furchtbaren Erbe der Vergangenheit interpretiert werden. Aktuelle Auseinandersetzungen zur Frage nach den Urhebern des Humanitätsprojektes haben viel zu tun mit Fragen nach Inklusion und Exklusion, Identität und Feindschaft, utopischen Träumen von Wiedergeburt und Erneuerung und apokalyptischen Visionen von Krieg und Ausrottung. Am Ende des Jahrtausends scheint die Zivilisation von der Auseinandersetzung mit den blutigen Chroniken vergangener Entwürfe einer glücklichen Zukunft erschöpft und doch endlos an sie gebunden zu sein.[35] Wir kennen die Geschichte jener »Tugendrepubliken« und »schönen neuen Welten«, jener »Paradiese der Arbeiter« und »Volksgemeinschaften«; was wir fürchten, ist ihre Zukunft. Da die Geschichte der Neuschaffung und Abschaffung des Menschen sich um Handlungen und Wahrnehmungen von Individuen und Kollektiven auf der Suche nach dem »Humanum« dreht, beschäftigt sie sich beinahe im gleichen Umfang mit der Marginalisierung, Beschränkung oder Zerstörung des »Un-« oder »Untermenschlichen«, des sozial, physisch oder kulturell »Untauglichen«. Das »Humane« wurde definiert als das im Angesicht Gottes Geschaffene oder als das seiner selbst Bewusste; es wurde gleichgesetzt mit der Fähigkeit zur Unterscheidung von Gut und Böse, und als solches wurde es ausgestattet mit dem unveräußerlichen Recht auf Leben und Glück. Aber da wir wissen, dass die Zivilisation die Menschen oft in Kategorien und Arten geteilt hat, sollten wir uns davor hüten, mit dem Gedanken sozialer, kultureller und genetischer Technik zu spielen – ob es nun ihr Ziel ist, größere Uniformität oder kontrollierte Verschiedenheit herzustellen.[36]

Aus dem Englischen von Stephanie N. Schäfer

▪ Anmerkungen

1 R. Hochhuth, Der Stellvertreter, Reinbek b. Hamburg 1990, 198 (Erstausg.: Reinbek b. Hamburg 1963).

2 Vgl. T. Todorov, Nous et les autres: La réflexion française sur la diversité humaine,

Paris 1989; A. Memmi, Le racisme, Paris 1982; P. Sahlins, Boundaries: The Making of France and Spain in the Pyrenees, Berkeley/Calif. 1989.

3 Über Epochengrenzen: O. Heilbronner, Visions of the Future: The Distant Past, Yesterday, Today, and Tomorrow, New York 1995; zu Grenzen zwischen Realität und Phantasie: P. Loewenberg, Fantasy and Reality in History, New York 1995; zu Geschlechtergrenzen: J. W. Scott, Feminism and History, New York 1996; über technologische Utopien: S. Kern, The Culture of Time and Space: 1880–1918, Cambridge/Mass. 1983; A. Rabinbach, The Human Motor: Energy, Fatigue, and the Origins of Modernity, Berkeley/Calif. 1990.

4 Antike Nostalgie für eine mythische Vergangenheit ist das Leitmotiv der Frühgeschichte Roms des Livius', während die (germanischen) Barbaren in Tacitus' »Annalen des römischen Imperiums« zu einem Modell verlorener Reinheit und Ursprünglichkeit werden. Nostalgie für eine mythische Vergangenheit des alten Chinas kennzeichnen auch Ssu-ma Ch'iens »Records of the Historian« (New York 1958). Siehe auch D. Lowenthal, The Past is a Foreign Country, Cambridge 1985.

5 Siehe z. B.: W. H. McNeill, The Pursuit of Power: Technology, Armed Force, and Society since A. D. 1000, Oxford 1983; B. M. Downing, The Military Revolution and Political Change: Origins of Democracy and Autocracy in Early Modern Europe, Princeton 1992; B. Moore, jr., Social Origins of Dictatorship and Democracy: Lord and Peasant in the Making of the Modern World, Boston 1967; B. Z. Kedar, Expulsion as a Problem in World History, in: Alpayim (13/1996), 9–22 (in hebräischer Sprache).

6 M. Adas, Machines as the Measure of Men: Science, Technology, and Ideologies of Western Dominance, Ithaca/New York 1989; M. Ferro, Colonization: A Global History, London 1997; V. G. Kiernan, European Empires from Conquest to Collapse: 1815–1960, Bungay/Suffolk 1982; D. B. Ralston, Importing the European Army: The Introduction of European Military Techniques and Institutions into the Extra-European World: 1600–1914, Chicago 1990; D. Pick, Faces of Degeneration: A European Disorder: c. 1848–c.1918, Cambridge 1989; I. Hannford, Race: The History of an Idea in the West, Baltimore 1996; E. Barkan, The Retreat of Scientific Racism: Changing Concepts of Race in Britain and the United States between the World Wars, Cambridge 1992. Siehe auch: C. Lévi-Strauss, La pensée sauvage, Paris 1985, und ders., Tristes tropiques, Paris 1990.

7 Siehe z. B.: C. Essner, Deutsche Afrikareisende im neunzehnten Jahrhundert: Zur Sozialgeschichte des Reisens, Stuttgart 1985; S. Friedrichsmeyer et. al. (Hg.), The Imperialist Imagination: German Colonialism and Its Legacy, Ann Arbor/Mich. 1998; R. Aldrich, Greater France: A History of French Overseas Expansion, New York 1996; M. K. Matsuda, The Memory of Modern, New York 1996, Kap. 7; L. Lowe, Critical Terrains: French and British Orientalisms, Ithaca/New York 1991; E. W. Said, Orientalism, New York 1979.

8 Für Deutschland und die Verbindungen von »Schrebergärtner-Gesellschaft«, ökologischem Denken, »ethnischen Landschaften« und dem Völkermord, siehe: Z. Bauman, Dialektik der Ordnung: Die Moderne und der Holocaust, Hamburg

1992; J. Wolschke-Bulmahn, Nature and Ideology: The Search for Identity and Nationalism in Early 20th-Century German Landscape Architecture, in: American Institute for Contemporary German Studies (17/1996), Feb. 1996, 1–31; G. Gröning/J. Wolschke-Bulmahn, Politics, Planning, and the Protection of Nature: Political Abuse of Early Ecological Ideas in Germany 1933–45, in: Planning Perspectives (2/1987), 127–148; D. Inkelas, Landscape Planning and the Development of SS Policy in Annexed Poland: 1939–1942, 1996 (unveröffentl. Manuskript); D. Dwork/R. J. van Pelt, Auschwitz: 1270 to the Present, New York 1996, Teil I. Über chinesische Gärten und utopisches Denken siehe J. Stuart, A Scholar's Garden in Ming China: Dream and Reality, in: Asian Art (3/1990), Heft 4, Herbst 1990; W. Bauer, China and the Search for Happiness, New York 1976.

9   P. Crook, Darwinism, War, and History: The Debate Over the Biology of War from the »Origin of Species« to the First World War, Cambridge 1994; L. L. Clark, Social Darwinism in France, Alabama 1984; E. Conte/C. Essner, La quête de la race: Une anthropologie du Nazisme, Paris 1995; J. M. Effron, Defenders of the Race: Jewish Doctors and Race Science in Fin-de-Siècle Europe, New Haven 1994; P. Weindling, Health, Race, and German Politics Between National Unification and Nazism 1870–1945, Cambridge 1989; R. N. Proctor, Racial Hygiene: Medicine Under the Nazis, Cambridge 1988; G. Aly et al., Cleansing the Fatherland: Nazi Medicine and Racial Hygiene, Baltimore 1994; M. Burleigh, Death and Deliverance: »Euthanasia« in Germany: 1900–1945, Cambridge 1994. Einige Literaturhinweise zur aktuellen Debatte zu diesem Thema finden sich in: O. Bartov, Murder in Our Midst: The Holocaust, Industrial Killing, and Representation, New York 1996, 3, Anm. 2.

10 Siehe T. Head/R. Landes (Hg.), The Peace of God: Social Violence and Religious Response Around the Year 1000, Ithaca/New York 1992; T. J. J. Altizer, History as Apocalypse, Albany/N. Y. 1985; D. G. Roskies (Hg.), The Literature of Destruction: Jewish Responses to Catastrophe, Philadelphia 1989; S. E. Aschheim, Culture and Catastrophe: German and Jewish Confrontations with National Socialism and Other Crises, New York 1996; Th. W. Adorno, Negative Dialektik, in: ders., Gesammelte Schriften, Bd. 6, Frankfurt am Main 1973, bes. der dritte Teil, Kap. II u. III, 295–400; H. Arendt, Zwischen Vergangenheit und Zukunft: Übungen im politischen Denken, München 1994, bes. Kap. 3; R. J. B. Bosworth, Explaining Auschwitz and Hiroshima: History Writing and the Second World War: 1945–1990, London 1993; R. J. Lifton/E. Markusen, The Genocidal Mentality: Nazi Holocaust and Nuclear Threat, New York 1990.

11 Siehe z. B.: H. Arendt, Elemente und Ursprünge totaler Herrschaft: Antisemitismus, Imperialismus, totale Herrschaft, München u. Zürich 1998 (6. Aufl., Erstausg.: New York 1951); F. Furet, Das Ende der Illusion: Der Kommunismus im 20. Jahrhundert, München 1996; M. Burleigh/W. Wippermann, The Racial State: Germany 1933–1945, Cambridge 1991; R. J. Lifton, Ärzte im Dritten Reich, Stuttgart 1988. Siehe auch E. Hobsbawm, The Age of Extremes: A History of the World: 1914–1991, New York 1995; M. Mazower, Dark Continent: Europe's Twentieth Century, New York 1999.

12 Zur Sowjetunion vor allem: M. Lewin, Russia/USSR/Russia: The Drive and Drift of a Superstate, New York 1995; G. Hosking, The First Socialist Society: A History of the Soviet Union from Within, Cambridge 1993 (2. Aufl.); S. Kotkin, Magnetic Mountain: Stalinism as a Civilization, Berkeley 1995; R. Conquest, Der große Terror: Sowjetunion 1938–1954, München 1992, und ders., Ernte des Todes: Stalins Holocaust in der Ukraine: 1929–1933, München 1988. Zur Krise des Kapitalismus: B. Moore, jr., Injustice: The Social Bases of Obedience and Revolt, Stanford 1978; C. S. Maier, Recasting Bourgeois Europe: Stabilization in France, Germany, and Italy in the Decade After World War I, Princeton 1975. Zur Demographie: M. S. Quine, Population Politics in Twentieth-Century Europe, London 1996; J. M. Winter, The Great War and the British People, Cambridge 1986. Zu den Geschlechtern: M. R. Higonnet et al. (Hg.), Behind the Lines: Gender and the Two World Wars, New Haven 1987; M. L. Roberts, Civilization Without Sexes: Reconstructing Gender in Postwar France: 1917–1927, Chicago 1994; R. Bridenthal et al., When Biology Became Destiny: Women in Weimar and Nazi Germany, New York 1984. Über Kolonialreiche und Dekolonisierung: E. J. Hobsbawm, Industry and Empire: From 1750 to the Present Day, London 1968; F. Fanon, Die Verdammten dieser Erde, Frankfurt am Main 1981; R. Girardet, L'Idée coloniale en France, Paris 1972; J.-P. Rioux (Hg.), La Guerre d'Algérie et les français, Paris 1990. Siehe auch: G. Kolko, Century of War: Politics, Conflicts, and Society Since 1914, New York 1994; J. L. Talmon, The Age of Violence, Tel Aviv 1974 (in hebräischer Sprache).

13 Aus der Rede eines SS-Mannes, eigene deutsche Übersetzung des Zitats von Simon Wiesenthal in: P. Levi, The Drowned and the Saved, New York 1988, 11 f.

14 Bedeutende Arbeiten zu diesem Thema finden sich bei: J. McConkey, The Anatomy of Memory: An Anthology, New York 1996; F. A. Yates, The Art of Memory, Chicago 1966; P. H. Hutton, History as an Art of Memory, Hanover/N. H. 1993; M. Halbwachs, On Collective Memory, Chicago 1992; J. Le Goff, Histoire et mémoire, Paris 1988; P. Nora (Hg.), Les Lieux de mémoire, 3 Bde., Paris 1997 (Taschenbuchausgabe); J. R. Gillis (Hg.), Commemorations: The Politics of National Identity, Princeton 1994.

15 In diesem Zusammenhang siehe: O. Bartov, ›Seit die Juden weg sind …‹: Germany, History, and Representations of Absence, in: S. Denham et al. (Hg.), A User's Guide to German Cultural Studies, Ann Arbor/Mich. 1997, 209–226.

16 Über das Sammeln und die Nostalgie: W. Benjamin, Ich packe meine Bibliothek aus: Eine Rede über das Sammeln, in: ders., Gesammelte Schriften, Bd. IV/I, Frankfurt am Main 1972, 388–396. Für ein Beispiel aus China siehe: W. Li, The Collector, the Connoisseur, and Late Ming Sensibility, in: T'oung Pao (81/1995), 269–302. Über Ästhetik, Politik und Kunstraub in Nazi-Deutschland: B. Hinz, Die Malereien im deutschen Faschismus, München 1974; J. Petropoulos, Art as Politics in the Third Reich, Chapel Hill/N. C. 1996; A. E. Steinweis, Art, Ideology, and Economics in Nazi Germany, Chapel Hill/N. C. 1993; L. H. Nicholas, The Rape of Europe: The Fate of Europe's Treasures in the Third Reich and the Second World War, New York 1994. Für die polni-

schen Museen z. B.: S. Markowski, Krakowski Kazimierz: Dzielnica zydowska: 1870–1988, Krakau 1992.

17 Zur UdSSR siehe: R. Stites (Hg.), Culture and Entertainment in Wartime Russia, Bloomington/Ind. 1995, bes. 65 f. (über Sergej Eisensteins Film Alexander Newski (1938); D. Bordwell, The Cinema of Eisenstein, Cambridge/Mass. 1993; P. Kenez, Cinema and Soviet Society: 1917–1953, Cambridge/Mass. 1992. Siehe auch: J. Hay, Popular Film Culture in Fascist Italy: The Passing of the Rex, Bloomington/Ind. 1987, Kap. 5; R. A. Rosenstone (Hg.), Revisioning History: Film and the Construction of a New Past, Princeton 1995. Eine gute Einführung in die europäische Kunst um die Jahrhundertwende, einschließlich der Bedeutung von Kolonialismus, Technologie und Krieg bietet: R. Hughes, The Shock of the New: Art and the Century of Change, London 1980. Zur Verbindung von franz. Identität und kolonialen Artefakten: H. Lebovics, True France: The Wars Over Cultural Identity: 1900–1945, Ithaca / New York 1992. Siehe auch den außergewöhnlichen Katalog der Wiener Ausstellung (1986): J. Claire (Hg.), Vienne 1880–1938: L'Apocalypse Joyeuse, Paris 1986. Paris war auch der Ort einer Ausstellung über »japonisme« und den Einfluss japanischer Drucke auf die franz. Kunst.

18 Zu Diskussionen über Natur, Sinn und Krise der modernen Historiographie siehe: W. Dilthey, Einführung in die Geisteswissenschaften, in: ders., Gesammelte Schriften, Bd. I, Stuttgart u. Göttingen 1962 (5. Aufl.); R. A. Makkreel, Dilthey: Philosopher of the Human Sciences, Princeton 1975; J. Ortega y Gasset, Geschichte als System, Stuttgart 1952; N. Chiaromonte, The Paradox of History, Philadelphia 1985 (überarb. Ausg.); R. Koselleck, Vergangene Zukunft: Zur Semantik geschichtlicher Zeit, Frankfurt am Main 1992 (2. Aufl.); H. White, The Content of the Form: Narrative Discourse and Historical Representation, Baltimore 1987; L. Gossman, Between History and Literature, Cambridge 1990.

19 Zur jüdischen Vorstellung von Geschichte siehe: Y. H. Yerushalmi, Zakhor: Jewish History and Jewish Memory, New York 1989. Zur deutschen Historiographie: G. G. Iggers, Deutsche Geschichtswissenschaft: Eine Kritik der traditionellen Geschichtsauffassung von Herder bis zur Gegenwart, Wien 1997 (überarb. Aufl.). Zur Autorität des Historikers im alten China, siehe: W. Li, The Idea of Authority in the Shih chi (»Records of the Historian«), in: Harvard Journal of Asian Studies (54/1994), Heft 2, Dez. 1994, 345–405. Zur Erinnerung, Bezeugung und Repäsentation des Traumas siehe: L. L. Langer, Holocaust Testimonies: The Ruins of Memory, New Haven 1991; G. H. Hartman (Hg.), Holocaust Remembrance: The Shapes of Memory, Oxford 1994; W. v. Bredow, Tückische Geschichte: Kollektive Erinnerung an den Holocaust, Stuttgart 1996; S. Felman/D. Laub, Testimony: Crises of Witnessing in Literature, Psychoanalysis, and History, New York 1992; M. Blanchot, L'écriture du désastre, Paris 1980; S. Friedländer (Hg.), Probing the Limits of Representation: Nazism and the »Final Solution«, Cambridge 1992.

20 Aus Heinrich Himmlers Posener Rede vor SS-Männern am 4. Okt. 1943. Zit. nach: Int. Militär-Gerichtshof/Nürnberg (Hg.), Der Prozess gegen die Hauptkriegsverbrecher vor dem Internationalen Militärgerichtshof: Nürnberg, 14. No-

vember 1945 – 1. Oktober 1946, Bd. 29, Nürnberg 1948, 146 (1919-PS; Seiten 66 f. des Redemanuskripts).

21 Für einige Beispiele siehe: M. Eliade, Das Mysterium der Wiedergeburt, Zürich 1961, und ders., Das Heilige und das Profane: Vom Wesen des Religiösen, Frankfurt am Main 1990; J. Campbell (Hg.), Man and Time: Papers from the Eranos Yearbooks, Princeton 1957. Zum jüdischen Mystizismus: G. Scholem, Kabbalah, New York 1974; F. Rosenzweig, Der Stern der Erlösung, Frankfurt am Main 1990 (3. Aufl.); E. L. Fackenheim, To Mend the World: Foundations of Post-Holocaust Jewish Thought, Bloomington/Ind. 1982; E. Levinas, Schwierige Freiheit: Versuch über das Judentum, Frankfurt am Main 1992. Zu religiösen und säkularen Utopien auf kommunaler Ebene: I. Oved, Two Hundred Years of American Communes, New Brunswick 1988; Y. Gorni et al. (Hg.), Communal Life: An International Perspective, New Brunswick 1987.

22 Über koloniale Gewalttaten und ihren Zusammenhang mit späteren Ereignissen in Europa siehe: S. Lindqvist, Exterminez toutes ces brutes, Paris 1998; J. Walston, History and Memory in the Italian Concentration Camps, in: Historical Journal (10/1997), Heft 1; I. Hull, Military Culture and the Production of ›Final Solutions‹ in the Colonies: The Example of Wilhelmine Germany, 1998 (unveröffentl. Manuskript als Teil eines umfassenden Buch-Projektes); C. Essner, Zwischen Vernunft und Gefühl: Die Reichstagsdebatten von 1912 um koloniale ›Rassenmischehe‹ und ›Sexualität‹, in: Zeitschrift für Geschichtswissenschaft (6/1997), 503–519; M. Levene/P. Roberts (Hg.), The Massacre in History, New York 1999, bes. das Kapitel über das Massaker an den Herero (Dedering), 205–222. Siehe auch: V. N. Dadrian, German Responsibility in the Armenian Genocide: A Review of the Historical Evidence of German Complicity, Watertown 1996.

23 Zum Nationalismus siehe z. B.: B. Anderson, Imagined Communities: Reflections on the Origin and Spread of Nationalism, London 1991 (überarb. Aufl.); E. J. Hobsbawm, Nations and Nationalism Since 1780: Programme, Myth, Reality, Cambridge 1993 (überarb. Aufl.); L. Greenfeld, Nationalism: Five Roads to Modernity, Cambridge 1992; E. Gellner, Nations and Nationalism, Ithaca/New York 1983; G. Eley/R. G. Suny (Hg.), Becoming National: A Reader, New York 1996. Siehe auch: J. L. Talmon, Political Messianism: The Romantic Phase, Boulder 1985, und ders., The Origins of Totalitarian Democracy, Boulder 1985. Zur Verbindung von Modernität, totalem Krieg und Völkermord siehe: D. Pick, War Machine: The Rationalisation of Slaughter in the Modern Age, New Haven 1993; J. J. Reid, Total War, the Annihilation Ethic, and the Armenian Genocide, in: R. G. Hovannisian (Hg.), The Armenian Genocide: History, Politics, Ethics, New York 1992; ders. (Hg.), The Armenian Genocide in Perspective, New Brunswick 1986; V. N. Dadrian, The History of the Armenian Genocide: Ethnic Conflict From the Balkans to Anatolia to the Caucasus, Providence 1995; O. Bartov, Murder in Our Midst: The Holocaust, Industrial Killing, and Representation, New York 1996. Zur Entstehung des Überwachungsstaates: P. Holquist, ›Information Is the Alpha and Omega of Our Work‹: Bolshevik Surveillance in its Pan-European Context, in: Journal of Modern History (69/1997), Sept. 1997, 415–450.

24 Der Zusammenhang von moderner Kriegführung und Völkermord kann einer
    der nachfolgenden Studien entnommen werden, z. B.: H. Hirsch, Genocide and
    the Politics of Memory: Studying Death to Preserve Life, Chapel Hill 1995;
    L. Kuper, Genocide: Its Political Use in the Twentieth Century, New Haven 1981;
    S. Totten et al. (Hg.), Century of Genocide: Eyewitness Accounts and Critical
    Views, New York 1997; R. J. Rummel, Death by Government, New Brunswick
    1994. Zum Völkermord als Beseitigung rassischer Unreinheit und asozialen Ver-
    haltens siehe: M. Zimmermann, Rassenutopie und Genozid: Die nationalsozialis-
    tische »Lösung der Zigeunerfrage«, Hamburg 1996; als ethnischer Kampf und
    Klassenkampf: B. Kiernan (Hg.), The Ethnic Element in the Cambodian Genozi-
    de, 1998 (unveröffentl. Manuskript). Über Weltanschauungsarmee und Kriegs-
    verbrechen: O. Bartov, Hitlers Wehrmacht: Soldaten, Fanatismus und die Bruta-
    lisierung des Krieges, Reinbek b. Hamburg 1995; H. Heer/K. Naumann (Hg.),
    Vernichtungskrieg: Verbrechen der Wehrmacht 1941–1944, Hamburg 1995; M.
    v. Hagen, Soldiers in the Proletarian Dictatorship: The Red Army and the Soviet
    Socialist State: 1917–1930, Ithaca / New York 1990.
25 Zum Vergleich der soziologisch oder rassistisch motivierten Politik der Völker-
    verschiebung und des Massenmordes in der Sowjetunion und im NS-Staat siehe:
    S. Wheatcroft, The Scale and Nature of German and Soviet Repressions and Mass
    Killings, in: Europe-Asia Studies (48/1996), Heft 8; N. Naimark, Ethnic Cleansing
    Between War and Peace in the USSR, 1997 (unveröffentl. Manuskript);
    P. Holquist, State Violence as Technique: The Logic of Violence in Soviet Totalita-
    rianism, 1997 (unveröffentl. Manuskript); A. Weiner, Delineating the Soviet Body
    national in the Age of Socialism: Ukrainians, Jews, and the Myth of the Second
    World War, 1997 (unveröffentl. Manuskript); A. Bullock, Hitler and Stalin: Paral-
    lel Lives, New York 1992; B. Wegner (Hg.), Zwei Wege nach Moskau: Vom Hitler-
    Stalin-Pakt zum »Unternehmen Barbarossa«, München 1991; I. Kershaw/M. Le-
    win (Hg.), Stalinism and Nazism: Dictatorships in Comparison, Cambridge 1997.
    Für weitere Zusammenhänge und Vergleiche siehe: R. F. Melson, Revolution and
    Genocide: On the Origins of the Armenian Genocide and the Holocaust, Chicago
    1992; R. Secher, Juifs et Vendéens: D'un génocide à l'autre, Paris 1991; E. Malet
    (Hg.), Résistance et mémoire: D'Auschwitz à Sarajevo, Paris 1993.
26 Zur bürokratischen Natur des NS-Völkermordes an den Juden: R. Hilberg, Die
    Vernichtung der Europäischen Juden, Berlin 1982; H. Mommsen, Die Realisierung
    des Utopischen: Die »Endlösung der Judenfrage« im Dritten Reich, in: Geschichte
    und Gesellschaft (9/1983), 382–420. Über Technokraten und Genozid: G. Aly/S.
    Heim, Vordenker der Vernichtung: Auschwitz und die deutschen Pläne für eine
    neue europäische Ordnung, Frankfurt am Main 1993; G. Aly, Endlösung: Völker-
    verschiebung und der Mord an den europäischen Juden, Frankfurt am Main 1995.
    Über Historiker und NS: G. Aly, Macht – Geist – Wahn: Kontinuitäten deutschen
    Denkens, Berlin 1997; P. Schöttler (Hg.), Geschichtsschreibung als Legitimations-
    wissenschaft 1918–1945, Frankfurt am Main 1997; K. Schönwälder, ›Taking Their
    Place in the Front-Line‹ (2): German Historians during Nazism and War, in: Tel
    Aviver Jahrbuch für deutsche Geschichte (25/1996), 205–217; O. Heilbronner,

»… aber das ›Reich‹ lebt in uns.«: Katholische Historiker unter dem Nationalsozialismus, in: Tel Aviver Jahrbuch für deutsche Geschichte (25/1996), 219–231; S. Heim, ›Überbevölkerung‹ und ›Rassenkampf‹: Werner Conze und Gunther Ipsen, 1997 (unveröffentl. Manuskript); B. Mrozek, Hitlers willige Wissenschaftler?, in: Die Weltwoche vom 3. Juli 1997; M. Kröger/R. Thimme, Die Geschichtsbilder des Historikers Karl Dietrich Erdmann: Vom Dritten Reich zur Bundesrepublik, München 1996; W. Oberkrome, Volksgeschichte: Methodische Innovation und völkische Ideologisierung in der deutschen Geschichtswissenschaft 1918–1945, Göttingen 1993; K.-H. Roth/A. Ebbinghaus, Vorläufer des ›Generalplan Ost‹: Eine Dokumentation über Theodor Schieders Polendenkschrift, in: Zeitschrift für Sozialgeschichte des 20. u. 21. Jhdts. (21/1992). Über Anwälte und Richter: I. Müller, Furchtbare Juristen, München 1997. Über Ärzte: M. Kater, Doctors Under Hitler, Chapel Hill 1989; H. Friedlander, The Origins of Nazi Genocide: From Euthanasia to the Final Solution, Chapel Hill 1995; G. Cocks, Psychotherapy in the Third Reich: The Göring Institute, New Brunswick 1997 (überarb. Aufl.).

27 Siehe z. B.: H. Sluga, Heidegger's Crisis: Philosophy and Politics in Nazi Germany, Cambridge 1993; A. D. Beyerchen, Scientists Under Hitler: Politics and the Physics Community in the Third Reich, New Haven 1977; T. Powers, Heisenbergs War: The Secret Story of the German Bomb, New York 1993.

28 Die fundierteste Kritik findet sich in: M. Foucault, Die Ordnung der Dinge: Eine Archäologie der Humanwissenschaften, Frankfurt am Main 1984. Bei Z. Bauman, Dialektik der Ordnung: Die Moderne und der Holocaust, Hamburg 1992, handelt es sich um eine Kritik des soziologischen Faches. D. J. K. Peukert, The Genesis of the ›Final Solution‹ from the Spirit of Science, in: T. Childers/J. Caplan (Hg.), Reevaluating the Third Reich, New York 1993, kritisiert die moderne Wissenschaft; Zuletzt: A. Beyerchen, Rational Means and Irrational Ends: Thoughts on the Technology of Racism in the Third Reich, in: Central European History (30/1997), Heft 3, 386–402. B. Lang, Act and Idea in the Nazi Genocide, Chicago 1990, ist eine philosophische Kritik, wie natürlich auch: Th. W. Adorno, Negative Dialektik, in: ders., Gesammelte Schriften, Bd. 6, Frankfurt am Main 1973. H. Kaplan, Conscience and Memory: Meditations in a Museum of the Holocaust, Chicago 1994, kritisiert die moderne politische Ethik. D. LaCapra, Representing the Holocaust: History, Theory, and Trauma, Ithaca/New York 1994, und ders., History and Memory After Auschwitz, Ithaca/New York 1998, kritisieren die Historiographie und Darstellung des Holocaust. Im Großen und Ganzen haben die akademischen Fächer ihre Traditionen aus dem 19. Jhdt. beibehalten und sehen in den Utopien und Genoziden des 20. Jhdts. nicht mehr als Verkehrsunfälle auf der Straße in eine bessere Zukunft, zu einem tieferen Verständnis und einem größeren Wissen. Dies alles auf der Grundlage alter und »bewährter« Lernbedingungen, Konzeptualisierungen und des Fortschrittsgedankens.

29 Vgl. O. Bartov, Mirrors of Destruction: War, Genocide, and Modern Identity, New York 2000, Kap. 3, Anm. 109–117.

30 Eigene deutsche Übersetzung aus der amerik. Erstausgabe: H. Arendt, The Origins of Totalitarianism, New York 1951, ix.

31 A. Finkielkraut, Remembering in Vain: The Klaus Barbie Trial and Crimes
    Against Humanity, New York 1992, 31 (eigene Übers.).

32 Siehe: L. Ferry/A. Renaut, Système et critique: Essais sur la critique de la raison
    dans la philosophie contemporaine, Brüssel 1984; J.-F. Lyotard, L'inhumaine:
    Causeries sur le temps, Paris 1993; D. J. Haraway, Primate Visions: Gender, Race,
    and Nature in the World of Modern Science, New York 1989.

33 M. Horkheimer/Th. W. Adorno, Dialektik der Aufklärung: Philosophische Frag-
    mente, Frankfurt am Main 1969; A. Finkielkraut, Die Niederlage des Denkens,
    Reinbek b. Hamburg 1989; ders., Remembering in Vain: The Klaus Barbie Trial
    and Crimes Against Humanity, New York 1992; Z. Bauman, Dialektik der Ord-
    nung: Die Moderne und der Holocaust, Hamburg 1992; H. Arendt, Elemente und
    Ursprünge totaler Herrschaft: Antisemitismus, Imperialismus, totale Herrschaft,
    München u. Zürich 1998 (6. Aufl.); O. Bartov, Murder in Our Midst: The Holo-
    caust, Industrial Killing, and Representation, New York 1996.

34 Beispiele für die konsequente Neuausrichtung und -konzeptualisierung der Ge-
    schichte und der Historiographie bei: D. LaCapra, Rethinking Intellectual Histo-
    ry: Texts, Contents, Language, Ithaca 1983; S. Cohen, Historical Culture: On the
    Recoding of an Academic Discipline, Berkeley/Calif. 1986; J. W. Scott, Gender
    and the Politics of History, New York 1988; L. Hunt (Hg.), The New Cultural
    History, Berkeley/Calif. 1989; R. Cohen (Hg.), Studies in Historical Change,
    Charlottesville 1992; J. Appelby et al. (Hg.), Knowledge and Postmodernism in
    Historical Perspective, New York 1996; P. Hamilton, Historicism, London 1996.
    Vgl. auch: D. Harvey, The Condition of Postmodernity: An Enquiry into the Ori-
    gins of Cultural Change, Oxford 1989.

35 Zum Versuch, die Unmenschlichkeit des 20. Jhdts. auf den Begriff zu bringen,
    vgl. z. B.: G. M. Kren/L. Rappoport, The Holocaust and the Crisis of Human Be-
    havior, New York 1994 (überarb. Aufl.); G. E. Markle, Meditations of a Holocaust
    Traveler, New York 1995; J. K. Roth/M. Berenbaum (Hg.), Holocaust: Religious
    and Philosophical Implications, New York 1989; T. Des Pres, Writing Into the
    World: Essays: 1973–1987, New York 1991; J. E. Dimsdale (Hg.), Survivors, Vic-
    tims, and Perperators: Essays on the Nazi Holocaust, Washington 1980; R. Moses
    (Hg.), Persistent Shadows of the Holocaust: The Meaning to Those Not Directly
    Affected, Madison 1993. Zu Schmerz und Folter: J. Améry, An den Grenzen des
    Geistes, Stuttgart 1985, bes. das Kapitel »Folter«; E. Scarry, The Body in Pain:
    The Making and Unmaking of the World, New York 1985; E. Peters, Torture,
    Philadelphia 1996 (erw. Aufl.). Siehe auch: J. Baudrillard, Transparenz des Bösen:
    Ein Essay über extreme Phänomene, Berlin 1992.

36 In diesem Zusammenhang gilt es auch zu beachten, dass Primo Levis Memoiren
    unter dem Titel »Ist das ein Mensch?« (München 1993, 2. Aufl.) veröffentlicht
    wurden und somit die Assoziation mit dem christlichen »Ecce homo« evozieren
    (siehe auch P. Levi, Die Untergegangenen und die Geretteten, München 1993).
    Dort finden sich weitere pessimistische Einschätzungen der Menschlichkeit un-
    ter den Bedingungen der Unmenschlichkeit.

Michael Rohrwasser | **Der Kommunismus**
| *Verführung, Massenwirksamkeit,*
| *Entzauberung*

> »Ich würde mich nie überwinden, gegen das Neue
> Russland ein feindseliges Wort zu sagen, so wenig
> durchsichtig vieles ist, was sich heute dort begibt«.
> *Thomas Mann (18.12.1937)*

Der Kommunismus war die erste internationale politische Bewegung
der Geschichte, die rebellierende Massen formierte und lenkte und die
es verstand, weit über ein halbes Jahrhundert hin, Menschen unter-
schiedlichster Herkunft in ihren Bann zu ziehen. Besonders intensiv
war seine Anziehungskraft in den Jahren nach dem Oktober 1917, obwohl der Putsch einer kleinen Gruppe um Lenin mit der Auflösung des
Parlaments, mit Einparteiendiktatur, Pressezensur und mit terroristischen Maßnahmen, die bis zur Errichtung von Konzentrationslagern
reichten, einherging, obwohl diese Entwicklung in den frühen Kritiken
von Rosa Luxemburg, Karl Kautsky, Maxim Gorki oder Isaak Steinberg
prophezeit und beschrieben wurde.

Einen zweiten Höhepunkt erreichte die Faszinationskraft in der Sta-
lin-Ära, obwohl hier der Terror genozidale Ausmaße erreichte, obwohl
in den Schauprozessen die ganze Leninsche Garde und in dem Terror
der Säuberung ein Zehntel der sowjetrussischen Bevölkerung ver-
schwand, obwohl die Gerichtsbarkeit an die Inquisition gemahnte, obwohl die Stalin-Verehrung alle Züge eines Götzenkultes trug. Auch
diese Entwicklung ist analysiert und publiziert, in der großen Studie
von Boris Souvarine, in den Berichten von Entkommenen und Überlebenden, in den Analysen und Abrechnungen von Exkommunisten.

Wie hat der Kommunismus es also geschafft, seine Anziehungskraft
– dessen Stärke noch in der Leidenschaftlichkeit antikommunistischer
Streiter sichtbar ist – so lange behaupten zu können? Wie war es möglich, dass westliche Schriftsteller, und auf diese richte ich hier mein besonderes Augenmerk[1], sich als Künder und Verteidiger einer blutigen
Diktatur bereit fanden? Avantgardistische, humanistische, sozialistische, pazifistische, dem Aufklärungsgedanken verpflichtete Schriftstel-

ler huldigen einem terroristischen System, das auf Menschenopfern errichtet ist. Die westlichen Intellektuellen sind deshalb von besonderem Interesse, weil sie nicht unter dem Druck einer Geheimpolizei arbeiteten oder sich äußerten, auch weil ihnen eine begrenzte Möglichkeit der Überprüfung, der Vergewisserung gegeben war. Ganz offensichtlich wurde dabei der Terror nicht ausgeblendet, sondern als notwendiges Element der Bewegung verstanden und lauthals oder stillschweigend bejaht – nicht nur bei parteikommunistischen Autoren wie Bredel und Becher, sondern auch bei Alfons Paquet bis hin zu Lion Feuchtwanger.

Man mag dieses Einverständnis oder die Anbetung des Terrors für das Zentrum des Skandals halten – die Hochzeit des Ästheten mit der blutigen Macht –, aber auch das ins Genialische und Kultische entrückte Führertum, die Aura des Übermenschlichen, die frühe Selbstüberhebung der Revolutionsgarde, die schon vor Lenins Tod damit begann, Städte, Fabriken und Schulen nach sich selbst zu benennen, widerspricht dem Selbstverständnis des Intellektuellen spätestens seit der Mitte des 19. Jahrhunderts.

Es ist offensichtlich, dass diese komplexe Frage mehr als einen Versuch der Antwort verlangt, und ich glaube auch, dass es notwendig ist, auf das Ungenügende bisheriger Antworten hinzuweisen – einschließlich der hier entworfenen –, von Antworten, die in ihrer historischen Folge sich wiederum als ein Untersuchungsobjekt anbieten. Manès Sperber weist 1958 seinen Verleger Joseph Caspar Witsch mit psychologischem Blick darauf hin, »dass der Kommunismus mehrere voneinander charakterologisch grundverschiedene Typen angezogen hat«, und führt als Beispiele den Typus des zynischen Karrieristen und den des reinen Gläubigen an. Eine soziologische Analyse würde dagegen zwischen der Faszination des Kommunismus auf Arbeiter und Intellektuelle unterscheiden müssen. Die Selbstauskünfte von Intellektuellen machen deutlich, dass die Anziehungskraft auch von Gefühlen und Traditionen getragen wurde, die der Bolschewismus bekämpfte; sie reichen von dem Bedürfnis »nach Ganzheit, nach einem Ende der gespaltenen, zerteilten, unbefriedigenden Lebensweise« (Doris Lessing) bis zum schlechten Gewissen des Privilegierten, dem Hass auf die bürgerliche Welt, dem Wunsch nach sozialer Integration und Geborgenheit oder zur Verheißung, auf der richtigen Seite der Geschichte zu stehen.[2]

Es ist auch offensichtlich, dass die Antwort eine chronologische Differenzierung verlangt (die Faszination von 1917, von 1921, von 1936, von 1949 beispielsweise), auch sind die Gründe für die Faszination in England andere als in Frankreich oder in den USA, worauf François Furet näher eingegangen ist. Man könnte zudem nach generationsspezifischen Momenten Ausschau halten (ähnlich wie im Nationalsozialismus war die Faszinationskraft besonders stark ausgeprägt bei der jungen Generation, was sich in den sozialdarwinistischen Akzenten spiegelt, mit denen man dem ›überlebten alten System‹ den Tod wünschte), oder man könnte versuchen, verschiedene Motive der Faszination innerhalb einer überschaubaren Gruppe zu sondern. Mit letzterem will ich beginnen – indem ich zwei Pole der Faszination bei Schriftstellern der dreißiger Jahre zu beschreiben suche. Dem schließen sich zehn Anläufe zu einer Antwort an, die auch, zum Teil in kritischer Absicht, auf vorliegende Erklärmodelle zurückgreifen.

Zwei Stränge der Faszination: Avantgarde und Antimoderne

Schaut man auf das Verhältnis von Bolschewismus und russischer Literatur, ist deutlich, dass zwar anfangs noch ein Spielraum für Strömungen der literarischen Moderne bestand, die bolschewistische Partei aber mit Symbolismus, Futurismus, Konstruktivismus oder Proletkult nicht viel anzufangen wusste. Zensur und Indienstnahme bestimmten das kulturpolitische Klima, und Trotzkis Bewandertheit in der literarischen Moderne war die frappante Ausnahme. An ihrer Stelle wird bald Hagiographie und Heldenkult gefordert, und schließlich eine »volksnahe«, traditionelle Literatur, die 1934 auf dem Moskauer Allunionskongress von Maxim Gorki den Namen »sozialistischer Realismus« verliehen bekommt: der neue Entwicklungsroman, das Drama der Produktionsschlacht, die Geschichte von »boy meets tractor«. Dennoch geht eine Faszination auch von dieser Literaturpolitik der Anpassung und Gleichschaltung[3], die Züge einer Regression hat, in den Westen aus. Die Kunst gewinnt ihr »Wozu« zurück, ihre Adressaten und ihre Aufträge. Literatur wird in Dienst genommen, doch die Rolle des Schriftstellers wird aufgewertet. Das wird von Intellektuellen wie Leonhard Frank, Lion Feuchtwanger, Ernst Bloch, Oskar Maria Graf, Klaus Mann etc. gefei-

ert, am sichtbarsten in den Reaktionen auf den Moskauer Schriftstellerkongress von 1934.

Literatur erhält, im Blick aus dem Westen, durch die Verbindung
mit der antibürgerlichen oppositionellen Macht den Bonus der Zu-
kunftsmächtigkeit. »Heute ist der Kommunismus modern«, schreibt
Willy Haas 1928: »Der impotente Schriftsteller in der bürgerlichen
Gesellschaft: Irgendwo in ihm ist doch sein Nichts durchbohrendes
Gefühl quälend vorhanden. Aber er laufe nur zum Kommunismus
über: sofort ist ihm, durch einen unheimlichen Trick, eine Gewissheit
gegeben, dass über allem Bewusstsein intellektueller oder dichteri-
scher Minderwertigkeit sein akzeptiertes politisches Programm die
letzte und endgültige Entscheidung auch über seine höheren Geistes-
qualitäten fällt. [...] Sprechen Sie mit einem durchaus nicht unbe-
scheidenen und gewiss begabten kommunistischen Dichter wie Johannes R. Becher, ob er seine Gedichte, deren ungleichmäßige Qualität er
genau kennt, nicht doch für wertvoller hält, als die schönsten Gedichte von Goethe. Er wird Ihnen ernst und bescheiden und mit reinem
Gewissen ›Ja‹ antworten.«[4]

Zum anderen gibt es aber eine Anziehungskraft des bolschewistischen Modells auf die literarische Avantgarde, auf Außenseiter oder
große Autoren, die versucht sind, sich mit dem radikalsten oppositionellen System zu verbinden: die Koalition von abstraktem Radikalismus und künstlerischer Avantgarde. Indem man sich mit der – scheinbar oder tatsächlich – schärfsten Form des politischen Radikalismus
verbindet, sucht man sich des eigenen Führungsanspruchs und der Bedeutung des eigenen Werks zu versichern. Der Künstler rückt in die
Position des Aussätzigen, der, in Koalition mit den politisch Aufständischen, die »Zentralmacht« verflucht.[5]

Auch ein taktischer Gedanke mag in den Jahren der Emigration für
diese Verbindung sprechen: die künstlerische Avantgarde, die durch die
Doktrin des sozialistischen Realismus und durch die Lukácssche Position des Anknüpfens am bürgerlichen Erbe ins Abseits geraten ist, ver-
sichert der Partei ihre vorbildliche politische Treue, durch die der
Beweis versucht wird, dass »Formalismus« nicht politischer Verrat sei,
dass Expressionismus nicht in Faschismus münde.

Aber diese Trennung von politischer und ästhetischer Position birgt
zugleich die Gefahr der Verharmlosung. Schließlich kann man eine Affinität des ästhetischen Modernismus mit dem politischen Totalitaris-

mus beobachten. Die Brechtsche Hypermoral, die im Namen der Totalität spricht und die Kleinbürgermoral des Einzelnen widerlegt, ist der ästhetizistischen Verachtung von moralischen Positionen verwandt. Vor der Geschichte muss das Werk bestehen, nicht vor seinen bürgerlichen Kritikern. Man will nicht im parlamentarischen Geschwätz versumpfen und sich bei kleinbürgerlichen Humanitätsappellen aufhalten, sondern sich mit den großen Zielen verbünden. Man hat Nietzsches Worte ihm Ohr: »Der Zauber, der für uns kämpft, das Auge der Venus, das unsere Gegner selbst bestrickt und blind macht, das ist die *Magie des Extrems*, die Verführung, die alles Äußerste übt: wir Immoralisten – wir sind die *Äußersten*.«[6]

Ich komme zu den *Erklärmodellen*, die so streng voneinander nicht zu scheiden sind, wie es die Nummerierung suggerieren könnte, sondern die sich vernetzen.

■ Eine Chronologie der Faszination

> »Achja: Wir ha'm schließlich, (›zu Uns'rer Zeit‹)
> auch ma den ROTEN TRAUM geträumt«
> Arno Schmidt, Zettels Traum (Zettel 1161)

So eng die Verwandtschaft zwischen dem Stalinschen und Leninschen Kommunismus ist, so deutlich unterscheidet sich doch das Potenzial ihrer Anziehungskraft. Der Lenin'sche Kommunismus ist verbunden mit der Ikonographie der (Französischen) Revolution, gesättigt mit antibürgerlicher Aggressivität, mit religiösen Aufbruchsbildern, mit Verheißungen von der Geburt des neuen Menschen, dem Bild von der Geschichte, die zu sich selbst kommt, etc.[7]

Der Stalinsche Kommunismus wird dagegen zu einer Staats-Utopie (Sozialismus in einem Lande), wird konnotiert mit Weltfriede, Großem Plan und Großer Nation. Stalin gewinnt eine staatsmännische Fassade, die den revolutionären Internationalismus von Lenin und Trotzki hinter sich gelassen hat. Er wirkt als Schutzpatron der Literatur, der Maxim Gorki und Ilja Ehrenburg zur Rückkehr in die Heimat bewegen kann, der berühmte Autoren zu Reisen veranlasst und sie zu langen Gesprächen empfängt. Heinrich Manns oder Alfred Kantorowicz' Bild von Stalin als dem »Intellektuellen« gründet wohl auf seiner ausschließlichen Präsenz in Texten, die ihn als »homme de lettre« erscheinen ließen – im Kontrast zu seinem Gegenspieler Hitler mied Stalin Radioansprachen und öffentliche Auftritte, er schien sich der Demagogie und Propaganda zu enthalten.

Mitte der dreißiger Jahren gewinnt der Bolschewismus »eine zweite Jugend« (François Furet), die mit der propagandistisch effektiven Politik der Volksfront und des Antifaschismus verbunden ist. Auch in der Zeit blutigsten Terrors trägt der Stalinismus die attraktive Maske des antifaschistischen Kommunismus, die per se den Gegensatz von Kommunismus und Faschismus demonstriert. Angesichts der Nichteinmischungspolitik von Frankreich und England während des spanischen Bürgerkriegs 1936 – aus je anderen Motiven – gewinnt das Bild von Sowjetrussland als Bollwerk gegen den Faschismus an Suggestivkraft. Man stößt auf Autoren wie Stephen Spender, Arthur Koestler, Heinrich Mann oder Alfred Kantorowicz, die erst in der Ära von Faschismus und Nationalsozialismus ihre Faszination für Stalin entdecken.

Mit dem Sieg über den Nationalsozialismus und Stalins Tod ist die Faszinationsgeschichte noch nicht an ihr Ende gekommen. Die stille Faszination der westdeutschen Linken (auch der nicht-»revisionistischen«) für die DDR bildet einen merkwürdigen Appendix, der bislang kaum untersucht worden ist. Vermutlich ist das Kraftwerk dieser stillen und treuen Liebe gerade nicht die DDR-Wirklichkeit, sondern deren ästhetische Brechung in den literaturtheoretischen Debatten und in der Literatur von Heiner Müller und Peter Hacks bis Volker Braun.[8]

Die gegenwärtige Faszinationsgeschichte schließlich konserviert ein Bild, das die von der kommunistischen Bewegung freigesetzte Vernichtungsenergie ausblendet. Sie artikuliert sich im ironisch-aufgeklärten Ton, mit dem die früheren Ängste vor Kommunistenverschwörungen belächelt werden, oder in geschichtsrelativistischen Plattitüden gegen »Das Schwarzbuch des Kommunismus«. Noch immer profitiert der Kommunismus von seiner Fähigkeit, Freiheitsbewegungen oder soziale Kämpfe kanalisiert und in Dienst genommen zu haben.

▓ Theorie der Projektionen

François Furet hat die Begegnungen von H. G. Wells und George Bernard Shaw mit Stalin gegenübergestellt und die unterschiedlichen Bilder kontrastiert, die diese Gipfeltreffen vermitteln. Er konstatiert »die bewundernswerte Formbarkeit des sowjetischen Mythos«, doch könnte man auch von Projektionen sprechen, die nicht an Wirklichkeiten gebunden waren, sondern ihr Bildmaterial aus den Erwartungen der Suchenden entwickelten.[9]

Shaw, dessen Gegnerschaft zum englischen Parlamentarismus gepaart war mit Hass auf die viktorianische Heuchelei, war Stalin 1931 begegnet. An Stalin fasziniert ihn, neben Agrarreform und Fünfjahresplan, dass er mit Lenins Internationalismus aufgeräumt und den Ideologen der permanenten Revolution, Trotzki, ausgeschaltet hatte. Er entdeckt bei seiner Russlandreise eine Gesellschaft von Produzenten und Konsumenten und eine aufgeklärte Diktatur. Ein Nationalbolschewist mit reformistischen Ansätzen – so beschreibt ihn Furet.[10]

Drei Jahre später hatte Wells Sowjetrussland besucht. Nach seiner Überzeugung wies die UdSSR der Welt den friedlichen Weg in eine sozialistische Ökonomie, ohne Klassenkampf und Revolution. Wells liebte den dort herrschenden gesellschaftlichen Frieden, Shaw die Schärfe ihrer Diktatur.

Weitere drei Jahre später, 1937, findet das Gipfeltreffen zwischen Stalin und Feuchtwanger statt, und der deutsche Schriftsteller beschwört in seinem Reisebericht in neusachlichem Ton die Geschichtslosigkeit der Stalinschen Gesellschaft, ihren Entwurf am Reißbrett. Die Moskauer Prozesse beschreibt er als Debatte unter Ingenieuren, die gemeinsam die Fehler an der modernen Maschine des Staates beheben wollen.[11]

Drei Blicke auf das sowjetrussische Experiment, die nicht zu vereinen sind, die stattdessen die Projektionskraft bei ihren Urhebern zeigen; aber den dreien gemeinsam ist die Euphorie des Gipfelgesprächs und die Freude am Gipfelfoto, an der inszenierten Begegnung von Tyrann und Dichter. Bei Wells ist diese Freude vermutlich getragen vom Wissen, dass sein Stern als Romancier im Verblassen war, bei Shaw von seiner ausgeprägten Vorliebe für Diktatoren (die Mussolini miteinschloss und auch Hitler, der vor 1933 von Shaw als »wundervoller Prediger von allem, was bei den Konservativen gut und richtig ist«, geprie-

sen wird[12]), bei Feuchtwanger, weil die tendenzielle Bedeutungslosig-
keit, in die das Exil die deutschen Autoren stürzte, hier aufgehoben
schien. Alle drei nähern sich der Rolle des Propheten, des Künders eines
Heilsweges.

Nebenbei werfen diese Gespräche ein Licht auf das beträchtliche in-
szenatorische Geschick Stalins. Romain Rolland hatte er 1935 mit dem
Satz empfangen: »Ich schätze mich glücklich, mit dem größten Schriftsteller der Welt sprechen zu dürfen.«

■ Die religiöse Heilserwartung

Sie ist wohl das historisch früheste Element der Faszinationsgeschichte, das auch in vielfältigen literarischen Brechungen aufscheint und
sich in der Selbstinszenierung des sowjetischen Systems spiegelt, zu
dem Propheten und Märtyrer, Prediger und Gläubige, zu dem Lehre
und Exegese, Riten und Katechismen gehören. Diese religiöse Befrach-
tung der Literatur ist gewachsen mit den Krisen der Weimarer Republik, des Liberalismus, der Weltwirtschaft, mit der Konsolidierung
Sowjetrusslands, mit der Installierung der Überväter Lenin und Stalin. Parteischriftsteller wie auch *fellow traveller* werden zu Priestern
und Evangelisten des Systems, zu Übersetzern des Parteiwillens, zu
Visionären einer grandiosen Zukunft und eines neuen Menschentyps,
dessen Geburt blutig sein muss. Wahrnehmungen des terroristischen
Alltags werden durch den Glauben an die Totalität und an letzte Ziele
ausgeklammert oder als Beleg der Geschichtsmächtigkeit interpretiert.
An die Stelle des verwaisten Himmels ist eine neue Heilsgewissheit
getreten, deren Faszinationskraft sich zum einen aus dem Schrecken
des Dämonisch-Göttlichen speist, die zum anderen ein Harmonie- und
Glücksbedürfnis zu erfüllen vermag. Gerade die Opfer waren der Beweis dafür, dass es hier um einen unerhörten Akt in der Geschichte
ging, um etwas Erstmaliges und zugleich Letztes, um einen geschichtlichen Durchbruch, um den Aufbruch in eine lichte Menschheits-
epoche.[13]

Dieses Erklärungsmodell ist wohl auch der früheste Versuch, die
Faszination des Kommunismus zu fassen. In dem Roman »Sankt-
Petri-Schnee« (1933) von Leo Perutz versucht ein religiöser Doktor

Frankenstein, dem Volk die alte Gläubigkeit wieder einzuimpfen und erzeugt das Monster: Die Masse betet nicht, sondern singt die Internationale. Drei Jahre zuvor erzählt Stanislaw Witkiewicz in seinem Roman »Unersättlichkeit« das Gleichnis von der Murti-Bing-Pille, die den, der sie einnimmt, zu einem gläubigen und glücklichen Menschen macht.

Wir finden das Erklärungsmodell auch bei George Orwell (1940): »Ich glaube, man braucht nicht viel weiter zu gehen, um den Grund zu finden [...] Hier war einfach etwas, woran man glauben konnte. Hier war eine Kirche, eine Armee, eine Glaubenslehre, eine Disziplin. Hier war ein Vaterland und – jedenfalls seit 1935 – ein Führer [...]. Gott – Stalin. Der Teufel – Hitler. Himmel – Moskau. Hölle – Berlin.«[14]

Die Analogien zum Religiösen bleiben indessen bei aller suggestiven Kraft unbestimmt und werden zugleich zu einer beliebten Rechtfertigungsfigur. Bertolt Brecht wie andere geben später dem dummen, anbetungswütigen Volk die Schuld am Personenkult um Stalin.[15]

Ich will diesen Erklärungsversuch mit einem Zitat beenden, in dem der Autor religiöse Ergriffenheit zu fassen sucht. Wir stoßen auf diese feierliche Ergriffenheit, die einer Intensität des Lebens gilt, einem wahr gewordenen Traum von Heimat und Brüderlichkeit, in den Russlandberichten der zwanziger und dreißiger Jahre und noch in späteren Autobiographien der Beteiligten – in ihnen spielen politische Ordnungen keine oder nur eine marginale Rolle. Stellvertretend für Oskar Maria Graf, Leonhard Frank, Arthur Holitscher oder Ludwig Marcuse zitiere ich Franz Jung, der bei seiner ersten Reise nach Sowjetrussland 1920 in Murmansk landet, wo in einem baufälligen Lagerschuppen die Maifeier stattfindet: »Die Luft in dem Schuppen war schwer. Der Atem schwebte über der Masse, eine graue Dunstwolke [...]. Diese Masse fing dann an zu singen. Sie sangen die Internationale, das Lied von der Roten Fahne und noch viele andere Lieder [...]. Es ist das große Erlebnis meines Lebens geworden. Das war es, was ich gesucht habe und wozu ich seit Kindheit ausgezogen bin: die Heimat, die Menschenheimat. Immer, wenn ich in den Jahren nachher mich vor die Niedertracht der Menschen gestellt sah, die abgrundtiefe Bosheit, Treulosigkeit und Verrat im Charakter des Menschen, auch der russischen Menschen, brauchte ich nur diesen 1. Mai in Murmansk ins Gedächtnis zurückzurufen, um mein inneres Gleichgewicht wieder zu finden.«[16]

Das Erklärmodell
von Verblendung und Blindheit

Zeitzeugen wie Bertolt Brecht oder Walter Benjamin attackieren André Gides Bericht seiner Russlandreise, bevor sie ihn gelesen haben, ja sie nehmen Abstand von der Lektüre. Wie ist diese Selbstpreisgabe intellektueller Tugend, die freiwillige Blindheit zu erklären? Leszek Kolakowski gibt darauf eine Antwort: »Das Bedürfnis nach Glauben an die Existenz einer Bewegung, die diesen Universalismus repräsentiert, war so außerordentlich stark, dass es selbst die klügsten Köpfe blind gegen Tatsachen machte, die – wie es heute scheint – selbst dem oberflächlichsten Beobachter hätten auffallen müssen. Aus der heutigen Perspektive scheint die Reaktion vieler westlicher Intellektueller auf die Moskauer Prozesse etwa unglaublich. Diese plumpen, ungeheuerlichen Schauspiele voller Widersprüche, in denen Dummheit, Grausamkeit und Verlogenheit gen Himmel schrien, erhielten Unterstützung von Männern wie Romain Rolland, Barbusse, Brecht oder Feuchtwanger […]. Dennoch, diese Blindheit, so unglaublich sie uns heute scheint, erwuchs aus dem Wunsch zu glauben, dass es auf Erden immer noch eine Macht gäbe, die die traditionelle Sehnsucht nach kulturellem Universalismus repräsentiert oder verkörpert, dessen Träger die Arbeiterklasse werden sollte.«[17]

Furet sieht einen weiteren Grund in der Unfähigkeit, das Neue und Unerkannte einzuordnen. Nie zuvor hatte es etwas dem Stalinschen System Vergleichbares gegeben, das die Landbevölkerung umbrachte, verschleppte und unterjochte, und nie zuvor eine solch universale Lüge, verbunden mit einem derart umfassenden Machtapparat.[18] Wem sollte die kommunistische Linke auch Glauben schenken? Gewiss nicht der Rechten, auch nicht den feindlichen Brüdern, den Sozialdemokraten, schon gar nicht den Renegaten, die zu Verrätern geworden waren. Deshalb wurde die Sowjetunion zum Tabu, und Sowjetrussland arbeitete wiederum mit hohem Einschüchterungspotential an der Aufrechterhaltung dieses Tabus.

Blinde und Verblendete sind von ihrem Glauben getrieben: Das Erklärungsmodell liefert zugleich ihre Exkulpation. Es fasst auch nicht jenen Typus des Sympathisanten, beispielsweise Brecht[19], der die politische Entwicklung in Sowjetrussland genau verfolgte. Der Intellektuelle, der den ›großen Plan der Geschichte‹ wahrnimmt, sieht sich in der Rolle dessen, der das Opfer eines strategischen Verschweigens darbringt; er wirft den Kritikern der Stalinschen Politik folgerichtig nicht Lüge vor, sondern spricht geringschätzig vom ›Ausplaudern der Wahrheit‹. Das bedingungslose Vertrauen in die Identität von Geschichte, Wahrheit und Partei bedarf des Eingeständnisses: Es gibt Gründe für das Handeln der Partei, die wir (noch) nicht zu erkennen vermögen.[20]

Die Verbindung von religiöser Aufladung und Verblendung liefert eine scheinbar schlüssige Erklärung der angestimmten großen Gesänge und der Ausblendungen, aber sie bleibt doch eine unbefriedigende Antwort auf die Frage, warum eben die Heilslehre des Kommunismus ins Zentrum rückt, warum nicht beispielsweise der Anarchosyndikalismus. Was die kommunistische Bewegung von anderen politischen Bewegungen oder Sinnstiftungen abhebt – es klang in den Antworten von Kolakowski und Furet bereits an –, ist die *Geschichtsmächtigkeit*, das Faktum der Macht: das fünfte Erklärungsmodell. Die Faszinationsgeschichte des Kommunismus beginnt mit einem Sieg, dem erfolgreichen Sankt Petersburger Putsch im Oktober 1917. Dass es der kleinen Gruppe von Bolschewisten in den folgenden Jahren gelingt, gegen starke innere und äußere Feinde ihre Macht zu behaupten und auszubauen, ist das Fundament dieser beispiellosen Faszinationsgeschichte.

Ein mächtiges Subjekt muss die historischen Hoffnungen verkörpern. Der Messias in Walter Benjamins geschichtsphilosophischen Thesen (1940) ist kein Feingeist, sondern ein »Überwinder«, ein Titan, ein Prometheus, der den Konformismus der Sozialdemokratie überwindet. »Das Bewusstsein, das Kontinuum der Geschichte aufzusprengen, ist den revolutionären Klassen im Augenblick ihrer Aktion eigentümlich«, schreibt Benjamin.[21] Was den kommunistischen Intellektuellen als ›fehlendes Rückgrat‹ und Opportunismus vorgehalten wird, ist die Identifikation mit dem historischen Sieger. Wenn Stalin sich im Streit um das Leninsche Erbe durchsetzt, hat die Geschichte ihm Recht gegeben. Furet zeichnet dies in seinem Porträt von Georg Lukács nach, dessen politische Wendigkeit mehr mit deutschem Idealismus als mit Opportunismus oder Zynismus zu tun hat.[22] Indem er die Gesetzmäßigkeiten von Geschichte zu erfüllen glaubt, kämpft der Aktivist zugleich im Namen der ganzen Menschheit gegen die Egoismen der kapitalistischen Welt. Sein Handeln ist von Sendungsbewusstsein und einem guten Gewissen geleitet: einer weltbürgerlichen Tugend, die gegen das Böse kämpft und für soziale Gerechtigkeit streitet. Viktor

Klemperer fasst seine späte Annäherung an die Kommunisten, deren »linkestem Flügel« er angehören möchte, immer wieder in dem mythologischen Bild, dass nun »ausgemistet« werden müsse[23], andere sprechen vom Durchschlagen des Gordischen Knotens.

Eine besondere Aufladung erfährt dieser Mythos der Befreiung und die Figur des Retters angesichts der erstarkenden faschistischen und nationalsozialistischen Bewegungen. Vor dem drohenden Untergang einer aufgeklärten Welt kann das Stalinsche Terrorsystem als Versprechen wirken. Stalin figuriert hier nicht als Revolutionär, sondern als Führer, der den Betrug an den Massen und eine gigantische Verschwörung aller imperialistischen und faschistischen Mächte zunichte machen wird. Stalins Tschistka erscheint so im Licht einer »terroristischen« Vernunft gegen die Verschwörer im eigenen Lande und damit als eine Verheißung, nach der mit Hilfe eines Demiurgen dem Nationalsozialismus Einhalt geboten werden konnte.

Die Verführungskraft des Kommunismus ist gebündelt im Glauben an die universelle Machbarkeit von Geschichte. Romain Rolland und André Gide preisen die UdSSR als den Ort, an dem die Zukunft entsteht. Die Faszination gilt dem Sichtbarwerden des Willens in der Geschichte, einem – gewiss unmarxistischen – Willenskult. Der Glaube an die zwangsläufige Verwirklichung der historischen Vernunft ist verbunden mit dem Voluntarismus eines starken Subjekts.

Der ewig skeptische und zögerliche Intellektuelle, verwickelt in endlose Diskussionen, ist angezogen von der Faktizität des Handelns, vom Willen zur Tat. »Wo gehobelt wird, da fallen Späne«, »um ein Omelette zu backen, muss man Eier zerschlagen«, »eine Geburt ist blutig«, »ein Krebsgeschwür muss herausgeschnitten werden«, »im Sturm blickt die Schiffsmannschaft auf ihren Kapitän« – so heißen folgerichtig seine Rechtfertigungsformeln.

Für Frankreich haben die Analogien zur Französischen Revolution besonderes Gewicht: Man liest die Russische Revolution als Fortsetzung der heroischen französischen Revolutionsgeschichte. Furet: »Daher wäre die russische Revolution nicht das gewesen, als was sie in die Vorstellung der Menschen dieser Epoche eingegangen ist, wenn man sie nicht als Weiterführung des französischen Vorbildes angesehen hätte.«[24] Sie wirkte als Vollendung der Geschichte durch den menschlichen Willen. Und die späte Ernüchterung in Frankreich, so eine These von Sunil Khilnani, war verbunden mit der Auflösung des alten Geschichtsbildes von der Französischen Revolution in den Jahren nach 1968.[25]

Die Magie der Verbindung von Französischer und Russischer Revolution gilt vor allem für die französischen Intellektuellen, doch auch Alfons Paquet sieht 1918 in Felix Dserschinski einen Saint-Just, Arthur Koestler erinnert in »Darkness at Noon« (1940) an Danton und Robespierre, und Ernst Bloch vergleicht 1937 die Kritiker der russischen Gerichtsbarkeit mit den deutschen Klassikern, die der Französischen Revolution enttäuscht den Rücken kehren. Wenn Bloch vom »zwanzigjährigen bolschewistischen Jüngling« spricht, der seine Anbeterinnen im Westen verstört, weil er sich »so vieler Feinde zu entledigen hat und sich ihrer so hart entledigt«, dann bleibt auch dies bezogen auf die Geschichtsmächtigkeit der Französischen Revolution.[26]

Die Entzauberung ist folgerichtig mit dem Ende dieser Geschichtsmächtigkeit verbunden. Wo politische Macht sich auflöst, muss auch der Glaube an die Machbarkeit zusammenbrechen.[27]

■ Krise, Terror und Apokalypse

Der Blick auf das apokalyptische Potential des Kommunismus liefert eine entscheidende Ergänzung dieses Erklärungsmodells. Der Bolschewismus, der archaische Elemente mit avantgardistischem Denken verbindet – Blutopfer und Maschinenbilder, Götzendienst und propagandistische Effizienz –, ist verknüpft mit der Verheißung, tabula rasa zu machen, der bürgerlichen Welt ihr vorbestimmtes Ende zu setzen. Dieses Bild wird genährt durch die Krisen der zwanziger und dreißiger Jahre. Die elende Gegenwart wird durch eine gewaltige Vision der Zukunft aufgehoben – man wartet auf Donner, Blitz und Posaunenklang, auf den nahen Endkampf.

Dieses apokalyptische Bewusstsein ist verwurzelt im Geist des Fin de Siècle mit seinen Heils- und Unheilserwartungen und verbunden mit der Suche nach dem »Übermenschen«. Gerd Koenen weist hin auf Nietzsches Spuren in dem sowjetrussischen Entwurf vom neuen Menschen, und er misst ihnen größeres Gewicht bei als der Marxschen Philosophie.[28] Hinzu kommt ein Totenkult, in dem das Grab Lenins zum bevorzugten Rednerplatz der Bolschewiki wird. In dem Leninschen und

Stalinschen Umbau der russischen Gesellschaft, einer zerstörerischen
Schlacht, die sich vor allem gegen die Bauernschaft richtete, aber auch
die Arbeiterschaft als Klasse soziologisch, organisatorisch und politisch
vernichtete, ist dieses apokalyptische Potential stets wahrnehmbar. Die
hochfahrenden Züchtungs- und Erziehungspläne des »neuen Menschen« enden auf den Großbaustellen des Sozialismus und landen in
den Händen von NKWD-Leuten, aber sie sind Teil einer Utopie der radikalen Säuberung der Welt von allen Urhebern des Unheils.[29] Trotzki
hat das Wort vom »Misthaufen der Geschichte« geprägt, der sich dann
in eine gigantische Leichenhalde verwandelte.

Die Aufwertung der Rolle des Schriftstellers

Der Stalinismus übt nicht zufällig auf die Gruppe der literarischen Intellektuellen eine besondere Verführungskraft aus. Noch in Ossip Man-
delstams bitterem Satz »Was klagst du? Nur bei uns schätzt man die
Poesie so, dass man dafür sogar Menschen umbringt«[30], wird die expo-
nierte Rolle der Literatur vernehmbar.

Den Schriftstellern wird im Kommunismus eine politische Füh-
rungsrolle zugewiesen. Vor allem in der Phase der Volksfrontpolitik
vermochten die KP-nahen Intellektuellen ihren historischen Bedeu-
tungsverlust nach 1919 zu kompensieren. Literarische und politische
Öffentlichkeit schienen wieder eng verbunden, man konnte sich durch
ein vielfach bloß verbales Engagement als geistiger Führer und Träger
des historischen Fortschritts fühlen, dem die soziale Nützlichkeit attestiert wurde.

Eine Position des Außen geriet für den Autor im Bolschewismus unter Verbot, doch die Position des Innen – die des Parteigängers – wurde
mit einer immensen Aufwertung der Rolle des Schriftstellers als »In-
genieur der menschlichen Seele« bezahlt. Feuchtwanger kabelt im Dezember 1936 nach seinem triumphalen Empfang in Moskau an seinen
Freund Arnold Zweig nach Haifa, dass es schwer falle, »nicht größen-
wahnsinnig zu werden«.

▓ Der Schriftsteller als politischer Stratege

Wenn der Literaturhistoriker John Carey bei seinen vorwiegend angelsächsischen Autoren den Hass auf die Massen untersucht, dann wird hier dessen Kehrseite sichtbar: die Sehnsucht nach der Zustimmung und dem Einswerden mit der Masse.[31] Doch der Wunsch nach Verschmelzung ist für den Schriftsteller verbunden mit dem nach Effizienz und Wirksamkeit – notfalls ohne Umweg über den Text.

Unter dem Vorzeichen von Revolution, Antifaschismus und Aufklärung werden die Schriftsteller zu Exegeten einer mörderischen Machtpolitik, weil sie sich – auch oder gerade angesichts ihrer realen Ohnmacht gegenüber dem Faschismus – selbst als politische Machthaber oder ideologische Feldherren der Massen imaginierten, die endlich Paraden von der offiziellen Tribüne aus abnehmen durften. Der Autor in der Rolle des politischen Strategen nimmt folgerichtig auch die literarischen Arbeiten unter dem Gesichtspunkt politischer Kriterien wahr.

Kultiviert wird dabei die Rolle des »terrible simplificateur«, der sich zum Sprecher der Masse macht; man arbeitete mit der Anziehungskraft eines intellektuellen Antiintellektualismus. »Scheuen wir da nicht den Vorwurf, primitiv zu sein! Seien wir einfach für den Frieden«, schreibt Brecht; und Becher: »Das Leben, das wir aufbauen wollen, ist in der Tat einfach, schön in seiner Einfachheit, einfach in seiner Menschlichkeit [...]. Und darum nehme ich den Vorwurf des schrecklichen Vereinfachers mit dem besten Gewissen der Welt auf mich.«[32]

Hinter dem Kokettieren mit dem Barbarischen und der Akzeptanz des Terrors verbirgt sich die Kapitulation vor den Undurchschaubarkeiten und Verwirrungen der Moderne oder deren strategische Ausblendung. Die Isolation und Verlorenheit weicht der Projektion eines Kollektivs, das Ordnung und Richtung in sich trägt. Eine Hingabe an ein geschlossenes, dichotomisches Weltbild findet statt, das der Masse eine Führung gibt und auch noch die Zukunft siegesgewiss mit einschließt.

Mit dem Glauben an eine Versöhnung von Geist und Macht wird die Identifikation mit politischen Machtfiguren wieder möglich. Der Faszination des Sieges konnte man umso leichter erliegen, weil das System die Bedeutung von Literatur demonstrierte.

Der Zwang zur Politisierung in Literatur und Kulturpolitik wächst in den dreißiger Jahren. Wer sich nach 1933 den politischen Lagern und ihren Sprachregulierungen verweigerte, drohte ins Abseits zu geraten.

Auf dem Internationalen Schriftstellerkongress »zur Verteidigung der Kultur« in Paris 1935 leitet Robert Musil seinen Redebeitrag mit den Worten ein: »Die Frage, wie Kultur zu schützen und wogegen Kultur zu schützen sei, ist unerschöpflich. [...] Was ich hier und heute darüber sagen will, ist unpolitisch. Ich habe mich zeitlebens der Politik fern gehalten, weil ich kein Talent für sie verspüre.« Bodo Uhse greift ihn für diese Zurückhaltung sofort an: »Wir alle unterliegen [der Politik], wir sind von ihr betroffen, wir sind ihr Subjekt [...]. Und wir beneiden jene Union von Völkern [...], dass bei ihnen der Mensch zum Subjekt der Politik geworden ist.« Dem folgt die drohende Prophezeiung an Musil: »In kommenden Zeiten, in denen historische Werke nur kurz über die kranke, niederdrückende, unästhetische Gestalt unserer Tage sprechen werden, wird man Ihre Werke, Robert Musil, als ästhetische Dokumentationen für diese Zeit des bürgerlichen Verfalls lesen.«[33]

■ Der Marxismus

Sehr spät erst, nach dem Zweiten Weltkrieg, und zentriert in den westlichen Universitätsmetropolen, ist es die marxistische Theorie, von der eine Anziehungskraft ausgeht, nachdem die Sozialdemokratie – die ihr unter Bernstein ihre Transzendenz geraubt hatte – sie freigegeben hat. Die schon verabschiedete Sinnfrage gewinnt an aufklärerischem Glanz, die Totalität wird denkbar, auch im Blick auf die Zukunft. Beibehalten ist noch die Rede vom Proletariat als historischem Subjekt, aber längst ist diese Rolle von den Befreiungsbewegungen der Dritten Welt usurpiert; die Dritte Welt wird zur neuen Wunschlandschaft.[34]

Heinrich Böll erzählt Lew Kopelew von einer polnischen Universität, die eine linke italienische Delegation erwartet, was bei den Gastgebern die Frage aufwirft, wo man für diese einen Gesprächspartner in Sachen Marxismus finde?[35] Das heißt, dass die Faszinationskraft des Marxismus sich gerade im Westen entfaltete, wo man sich darauf verstand, das Ideal von der Realität zu trennen. Diese Faszination war verbunden mit einer doppelten Abstinenz: mit der Ausklammerung der soziologischen Vermessung des Staatssozialismus und der eines vorbehaltlosen Studiums der Geschichte des Kommunismus. Wo dies dennoch geschah, kam es zu Schismen.

■ Intellektuellenschelte

Wo nahezu alle Erklärungsmodelle den Intellektuellen ins Zentrum rücken, sollte eben dieses Verfahren Gegenstand eines letzten Anlaufs sein: Sind die Intellektuellen an allem schuld? Im kommunistischen Diskurs waren sie das schon immer, sind sie die Störfaktoren beim Aufbau der neuen Welt (die beiden großen Intellektuellenschelten der 30er Jahre, Brechts Tui-Roman und Carl Einsteins »Fabrikation der Fiktionen« zeugen davon). An – intellektuellen – Anklägern fehlt es auch jetzt nicht: »Jeglicher Wahnsinn des Jahrhunderts kam aus Büchern. Die Akteure des Geistes sind tatsächlich verantwortlich für das, was ihre Zeitgenossen anstellen«, heißt ein Verdikt von György Konrad, das der Literaturwissenschaftler Hans Dieter Zimmermann zum Motto seiner Abrechnung mit dem Versagen der Intellektuellen erhebt. Sie erinnert an Joseph Schumpeters These vom Intellektuellen als Hauptfeind der Demokratie (»Capitalism, Socialism and Democracy«).

Ich zitiere ein geläufiges Modell, das Zimmermann im Gespräch mit Pierre Bourdieu entwickelt hat: Es geht aus vom Konkurrenzdruck der Intellektuellen gegenüber dem politischen und ökonomischen Kapital und dem gegenüber ihresgleichen; darauf hat bereits Carl Einstein hingewiesen. Hier berufen sich die Intellektuellen gerne auf Fußtruppen, die sie sonst ignorieren, auf das Volk, die Arbeiterklasse, die ihnen als Mittel dient, unliebsame Konkurrenten auszuschalten. Ihre Gegner verschwinden in der Emigration oder in den Gefängnissen und Lagern, während sie die Posten in Akademien, Universitäten, Schriftstellerverbänden und Verlagen usurpieren.[36]

Jean-François Revel beschreibt das kalte intellektuelle Räsonnement ganz ähnlich: In einer liberalen Gesellschaft befindet sich ein Anhänger des Marxismus-Leninismus ohne großes Risiko in der Opposition, ausgezeichnet mit dem Prestige des Nonkonformismus. Und wenn die Gesellschaft totalitär wird, gehört man zum Kreis der Herren oder zumindest der Nutznießer.[37]

Russische Autoren gehen noch weiter. Alexander Sinowjew schreibt, dass die stalinistische Repressionsmaschinerie ohne die intellektuelle Elite nicht funktioniert hätte. »Sie ist von höchst raffinierten Intelligenzlern geplant, kalkuliert, zustande gebracht und in Gang gesetzt worden.« Und der mit Solschenizyn befreundete Igor Schafarewitsch vertritt sogar die These, dass der Stalinkult als ein Produkt westlicher Intellektueller zu verstehen sei.[38]

Stéphane Courtois spricht in der Einleitung zu »Das Schwarzbuch des Kommunismus« davon, dass die Intellektuellen sich »buchstäblich prostituiert« haben: »Gier, Schwäche, Eitelkeit, die Faszination, die von Kraft und Gewalt ausgeht, revolutionäre Leidenschaft – was auch immer die Motive für solche Loblieder sein mögen, stets haben die totalitären Diktaturen die Beweihräucherer gefunden, die sie brauchten. Die kommunistische macht da keine Ausnahme.« – Sie macht gewiss eine Ausnahme, da sie ungleich größere, prominentere und ausdauerndere Scharen von Verehrern versammelte als jede andere totalitäre Diktatur.

Die Fakten scheinen erdrückend. Aber es liegt im Wesen der Sache, dass Lobeshymnen von Intellektuellen sich leichter zitieren lassen als Ergebenheitsadressen und Begeisterungsstürme von Werktätigen, und wer Belege für das Klischee des Karriereverdachts sucht, wird sie stets finden. Hans-Ulrich Wehler weist darauf hin, dass im Vergleich zur proletarischen Mitglied- und Wählerschaft die Hand voll kommunistischer Intellektueller in Frankreich, Italien, Deutschland und England eine bizarre Restgröße gewesen waren. Auch Revel räumt ein, dass der Anteil der Unverantwortlichen und Fanatiker unter den Intellektuellen vermutlich derselbe wie in den anderen sozioprofessionellen Gruppen sei.[39]

Hätte Revel hier statt von Intellektuellen von *der Intelligenz* gesprochen, wäre ihm wohl leichter zuzustimmen. Tatsächlich wird man gerade bei Intellektuellen jenes zuvor beschriebene Übermaß an Wollen und Suchen finden, jene Versuchung, im Namen der Menschheit – wie sie sein sollte – zu sprechen und den Menschen – wie er ist – zu missachten. »Murti-Bing ist für einen Intellektuellen weit verführerischer als für einen Bauern oder selbst einen Arbeiter«, schreibt Czeslaw Milosz (im Blick auf den Roman von Witkiewicz). Der Intellektuelle sei »dem Inquisitor des Mittelalters nicht unähnlich: doch während jener das Fleisch folterte, aus dem Glauben, dass er damit die einzelne Seele errette, wirkt der Intellektuelle des Neuen Glaubens für die Errettung des ganzen Menschengeschlechtes.«[40]

So zitierfähig die *verführten* oder *verführenden* Schriftsteller sind, so zitierbar sind gerade sie, wenn es um die Sisyphosarbeit der *Entzauberung* geht. Wenn ich dieses große Thema ausgeklammert habe – es hätte einer Zusammenfassung oder besser noch einer Revision meiner eigenen Studie über die Exkommunisten bedurft –, so ist doch festzuhalten, gerade im Unterschied zur Entzauberung des Systems des Nationalsozialismus, dass diese Arbeit von den abtrünnigen Intellektuellen geleistet wurde. Die wahrhafte Geschichte des Sowjetkommunismus, so das Fazit von Furets Studie, ist von Exkommunisten geschrieben worden.

▪ Anmerkungen

1 Ausführlicheres Belegmaterial für die folgenden Thesen findet sich bei: F. Furet, Das Ende der Illusion: Der Kommunismus im 20. Jahrhundert, München u. Zürich 1996; G. Koenen, Die großen Gesänge: Lenin, Stalin, Mao Tse Tung: Führerkulte und Heldenmythen des 20. Jahrhunderts, Frankfurt am Main 1991; ders., Utopie der Säuberung: Was war der Kommunismus?, Berlin 1998; ders./L. Kopelew (Hg.), Deutschland und die russische Revolution 1917–1924, München 1998; M. Rohrwasser, Der Stalinismus und die Renegaten: Die Literatur der Exkommunisten, Stuttgart 1991; ders., Was haben sie verraten, die Renegaten? Zwölf Thesen zur Faszination des Stalinismus, in: W. v. Bergen/W. H. Pehle (Hg.), Denken im Zwiespalt: Über den Verrat der Intellektuellen im 20. Jahrhundert, Frankfurt am Main 1996, 61–81; H. D. Zimmermann, Der Wahnsinn des Jahrhunderts: Die Verantwortung der Schriftsteller in der Politik, Stuttgart, Berlin, Köln 1992.
2 J. C. Witsch, Briefe 1948–1967, Köln 1977, 114; D. Lessing, Das goldene Notizbuch, aus dem Engl. v. D. Wagner, Frankfurt am Main 1978, 169. Vgl. Arbeitskreis für Ostfragen (Hg.), Faszination des Kommunismus?, Bd. II, München 1962; K. Loew/P. Eisenmann/A. Stoll (Hg.), Betrogene Hoffnung: Aus den Selbstzeugnissen ehemaliger Kommunisten, Krefeld 1978.
3 Czeslaw Milosz beschreibt die Suggestion für die (literarischen) Intellektuellen *innerhalb* des Staatssozialismus: »kann man etwas Gutes schreiben, wenn man außerhalb des einen großen echten Stromes steht, der seine Kraft aus dem Einklang mit den historischen Gesetzen und dem Dynamismus der Wirklichkeit nimmt?« (Cz. Milosz, Verführtes Denken, aus dem Poln. v. A. Loepfe, Köln u. Berlin 1953, 24). Der 1951 im Pariser Exil entstandene Essay von Czeslaw Milosz wurde im Polen der siebziger und achtziger Jahre zur geheimen Fibel der Intellektuellen.
Im Westen dagegen wird noch 1995 die stalinistische Literaturpolitik mit dem Hinweis gerechtfertigt, dass der sowjetische Avantgardismus »von den breiten Massen der Arbeiter kaum verstanden« worden sei; im Übrigen sei Stalin die Terrorherrschaft »von den Nazis aufgezwungen« worden (J. Hermand, Künstler, Staat und Gesellschaft: Kulturpolitik in der UdSSR und in Nazi-Deutschland, in: Moskau – Berlin: Ausstellungskatalog, München 1995, 346 f.).
4 W. Haas, Wir und die »Radikalen«, in: Die literarische Welt (4/1928), Nr. 43, 26. Okt. 1928, 1.

5 Vgl. K. Theweleit, Ghosts: Drei leicht inkorrekte Vorträge, Frankfurt am Main u. Basel 1998, 64 ff. Dieses Modell hat seine Bedeutung nicht nur für Autoren, die sich mit Bolschewismus/Linksradikalismus verbinden, sondern auch für Schriftsteller von Louis Ferdinand Céline bis Peter Handke.

6 F. Nietzsche, Aus dem Nachlass der Achtzigerjahre, in: ders., Werke, hg. v. K. Schlechta, Bd. III, München 1969, 601; vgl. R. Herzinger, Angst vor dem letzten Menschen, in: Die Zeit, Nr. 27, 25. Juni 1998, 40.

7 Da die Frage auf die Faszination des Kommunismus und nur indirekt auf die Sowjetrusslands zielt, bleibt hier die Anziehung auf Anhänger der »konservativen Revolution« ausgeklammert.

8 Eine These des Berliner Literaturwissenschaftlers Joachim Lehmann.

9 Projektion ist ein von der Geometrie abgeleiteter Begriff der Psychoanalyse, der in der Neurologie und im alltäglichen Sprachgebrauch mit differenter Bedeutung benutzt wird. Er wird hier verstanden als ein Prozess, der von Fakten und historischen Entwicklungen nicht abhängt; das projizierte Bild wird zu einer halluzinatorischen Wunscherfüllung.

10 F. Furet, Das Ende der Illusion: Der Kommunismus im 20. Jahrhundert, München u. Zürich 1996, 203 ff., 206 (Zitat).

11 G. B. Shaw, The Rationalization of Russia, Bloomington/Ind. 1964; Stalin-Wells Talk: The Verbatim Record and A Discussion by G. B. Shaw, H. G. Wells, J. M. Keynes, E. Toller and others, London 1934; H. G. Wells, An Experiment in Autobiography, New York 1934; L. Feuchtwanger, Moskau 1937, Amsterdam 1937, 120 ff.

12 Vgl. G. Koenen, Die großen Gesänge: Lenin, Stalin, Mao Tse Tung: Führerkulte und Heldenmythen des 20. Jahrhunderts, Frankfurt am Main 1991, 90.

13 Vgl. ders., Utopie der Säuberung: Was war der Kommunismus?, Berlin 1998, 416.

14 G. Orwell, Im Innern des Wals (1940), in: ders., Im Innern des Wals: Ausgewählte Essays I, aus dem Engl. v. F. Gasbarra, Zürich 1975, 128 f.

15 Vgl. Bertolt Brechts Gedichte nach dem 20. Parteitag der KPdSU (B. Brecht, Gedichte aus dem Nachlass 2, Frankfurt am Main 1982, 437 f.).

16 F. Jung, Der Weg nach unten: Aufzeichnungen aus einer großen Zeit, Neuwied u. Berlin 1961, 156.

17 L. Kolakowski, Intellektuelle contra Intellekt (1972), in: ders., Leben trotz Geschichte: Lesebuch, München 1988, 76 f.

18 F. Furet, Das Ende der Illusion: Der Kommunismus im 20. Jahrhundert, München u. Zürich 1996, 199 u. 361.

19 Vgl. M. Rohrwasser/E. Wizisla, Zwei unbekannte Briefe Brechts aus der Emigration, in: Sinn und Form (1995), Heft 5, Sept. 1995, 669–677.

20 Ein »vollkommenes Rätsel« sind Viktor Klemperer die Verhaftungen von Paul Merker u. a. im Rahmen einer Kampagne gegen den »Zionismus«, aber er merkt an: »Hat sie Gründe, die wir nicht kennen?« (V. Klemperer, So sitze ich denn zwischen allen Stühlen: Tagebücher 1950–1959, Berlin 1999, 80).

21 W. Benjamin, Über den Begriff der Geschichte, in: ders., Gesammelte Schriften,

Bd. I/2, Frankfurt am Main 1974, 695 u. 701. Der General Stumm von Bordwehr (in Musils Roman »Der Mann ohne Eigenschaften«) spürt das Verlangen »nach einem Messias der starken Hand für das Ganze«.

22 F. Furet, Das Ende der Illusion: Der Kommunismus im 20. Jahrhundert, München u. Zürich 1996, 169.

23 V. Klemperer, So sitze ich denn zwischen allen Stühlen: Tagebücher 1945–1949, Berlin 1999, z. B. 62 u. 68.

24 F. Furet, Das Ende der Illusion: Der Kommunismus im 20. Jahrhundert, München u. Zürich 1996, 89.

25 Sunil Khilnani spricht von einem »Exorzismus der (Französischen) Revolution« in den Jahren 1968 bis 1981: S. Khilnani, Revolutionsdonner: Die französische Linke nach 1945, aus dem Engl. v. M. Suhr, Hamburg 1995.

26 A. Paquet, Tagebuch, in: W. Baumgart (Hg.), Von Brest-Litovsk zur Deutschen Novemberrevolution, Göttingen 1971, 204; E. Bloch, Jubiläum der Renegaten, in: Neue Weltbühne (33/1937), Nr. 46, 11. Nov. 1937, 1437. Vgl. die entschärfte Fassung der Passage in der Neuausgabe (E. Bloch, Politische Messungen: Pestzeit, Vormärz, Frankfurt am Main 1970, 225 f.).

27 Jürgen Busche: »Aber das Bewusstsein, dass dieses Wissen nicht Macht war, sondern der Macht bedurfte, um Wirklichkeit gestalten zu können, hatte die Kommunisten oder Marxisten nirgendwo verlassen, sodass sie zuletzt fast überall bereit waren, mit dem Verlust wirklicher Macht auch ihr besonderes Wissen und seine Verheißungen in Frage zu stellen« (J. Busche, What's Left? Prognosen zur Linken, Berlin 1993, 82).

28 G. Koenen, Utopie der Säuberung: Was war der Kommunismus?, Berlin 1998, 137 u. 417. Stéphane Courtois fragt dagegen, ob der Marxismus-Leninismus »vielleicht weniger in Marx als in einem verfehlten Darwinismus« wurzelte (St. Courtois u. a., Das Schwarzbuch des Kommunismus: Unterdrückung, Verbrechen und Terror, München u. Zürich 1998, 821).

29 G. Koenen, Utopie der Säuberung: Was war der Kommunismus?, Berlin 1998, 135 ff.; vgl. M. Rohrwasser, Der Weg nach oben: Johannes R. Becher: Politiken des Schreibens, Frankfurt am Main 1980, 260 ff.

30 Zit. nach G. Koenen, Utopie der Säuberung: Was war der Kommunismus?, Berlin 1998, 276.

31 J. Carey, Hass auf die Massen: Intellektuelle 1880–1939, aus dem Engl. v. S. Kohlhammer, Göttingen 1991.
Czeslaw Milosz: »Dies Bedürfnis ist so ungestüm, dass viele, die einst im faschistischen Deutschland oder Italien Inspiration suchten, sich jetzt zum Neuen Glauben bekehrt haben« (Cz. Milosz, Verführtes Denken, aus dem Poln. v. A. Loepfe, Köln u. Berlin 1953, 20).
Der Traum vom Eins-Werden mit der Masse schafft sich auch neue Bühnen, wie Rainald Goetz mit seinem jüngsten Loblied auf die Love-Parade als vermeintlicher Apotheose der Demokratie zeigt (R. Goetz, Celebration: 90s Nacht Pop, Frankfurt am Main 1999).

32 B. Brecht, Schriften, Bd. 3, in: ders., Werke, Bd. 23, Berlin, Weimar, Frankfurt am

Main 1993, 125 f.; Joh. R. Becher, Publizistik, Bd. 3, in: ders., Werke, Bd. 17, Berlin u. Weimar 1979, 356.

33 Vgl. die Dokumentation des Kongresses: Akademie der Wissenschaften der DDR, Zentralinstitut für Literaturgeschichte (Hg.), Paris 1935: Erster Internationaler Schriftstellerkongress zur Verteidigung der Kultur: Reden und Dokumente, Berlin 1982.

34 Bernd Rabehl: »Man wollte die Wirklichkeit gar nicht kennen. Kuba war gut, weil man selbst gut sein wollte« (Tagesspiegel v. 2. Dez. 1998, 32, Gespräch).

35 H. Böll/L. Kopelew/H. Vormweg, Antikommunismus in Ost und West: Zwei Gespräche, München 1984, 21.

36 H. D. Zimmermann, Der Wahnsinn des Jahrhunderts: Die Verantwortung der Schriftsteller in der Politik, Stuttgart, Berlin, Köln 1992, 10. Vgl. C. Einstein, Fabrikation der Fiktionen, Reinbek b. Hamburg 1973, 118 f.

37 J.-F. Revel, Die totalitäre Versuchung, Frankfurt am Main, Berlin, Wien 1977, 270.

38 A. Sinowjew, Homo Sovieticus: Roman, aus dem Russ. v. G. v. Halle, Zürich 1984, 339; Schafarewitsch zit. nach Moskau News (1988), Nr. 9, Sept. 1988, 6.

39 H.-U. Wehler, Der Gott, der keiner war (Rezension von F. Furet, Das Ende der Illusion: Der Kommunismus im 20. Jahrhundert, München u. Zürich 1996), in: Die Zeit, Nr. 17, 19. Apr. 1996, 19; J.-F. Revel, Die totalitäre Versuchung, Frankfurt am Main, Berlin, Wien 1977, 270.

40 Cz. Milosz, Verführtes Denken, aus dem Poln. v. A. Loepfe, Köln u. Berlin 1953, 19 u. 23.

Helmuth Kiesel | **Der Nationalsozialismus**
Faszination durch Erfolg?

Die Faszinationsgeschichte des Nationalsozialismus muss nicht grundsätzlich neu erkundet und geschrieben werden: Bereits 1924 erschien mit Ernst Blochs Essay »Hitlers Gewalt« eine Studie, die hinsichtlich der Faszinationskraft der »Hitlerbewegung« einige bis heute bemerkenswerte Beobachtungen enthält, und seither ist die einschlägige Literatur in einem kaum mehr überschaubaren Maß angewachsen. Mag sein, dass trotzdem noch nicht alles, was zur Faszinationskraft des Nationalsozialismus beitrug, ins Blickfeld gerückt und in angemessener Weise beachtet wurde; jedenfalls aber liegen so viele Befunde vor, dass ein breites Register von Wirkungs- oder Faszinationsfaktoren erstellt werden kann. Das Problem und Desiderat einer Untersuchung über die Faszinationsgeschichte des Nationalsozialismus ist heute vielleicht weniger die weitere Ausdifferenzierung der Befunde als vielmehr ihre Bündelung und Austarierung. Dem kommt allerdings eine gewisse Brisanz zu: Einige Studien der letzten Jahre machen nämlich Wirkungs- und Faszinationsfaktoren stark, die früher nicht genannt wurden, wohl auch nicht genannt werden durften, und zwar aus zwei Gründen: Zum einen durfte am Nationalsozialismus nichts Gutes, genauer: nichts auch nur zeitweise und vordergründig gut Scheinendes, gelassen werden; sonst hätte man ja verstehen können, dass ihm die Zeitgenossen massenweise gefolgt sind, und hätte vielleicht sogar Anlass zu ihrer Exkulpation sehen können. Wie allergisch die Öffentlichkeit auf einen derartigen Erklärungsansatz reagiert hätte, zeigte der Fall Jenninger.[1] Zum andern musste der Blick von vielen potentiell einnehmenden oder faszinierenden Momenten der NS-Zeit abgezogen werden, weil man sonst auf die eigene Anfälligkeit oder Verführbarkeit aufmerksam geworden wäre, möglicherweise auch auf einige überraschende Affinitäten zum Denken jener Epoche.

Das sei etwas konkretisiert, zunächst im Hinblick auf die unvermu-
tete eigene Anfälligkeit von Angehörigen der jüngeren Generationen
gegenüber der NS-Mentalität: Anfang der achtziger Jahre sagte der
1931 geborene Schriftsteller und Zeichner Tomi Ungerer, ein erklärter
Naziverächter, in einem Interview, er habe »noch vor einigen Jahren«
in Momenten der Niedergeschlagenheit »automatisch Nazilieder ge-
sungen« und sie hätten wie eine »gute Medizin« oder Droge gewirkt:
aufbauend also und motivierend. Dieses bemerkenswerte Bekenntnis
wurde aber von den zuständigen Redakteuren des Hessischen Rund-
funks als solchermaßen »entblößend« empfunden, dass von einer Sen-
dung dieses bestellten Interviews Abstand genommen wurde.[2] Ähnlich
fallen die Reaktionen aus, wenn jemand an sich selber oder an seiner
Gruppe vermeintliche oder tatsächliche Affinitäten zu NS-Ideologe-
men entdeckt: Die 1947 geborene Münchener Sozialpsychologin Gud-
run Brockhaus schreibt in ihrem 1997 publizierten Buch »Schauder
und Idylle: Faschismus als Erlebnisangebot«,[3] bei ihren Vorstudien
habe sie zu ihrer Überraschung festgestellt, dass einige ihrer Vorlieben
(z. B. für archaische Formen, für ganzheitliches Denken und für ein bestimmtes Frauenbild) auch der NS-Zeit eigen waren, vielleicht gar –
durch elterliche und schulische Vermittlung – von daher kamen. Die
Reaktionen auf die Mitteilung dieses Verdachts im Bekanntenkreis be-
standen in Abwehr: Man verwies auf andere mögliche Quellen jener
Vorstellungen oder bestritt einen spezifischen Zusammenhang mit
dem Nationalsozialismus. »Eigene, starke Gefühle mit der Welt des
Nationalsozialismus zu verbinden, scheint unerträglich.« Sofort setzt
Abwehr ein, verbietet die Prüfung von Verdachtsmomenten oder
Hypothesen und verhindert so die Erkenntnis, dass der Nationalso-
zialismus auch – unter anderem auch – auf Wertvorstellungen und
Gefühlshaltungen aufbaute, die bis heute als positiv erscheinen und
faszinierend wirken können – was man seit Susan Sontags Essay »Faszinierender Faschismus« (1974) und seit Saul Friedländers Buch
»Kitsch und Tod: der Widerschein des Nazismus« (1982) wissen konnte. Bei Sontag heißt es im Hinblick auf die bleibende und in der Rezeption immer wieder deutlich werdende Faszinationskraft der Filme von
Leni Riefenstahl: »Der Nationalsozialismus – oder allgemeiner, der
Faschismus – steht auch für ein Ideal oder besser für Ideale, die heute
noch unter anderer Flagge lebendig sind: das Ideal des Lebens als Kunst,
den Kult der Schönheit, den Fetischismus des Mutes, die Überwindung

der Entfremdung im ekstatischen Gemeinschaftsgefühl, die Ablehnung des Intellekts, die Menschheit als große Familie (mit Führern als Vater- und Mutterfiguren). Diese Ideale sind für viele Menschen lebendig und mitreißend, und es ist so unaufrichtig wie tautologisch zu sagen, man sei von *Triumph des Willens* und *Olympia* beeindruckt, weil sie das Werk einer genialen Filmregisseurin seien. Leni Riefenstahls Filme üben immer noch Wirkung aus, weil – neben anderen Gründen – die darin zum Ausdruck kommenden Sehnsüchte nach wie vor empfunden werden, weil der Inhalt einem romantischen Ideal entspricht, zu dem sich immer noch viele hingezogen fühlen und das seinen Ausdruck in so unterschiedlichen Erscheinungsformen kultureller Dissidenz und Propagierung neuer Formen des Zusammenlebens findet wie in der Jugend-Rockkultur, der Urschrei-Therapie, der Anti-Psychiatrie, der Dritte-Welt-Bewegung oder dem Glauben an das Okkulte. Die Begeisterung für die Gemeinschaft schließt die Suche nach einem absoluten Führer nicht aus – im Gegenteil, sie kann geradewegs dahin führen. (Es überrascht nicht, dass eine beträchtliche Anzahl der jungen Leute, die sich heute vor Gurus zu Boden werfen und der groteskesten autokratischen Disziplin unterordnen, in den sechziger Jahren zur anti-autoritären und anti-elitären Bewegung gehörten.)« Und weiter und nicht weniger wichtig: »Leni Riefenstahls gegenwärtig betriebene Entnazifizierung und Rechtfertigung als unbezwingbare Priesterin des Schönen – zuerst als Filmregisseurin und jetzt auch als Fotografin [des Buches »The Last of the Nuba«] – sprechen nicht gerade für unser scharf entwickeltes Gespür für faschistische Sehnsüchte mitten unter uns.«[4]

Freilich sind die Abwehrreaktionen auf peinlich wirkende Bekenntnisse – wie die von Ungerer – oder Feststellungen – wie die von Brockhaus – verständlich: Wer lässt sich gerne eine Affinität zum Faschismus nachsagen, und sei's auch nur eine strukturelle und unbewusste. Und sie sind auch gut bekannt, spätestens seit Ralf Dahrendorf 1965 in seinem Buch »Gesellschaft und Demokratie in Deutschland« die skandalös wirkende These entwickelte, dass die gesellschaftlichen Veränderungen der NS-Zeit zu den Voraussetzungen der bundesrepublikanischen Modernisierung gehörten.[5] Man kann noch weiter zurückgehen: auf Thomas Manns Essay »Bruder Hitler« von 1939, der Hitler ob seiner »massenwirksame[n] Beredsamkeit«, seines »revolutionäre[n] Instinkt[s]«, seines geniehaften »Magnetismus« usw. Faszinationskraft nicht absprechen und eine gewisse »Bewunderung« nicht versagen konnte, zugleich aber beteuerte, dass es einer gehörigen »Selbstbezwingung« bedürfe und einer »moralischen Kasteiung« gleichkomme, dies festzustellen und zuzugeben, dass an diesem inferioren »Burschen«, an diesem »zehnfach Gescheiterten«, an diesem »Viertelskünstler« und Exponenten der allgemeinen »Verhunzung« etwas war, was nicht nur Abscheu und Hass hervorrief, sondern auch Interesse und »Bewunderung«, wenn auch nur eine »angewiderte«.[6] Zusammenfassend ist zu sagen: In der Auseinandersetzung mit dem Nationalsozialismus überwog – begreiflicherweise – der Impetus der Entlarvung oder der Ent-Positivierung: Hitler durfte nicht viel mehr sein als ein bloßer, wenn auch zeitweilig von den Umständen begünstigter Dilettant und Hasardeur; der Nationalsozialismus nicht mehr als eine eklektische, im Prinzip veraltete und eigentlich lächerliche Ideologie; der Aufschwung Deutschlands nicht viel mehr als eine Fiktion; die Zustimmung der Bevölkerung kaum etwas anderes als ein Effekt von Erpressung und Verführung. Der Blick auf das »Dritte Reich« war geprägt durch die von Brecht spätestens 1938 geltend gemachten Begriffe »Furcht und Elend«, wobei *Furcht* als Ergebnis von vielfach demonstrierter *Gewalt* zu sehen ist, und durch den Begriff *Verführung*. »Verführung und Gewalt« lautet denn auch der Titel des entsprechenden Bandes der repräsentativen »Deutschen Geschichte« des Siedler-Verlags (1986), und »Faszination und Gewalt« heißt der Titel eines Bild- und Textbandes zur »politischen Ästhetik des Nationalsozialismus« des Nürnberger Tümmels-Verlags (1992). Allemal wird suggeriert, dass der Nationalsozialismus das Volk nur durch »unlautere« Mittel habe gewinnen und an sich binden können, eben durch Gewalt und Verführung oder ästhetische Bezauberung, nicht aber durch Leistungen, und seien es auch nur vordergründige, die den Zeitgenossen willkommen waren und als respektabel erschienen.

Indessen kann man das wohl auch anders sehen. Durch eine Reihe von Studien, die in den letzten Jahren erschienen sind, wurde deutlich gemacht, dass der Nationalsozialismus manche Aspekte hatte, die ihn für viele Zeitgenossen überzeugend und zustimmungsfähig machten. Als Konsequenz für das Thema dieses Vortrags ergibt sich aus diesen Studien eine Vermutung, die als *unvorgreifliche These*, also nicht als abschließende, sondern *diskussionsbedürftige Hypothese*, formuliert sei: dass nämlich die Faszinationsgeschichte des Nationalsozialismus weniger eine Verführungsgeschichte als vielmehr eine »Erfolgsgeschichte« war – eine »Erfolgsgeschichte« allerdings nur, wie hier ausdrücklich betont sei, in der Perspektive derer, die lediglich – aber gerne – momentane Erfolge wahrnahmen, negative Begleitumstände jedoch nicht, und dabei destruktive Folgen nicht absehen konnten oder wollten. Dass es hellsichtigere Zeitgenossen auch gab, ist bekannt und wird hier nicht einfach übersehen; aber die Geschichte wurde weniger von denjenigen mitbestimmt, die sich vom Nationalsozialismus distanzierten und sich ihm vielleicht sogar entgegenstellten, als vielmehr von den vielen, die ihn tolerierten oder unterstützten.

Diese »Erfolgsgeschichte« begann mit dem so genannten Hitlerputsch im November 1923, der den Blick auf Hitler lenkte – nicht zufällig schrieb Ernst Bloch im Anschluss an den Hitlerputsch seinen Essay über »Hitlers Gewalt«. Sie setzte sich fort in der erfolgreichen Neuorganisation der NSDAP von 1925 bis 1928, in der flächendeckenden organisatorischen Ausbreitung und in der Ausrichtung von Verlautbarungen und Erscheinungsbild auf Wählbarkeit (bis hin zu Hitlers Legalitätsversprechen am 26. September 1930 im Ulmer Reichswehrprozess). Sie endete mit der Niederlage von Stalingrad, mit dem Rückzug des Afrikakorps, mit der Landung der Alliierten: Da verblasste, wie Kershaw gezeigt hat,[7] der Mythos vom alles bezwingenden Führer, der Hitler zuvor auch in prekären Situationen die Gefolgschaft gesichert hatte.

Nun zu einzelnen Stadien und Aspekten dieser »Erfolgsgeschichte«, die heute – es sei nochmals wiederholt – niemand bewundern und gutheißen kann:

Die Anfangsphase war bestimmt durch eine Reihe von *Problemstellungen*, für die Lösungen schwierig zu finden waren. Die wichtigsten seien genannt:

1. die politische Zurücksetzung Deutschlands durch das »Diktat« von Versailles, das nach Meinung aller Weimarer Parteien ungerecht war, strangulierend wirkte und folglich bekämpft und revidiert werden musste;

2. die sozialen und materiellen Nöte, von der Arbeitslosigkeit bis zum Mangel an Nahrungsmitteln, technischen Hilfsmitteln und Konsumgütern;

3. die Krise des Parlamentarismus, manifest in der raschen Abfolge von Reichstagswahlen, in der Kompromissunfähigkeit der Parteien, im Übergang zu Notverordnungen und Präsidialkabinetten und – damit verbunden – im Funktionsverlust des Reichstags;

4. die kulturelle Verunsicherung und geistige Desorientierung, die gegen Ende der 20er Jahre viele Zeitgenossen, vor allem Intellektuelle, nach einer reinigenden Katastrophe oder – im Anschluss an Nietzsche – nach einer »neuen« oder »modernen Barbarei«[8] usw. rufen ließ.

Auf diese Problemstellungen und Herausforderungen *reagierte die NSDAP* auf eine Weise, für deren Charakterisierung folgende – teils von den Zeitgenossen, teils von der Forschung verwendete – Begriffe heranzuziehen sind: *revolutionär, modern, schichten- und gruppenspezifisch, zugleich integrativ, aber nicht sichtbar totalitär, zudem sinngebend, und vor allem erfolgreich.* Die Verwendung dieser Begriffe meint allerdings, wie ausdrücklich gesagt und betont sei, *nicht*, dass der Nationalsozialismus nach einem objektiven oder, wenn es dies gäbe, absoluten Verständnis revolutionär, modern, integrativ usw. gewesen sei. Es soll damit nur gesagt werden, dass der Nationalsozialismus bei einer gewissen, z. B. einer notgedrungen oder interessengelenkt selektiven Sicht als revolutionär, modern, integrativ usw. erscheinen konnte, oder dass er nach Maßgabe von bestimmten Kriterien, über die man allerdings verschiedener Meinung sein kann, in einem mehr oder minder hohen Maß als revolutionär, modern, integrativ usw. gelten darf.

Revolutionär: Dass die Hitler- oder NS-Bewegung einen revolutionären Charakter hatte, ist seit dem Erscheinen von Joachim C. Fests Hitler-Biographie (1973)[9] und zumal seit dem Erscheinen von Rainer Zitelmanns Studie über das Selbstverständnis des »Revolutionärs« Hitler (1987) vielfach bestritten worden, und dies ist plausibel, wenn man mit *revolutionär* bestimmte Zielsetzungen und Wertvorstellungen verbindet, etwa Räteherrschaft, Abschaffung von Privateigentum oder gar die Schaffung einer modernen Gesellschaftsstruktur. Aber wenn man den Revolutionsbegriff nicht als *Wertbegriff*, sondern als *Formalbegriff* nimmt[10] und unter *revolutionär* nur versteht, Altes zu beseitigen und Neues, besser und zukunftsträchtig Scheinendes zu schaffen, und zwar durch tiefgreifende Maßnahmen, dann ist der Hitler-Bewegung ein revolutionärer Charakter nicht abzusprechen. Man halte sich nur vor Augen, was Ernst Bloch in dem schon erwähnten Essay dargelegt hat: »Bei den Kommunisten wie bei den Nationalsozialisten wird wehrhafte Jugend aufgerufen; hier wie dort ist der kapitalistisch-parlamentarische Staat verneint, hier wie dort wird die Diktatur gefordert, die Form des Gehorsams und des Befehls, die Tugend der Entscheidung statt der Feigheiten der Bourgeoisie, dieser ewig diskutierenden Klasse [wie Bloch, was man nicht übersehen sollte, im Anschluss an Carl Schmitt, den späteren »Kronjuristen des Dritten Reiches«, und dieser (in seiner »Politischen Theologie« von 1922)[11] im Anschluss an den katholisch-konservativen spanischen Staatsphilosophen Donoso Cortés sagte]. Es ist vor allem der Typus Hitler und derer, die nach ihm sich bilden, charakterologisch und formal stark revolutionär«, auch wenn die Ziele »gegenrevolutionär« sind. Die Hitler-Bewegung, die lächerlich überholten Vorstellungen nachhängt, muss, so Bloch, eigentlich nur auf den richtigen Weg gebracht werden, und dies ist umso notwendiger, als »die Hitlerjugend«, »nachdem das Proletariat durch die mehrheitssozialistischen Führer um seine eigene, um die einzig gültige, widerspruchsfreie Revolution gebracht worden ist«, »zur Zeit die einzige revolutionäre Bewegung in Deutschland« darstellt. Und weiter – in der Originalfassung des Berliner »Tage-Buchs« vom 12. April 1924, die für die Wiedergabe in Blochs »Erbschaft dieser Zeit« (1935 und 1962) allerdings signifikant gekürzt wurde[12] –: »Der Fascismus in Deutschland und der gesamten außerrussischen Welt ist gleichsam der schiefe Statthalter der Revolution, ein Ausdruck dessen, dass die soziale Lage auf keinen Fall statisch ist; [1935 heißt es dann gleich abschließend: »Die echten Volkstribunen aber fehlen oder bewähren sich für das kluge Wort Babels: Die Banalität ist die Gegenrevolution.« 1924 ging es indessen so weiter:] die Jugend der Bourgeoisie selber spürt und hält noch den Prozess. Dieser sonderbare Zustand wird voraussichtlich so lange dauern, bis ein Erstarken des Proletariats aus der Unruhe das falsche Bewusstsein vertreibt. Bis ein lebendiger Begriff auch in den Fascismus vorstößt und das trübrevolutionäre Moment darin endlich in die Linie konkreter Revolution, konkreter Vermenschlichung des Lebens einspielen lässt.«

Etwas von dem revolutionären Charakter – oder zumindest Anschein –, den Bloch 1924 feststellte, ist der NSDAP erhalten geblieben, auch in der Zeit nach 1933. Es findet sich im charismatischen Zug von Hitlers Herrschaft; im okkasionalistischen Dezisionismus vieler Führerentscheidungen; in der bedenkenlosen Verletzung von Recht und Verträgen; im Versuch, Politik als eine Reihe von revolutionären Akten zu gestalten (Bücherverbrennung, Judenboykott, Sammlung und Anprangerung »entarteter« Kunst, »Kristallnacht«), und in der entsprechenden Tendenz zur Dauermobilisierung der Bevölkerung; nicht zuletzt auch in der Pflege dynamischer Jugendlichkeit. Der Nationalsozialismus appellierte an die Jugend (»Deutschlands Zukunft«), gewann große Teile der Jugend für sich und gab jungen Leuten viele Chancen: Die NSDAP war eine »junge« Partei:[13] 1930 waren 70 % ihrer Mitglieder jünger als 40 Jahre, 37 % jünger als 30 Jahre, und ähnlich verhielt es sich in der Gruppe der Funktionäre. Von den Reichstagsabgeordneten der NSDAP waren im selben Jahr 60 % jünger als 40 Jahre, während es bei der SPD nur 10 % waren. Nach der Machtergreifung erhielten viele Dreißigjährige führende Positionen in Ministerien, Verwaltung, Planungsstäben und Universitäten.

Modern: Seit Ralf Dahrendorf (1965) und David Schoenbaum (1966) dem Nationalsozialismus modernisierende Züge oder Effekte zugeschrieben haben, wurde über die Modernität des Nationalsozialismus, sei sie nun eine vermeintliche oder eine tatsächliche, viel und heftig debattiert.[14] Während einige Historiker glauben, im Hinblick etwa auf Technikentwicklung, Wirtschaftsgestaltung, gesellschaftliche Mobilität und Chancengleichheit, Sozialplanung und Daseinsfürsorge, Massenkultur und Gebrauchsästhetik entweder von intentionalen Modernisierungsleistungen oder wenigstens von systembedingten Modernisierungseffekten sprechen zu dürfen, bestreiten andere diese Modernisierungsbefunde sowohl im Einzelnen als auch im Ganzen: So sei zwar, um ein Beispiel zu geben, die Rekrutierungsbasis der Eliten in sozialer, konfessioneller und bildungsmäßiger Hinsicht im Sinn der Moderne ausgedehnt – universalisiert – worden; zugleich habe sich aber eine politisch bedingte Ämterpatronage eingestellt, die den modernen Prinzipien des Universalismus und der Professionalisierung entgegengesetzt gewesen sei.[15] Im Übrigen könne von Modernisierungsphänomenen oder Modernisierungsleistungen nur dann gesprochen werden, wenn, wie Norbert Frei bemerkte, »das Konzept ›Modernisierung‹ von allen ethischen Normen und politischen Optionen gelöst« werde,[16] also etwa die Wahrung der Menschenrechte oder die politische Partizipation nicht als wesentliche Merkmale der Moderne betrachtet würden. Nach Maßgabe solcher Kriterien könnte dem Nationalsozialismus Modernität nicht attestiert werden. Und doch ist die Modernisierungsthese nicht einfach von der Hand zu weisen. Auch

Norbert Frei, einer ihrer prominenten Kritiker, räumt ein, dass das
»Dritte Reich« zunächst einmal »selbstverständlich im Kontinuum des
seit Ende des 18. Jahrhunderts einsetzenden Modernisierungsprozesses
in Deutschland« steht, dass sich eine »Vielzahl säkularer Trends nach
1933 [...] unverändert fortgesetzt« hat und dass »einzelne Entwick-
lungstrends nach 1933 [...] ganz oder zeitweise gestoppt, forciert oder
umgebogen« wurden.[17] Zusammenfassend kann man wohl sagen, dass
sich partielle Modernisierung und partielle »De-Modernisierung«[18] im
»Dritten Reich« auf eine schwierig durchschaubare und kaum benenn-
bare Weise überlagerten. Daraus resultieren die neuerdings unternom-
menen Versuche, das »Dritte Reich« differenziert und einschränkend
als »reaktionäre Moderne«,[19] als »Paramoderne«[20] oder als Versuch der
Entwicklung einer »autochthonen«,[21] also spezifisch deutschen »Modernität« zu beschreiben, das heißt: einer Modernität, die sich technisch
auf der Höhe der Zeit bewegte, sich zugleich aber antirationalistisch
und antimechanistisch, traditionsbewusst und naturverbunden gab.
Das beste Beispiel ist das Konzept des Baus der Autobahnen, die über
die technische Modernisierung des Verkehrs zu einer sozialen Mobilisierung und Verschmelzung führen sollten, zugleich aber auch der Erschließung der deutschen Kulturlandschaften dienen und, indem sie
sich der Landschaft anpaßten, die deutsche Natur im doppelten Sinn
des Wortes *erfahrbar* machen sollten.[22] – Im Hinblick auf die 1943, spätestens 1945 geplatzte Erfolgsgeschichte des Nationalsozialismus
kommt es nun aber gar nicht so sehr darauf an festzustellen, unter welchen Aspekten und in welchem Ausmaß dem »Dritten Reich« nach
heutigen Einsichten und unter Berücksichtigung ethischer und politischer – demokratischer – Kriterien ein modernisierender Charakter zugeschrieben werden kann. Auch wenn »zentrale Merkmale der Modernisierung ausgemerzt« wurden,[23] auch wenn es sich bei den dann noch
in Betracht kommenden Phänomenen nur um Elemente einer »Pseu-
domodernisierung«[24] oder einer »vorgetäuschten Modernisierung«[25]
gehandelt haben sollte, und auch wenn die proklamierten Ziele der
technischen und sozialen Mobilisierung nicht erreicht wurden: Die
»Schubwirkung«,[26] die der Nationalsozialismus zunächst entfaltete,
reichte aus, vielen Zeitgenossen das Gefühl zu geben, nicht hinter die
zivilisatorische Entwicklung, nicht hinter die Moderne zurückzufallen,
sondern mit ihr Schritt zu halten oder ihr gar vorauszugehen, und zwar
in eine andere,[27] bessere, um ihre geistigen Irritationen, sozialen Ver-

werfungen und politischen Krisen bereinigte, spezifisch deutsche Moderne. Wie anders wäre es auch möglich gewesen, dass der Nationalsozialismus vor allem die Angehörigen der jüngeren Generationen und nahezu zwei Drittel der deutschen Studentenschaft für sich einnehmen konnte?

Schichten- und gruppenspezifisch: Die Nationalsozialisten haben es verstanden, sich wie ein »Warenhaus«[28] zu präsentieren und jeder Schicht oder Gruppe das zu versichern, was ihr wichtig war: den Unternehmern, dass sie antikommunistisch seien, den Arbeitern, dass sie durchaus sozialistisch und jedenfalls antikapitalistisch seien. Besonders interessant ist im Hinblick auf die Faszinationsgeschichte des Nationalsozialismus der Zulauf aus der Arbeiterschaft, der bis 1930 deutlich geringer als aus anderen Gruppen war, dann aber stark anstieg: 1932 kamen ein Drittel der neuen Mitglieder und 40 % der Wähler aus der Arbeiterschaft, und während des »Dritten Reichs« stieg die Zustimmung der Arbeiterschaft zur NS-Politik ständig. Die Frage ist, wodurch dies erreicht wurde: durch Propaganda und Verführung oder durch Politik im Sinne der Arbeiterschaft? Ein Teil der jüngeren Forschung meint Letzteres und verweist auf die diesbezüglichen Erfolge der NS-Politik: den vollständigen Abbau der Arbeitslosigkeit innerhalb von vier Jahren; die Rückkehr zur Einkommenshöhe der Zeit vor der Wirtschaftskrise; die gleichzeitige Verbesserung der Versorgung mit Konsumgütern; die Wohnungsbauprogramme der *Deutschen Arbeitsfront* und die populären Freizeitangebote ihrer Unterorganisation *Kraft durch Freude*. Solchen Hinweisen kann zwar entgegengehalten werden, dass diese Erfolge und Verbesserungen nicht allein auf die NS-Politik zurückzuführen und zudem nur vordergründig waren: »dass das geistige Rüstzeug zur Überwindung der Weltwirtschaftskrise im Deutschen Reich und die Instrumente zur Krisenbewältigung noch in der Weimarer Republik geschaffen worden waren«;[29] dass der reale Nettowochenverdienst der Arbeiter erst 1942 und nur für kurze Zeit das Niveau von 1929 erreichte;[30] dass durch die »hemmungslose Ausgabenwirtschaft« die Verschuldung des Deutschen Reiches schon 1936 so hoch war, dass die Konsequenz nur noch »Bankrott oder Krieg« heißen konnte;[31] dass die »höchst erfolgreich[e]« Beschäftigungspolitik der Nazis »von Anfang an in großem Umfang Aufrüstungspolitik war«[32]. Das mag alles zutreffen! Aber: Vordergründig besehen, das

heißt: mit der zeitbedingt eingeschränkten und interessengeleitet selektiven Wahrnehmung, die dem Gros einer jeden Zeitgenossenschaft
zu unterstellen ist, konnte man auch zu dem Befund kommen, dass im
Nationalsozialismus erstmals in Deutschland Politik für die Arbeiter
gemacht wurde. Dies ist jedenfalls die These, die der Soziologe Man-
fred Lauermann jüngst in seinem Aufsatz über »das Soziale im Nationalsozialismus« rekonstruiert hat: »Das, was die Arbeiterbewegung,
Kommunisten wie Sozialdemokraten, versprochen hatten, und nicht
halten konnten, das vermochte der Nationalsozialismus.«[33] Und noch
schärfer zugespitzt: Der NS-Staat erscheint in sozial- und wirtschafts-
politischer Hinsicht als »das verwirklichte Ideal der Sozialdemokratie«
der Epoche von 1914 bis 1933, also der Ideologie des Wohlfahrtsstaats,
der Beherrschung der staatlichen Organisationen durch die Partei, der
zentralen Lenkung der Wirtschaft, der Nation als endgültigem Rahmen des Sozialismus. »M. a. W.: Der Nationalsozialismus stellt praktisch einen Lösungsversuch für ein wesentliches Problem der Arbeiterbewegung dar, und demzufolge kann der Nationalsozialismus als ein
in sich geschlossener Arbeiterstaat begriffen werden, der ›Arbeiterstaat
Adolf Hitlers‹ (Jokisalo 1994: 101) als eine verwirklichte Utopie.«[34]
Dem entspricht, dass Arbeiter, die in sowjetische Gefangenschaft geraten waren und dort über die Verhältnisse in Deutschland verhört wurden, sagten, in Deutschland sei der Sozialismus auf den Weg gebracht
worden und werde nach dem Krieg vollendet.[35]

Integrativ: Lange Zeit wurde der Nationalsozialismus als eine *Bewegung* der ökonomisch und sozial gefährdeten Mittelschicht betrachtet,
und die Erfolge der NSDAP wurden der Mittelschicht zugeschrieben
oder besser: aufgebürdet. Indessen haben genauere Analysen sowohl
der Wählerbewegungen zwischen 1928 und 1933 als auch der Zusam-
mensetzung der NSDAP ergeben, dass die Mittelschicht-Hypothese
nicht haltbar ist.[36] Zwar trifft zu, dass es in der Gruppe der selbständi-
gen Geschäftsleute, Handwerker, Bauern usw. eine besonders starke
Affinität zur NSDAP gab;[37] zugleich ist aber zu sehen, dass es der
NSDAP gelang, auch in anderen Schichten, Gruppen oder Milieus Anhänger und Wähler in beträchtlichem Umfang zu gewinnen: Bei den
Reichstagswahlen von 1928 bis 1933 kamen regelmäßig 40% der
NSDAP-Wähler aus der Arbeiterschaft,[38] und sowohl 1930 als auch
1932 verloren nicht nur die bürgerlichen Parteien, unter Ausnahme des

Zentrums, sondern auch die SPD viele Wähler an die NSDAP.[39] Offensichtlich vermochte es die NSDAP, alle Gruppierungen oder Milieus – mit Ausnahme der *Volksfeinde* – anzusprechen und zu großen Teilen[40] glauben zu machen, dass sie am besten befähigt sei, sowohl die schichtenspezifischen als auch die gesamtgesellschaftlichen oder nationalen Probleme zu bewältigen. Die NSDAP wurde – weit mehr als das Zentrum, das auf den katholischen Bereich eingeschränkt blieb – zur Volkspartei, und dies nicht nur im Hinblick auf die Wählerschaft, sondern auch im Hinblick auf die Mitgliederschaft: »Die NSDAP-Mitglieder rekrutierten sich, ähnlich wie die Wähler, schon vor 1933 aus allen sozialen Schichten und Berufsgruppen. So waren unter den zwischen 1930 und 1932 neu eintretenden NSDAP-Mitgliedern über 35 Prozent Arbeiter, in den Jahren davor waren es sogar bis zu 45 Prozent gewesen, eine Ziffer, die angesichts der international nachgewiesenen, sowohl wirtschaftlich als auch bildungsmäßig begründeten, unterdurchschnittlichen Mitgliedschaft von Arbeitern in politischen Parteien relativ hoch ist.«[41] Dass es vor allem der Protest gegen die Nöte der Zeit und gegen das Versagen der anderen Parteien war, der die Wähler dazu bewog, NSDAP zu wählen; dass die NSDAP wesentlich also eine »Volkspartei des Protestes« war[42], ändert nichts an dem Befund, dass sie es verstand, nicht nur als Sachwalterin gruppenspezifischer Interessen zu erscheinen, sondern auch integrativ zu wirken.[43]

Aber nicht totalitär in einem rigiden Sinn: Gegen die Vorstellung, dass es im »Dritten Reich« eine totale Gleichstellung und Kontrolle gegeben habe, betont die jüngere Forschung nicht nur die polymorphe Struktur des NS-Staats und die Vielzahl von unterschiedlich ausgerichteten Organisationen, sondern auch die Atomisierung der Gesellschaft, die der Gemeinschaftsideologie zuwiderlief, und die zeitweilig beträchtliche kulturelle Freiheit, die unter der Hand vieles zuließ, was offiziell missbilligt wurde, sei es Jazzmusik – unter der Etikette Unterhaltungsmusik[44] – oder moderne ausländische Literatur. Es gab im »Dritten Reich«, wie Hans Dieter Schäfer gezeigt hat,[45] einen gepflegten Amerikanismus mit Konsumorientierung und Technikbegeisterung, der sich neben der Propagierung spezifisch deutscher Lebensformen entfalten konnte. Wer sich politisch unauffällig verhielt und wenigstens einen Teil der verlangten Akklamationen leistete, konnte ziemlich unbehelligt leben.

Sinngebend auf eine extrem pathetische und stark symbolisierende Weise: Dies bezieht sich auf die vierte der eingangs genannten negativen Voraussetzungen und Erfolgsbedingungen des Nationalsozialismus: die weltanschauliche Desorientierung, pauschal gesagt, zur Weimarer Zeit, in der die Frage nach dem Sinnhorizont des Daseins und nach den handlungsleitenden Werten und Normen kaum mehr eine befriedigende Antwort fand. Die religiös-kirchlichen Antworten verloren, wie die starke Zunahme der Kirchenaustritte um 1930 vermuten lassen und wie Hermann Broch in seinem Roman »Die Verzauberung« (1932–51) gezeigt hat,[46] an Überzeugungs- und Bindekraft; die moderne, aufgeklärte, historistisch und ideologiekritisch denkende Intelligenz blieb ratlos und entzog sich der Antwort durch das lapidare Eingeständnis dieser Ratlosigkeit oder durch eine ausufernde Darlegung der Problematik. Für die eine Haltung mag Gottfried Benn stehen, der 1931 in einer »Rede auf Heinrich Mann« den Ausweg darin fand, dass er den Nihilismus als *Glücksgefühl* pries, und der 1949 zu dem epochal signifikanten Schluss kam, »dass ein moderner Geist nicht nach den letzten Dingen fragt, er wird schon mit den vorletzten nicht fertig« (so am 17. 2. 1949 in einem Brief an F. W. Oelze). Für die andere Haltung sei Hermann Broch genannt, der um 1930 in seiner »Schlafwandler«-Trilogie eine groß angelegte Analyse und Darstellung des modernen Wertezerfalls unternahm, diesen als Defizit beklagte und seine Überwindung verlangte, zugleich aber konstatierte, dass die geistigen Voraussetzungen dafür fehlten. Während also die moderne Intelligenz auf die Frage nach dem Sinnhorizont der Existenz und nach den daseinstragenden Werten nur jene Antwort gab, dass sämtliche Antworten darauf fragwürdig geworden und vorderhand nicht auf überzeugende Weise zu überbieten seien, nannte der Nationalsozialismus Werte und Ziele, vertrat sie mit einem Pathos, das ansteckend wirkte, und fand zu Formen der Symbolisierung, die zum Teil von beträchtlicher Faszinationskraft waren: Totenehrungen, Führerkult, Massenaufmärsche, Lichtdome.[47] Die Kernbegriffe dieses Wertekosmos lauteten: Volk und Reich, Blut und Boden, Rasse und Züchtung, Geschichte als Auftrag und Leben als Daseinskampf, Führertum und Gefolgschaft, Heldentum und Opferbereitschaft. Gewiss war das alles mehr als dubios, darüber braucht man kein Wort zu verlieren; gleichwohl war es wirksam, zumal in der religiösen Verbrämung und kultischen Inszenierung,[48] in der diese Vorstellungen entfaltet und gefeiert wurden. Und es war wirksam nicht nur bei dem so genannten einfachen Volk, sondern auch bei der Intelligenz: Benns Eintreten für den neuen Staat (»Der neue Staat und die Intellektuellen«, 1933) und sein Schwärmen für innovationskräftige und geschichtsprägende Züchtungen (»Züchtung«, 1933) sind Beispiele dafür.

Erfolgreich: Verführerisch war die NS-Politik durch ihre Erfolge. Zu nennen sind – stichwortartig und, wie noch einmal betont, im Bewusstsein der Vordergründigkeit dieser »Erfolge« –: ein wirtschaftlicher Aufschwung, der nachgerade als »Wirtschaftswunder« bezeichnet werden kann;[49] eine starke soziale Mobilisierung mit vielerlei Aufstiegschancen und Emanzipationsmöglichkeiten etwa für Frauen;[50] die Beendigung der politischen Dauerkrise; die Rückkehr zur nationalen Souveränität; dann der Beginn der »Heimholung« deutscher Gebiete und der Erweiterung des »Lebensraums«; die beginnende Neugestaltung Mitteleuropas im Sinne einer Großraumpolitik, die dem modernen Leben mit seinen grenzüberschreitenden Verkehrs- und Kommunikationsmöglichkeiten angemessen zu sein schienen.

Joachim C. Fest[51] und Sebastian Haffner[52] haben die Frage gestellt, wie Hitlers Bild in den Geschichtsbüchern aussehen würde, wenn er 1938 oder 1940 ums Leben gekommen wäre. Eine zwingende Antwort kann nicht gegeben werden. Aber es ist durchaus vorstellbar, dass Hitler als ein Politiker von Rang, gar als ein »großer« Mann in die Geschichte eingegangen wäre. Seine Leistungen bis 1938, vielleicht 1940, waren außergewöhnlich; seine Verbrechen wären ihm vermutlich nachgesehen worden, zumal ihm ja 1938 die Entfesselung des Zweiten Weltkriegs und 1940 der Völkermord an den Juden noch nicht anzulasten gewesen wäre. Zudem ist festzustellen, dass die Zeitgenossenschaft durchaus bereit war, über die Mord- und Terroraktionen der ersten Jahre hinwegzusehen. So bemerkte Rudolf Georg Binding, ein damals angesehener, literarisch durchaus respektabler Autor, 1933: »Wir geben zu, dass in Deutschland Menschenjagden veranstaltet wurden auf solche Menschen, die wir nicht für deutsch zu erklären uns anmaßen … Was besagen die Leiden einzelner Gruppen gegenüber der herrlichen Tatsache, dass unser Volk wieder ein Volk wurde, dass die deutsche Seele Auferstehung, Neugeburt, vaterländischen Höhenflug feiert?«[53] In diesem Sinn hat Carl Schmitt, einer der renommiertesten Staatsrechtslehrer jener Zeit, die Mordaktion im Zusammenhang mit dem so genannten Röhm-Putsch als »Staatsnotwehr« verteidigt und dem »Führer« in zwei Aufsehen erregenden Artikeln bescheinigt, er schütze das Recht; bei Ian Kershaw ist zu lesen,[54] dass Hitler durch die völlig illegale Liquidierung einiger Führer der SA, die sich bei der Bevölkerung durch ihre Übergriffe unbeliebt gemacht hatte, deutlich an Ansehen gewann (»der Führer räumt auf«). Zu berücksichtigen ist auch die Entlastung, die eine bestimmte Art von Geschichtsphilosophie brachte: Gottfried Benn, der sich immer wieder Gedanken über das Wesen und den Gang der Geschichte machte, richtete an die »literarischen Emigranten«, die sich über die Gräuel in Deutschland entsetzten, die Frage: »Wie stellen Sie sich denn nun eigentlich vor, dass die Geschichte sich bewegt?« Und er antwortete: nicht nach Maßgabe demokratischer Beschlüsse und humanistischer Ideale, sondern indem sie »an ihren Wendepunkten einen neuen menschlichen Typ« einsetzt, »der sich durchkämpfen muss«.[55] Was damit gemeint ist, verdeutlichen die Entwürfe zu diesem Schreiben: »Die Geschichte arbeitet (an ihren Wendepunkten) nicht demokratisch, sondern terroristisch«. Und: »Alle neuen geschichtlichen Bewegungen *beginn[en]* als barbarisch«.[56] Hitler war für viele dieser Geschichtsphilosophen und Geschichtstheologen ein Werkzeug der Geschichte, ein blutiges zwar, aber auch ein notwendiges. Hermann Broch bezeichnete ihn noch 1943 im amerikanischen Exil als ein »Instrument des großen Reinemachens«, das notwendigerweise zu tätigen sei, bevor die geistige Erneuerung der Welt beginnen könne.[57]

Zusammenfassend ist zu sagen: Faszinierend schien der Nationalsozialismus nicht nur aufgrund seiner Verführungs- und Manipulationskünste, sondern auch aufgrund seiner politischen und ökonomischen Erfolge sowie aufgrund seiner Sinn- und Erlebnisangebote. Es gab, wie der Psychologe und Politiker Willy Hellpach gesagt hat, soviel *égalité* und *fraternité*, dass man den Mangel an *liberté* leicht verschmerzen konnte.[58] Und von dem, was wir heute als Terror und Verbrechen bezeichnen, musste man gar nicht absehen: Es wurde für notwendig und legitim gehalten, und es war populär. Im Übrigen fanden die »Aufbauleistungen« des NS-Regimes die Anerkennung auch vieler ausländischer Besucher; man lese nur den Bericht von Lord Mottistone über seine Deutschlandreise im Jahr 1935 (»Mayflower seeks the Truth«,

1935 / »Auf der Suche nach der Wahrheit«, 1937): Ausführlich werden
Arbeitsdienst[59] und Hitlerjugend[60] als bewundernswürdige Ertüchti-
gungsmaßnahmen geschildert; ebenso ausführlich wird über die erfolgreichen Maßnahmen zur Beseitigung der Arbeitslosigkeit berichtet.[61]
Hitlers Deutschland war für Mottistone, wie für viele andere britische
Deutschlandbesucher,[62] nicht etwa ein Land, das durch Unfreiheit und
Verstöße gegen die Menschenrechte gekennzeichnet und deswegen zu
verabscheuen war; es war für ihn ein Land, in dem mit großem Erfolg
versucht wurde, die politische Zurücksetzung und die sozialen Übel-
stände aufzuheben, und das deswegen als vorbildlich zu betrachten war.
Mottistones Bericht schließt mit dem Satz: »Wenn ich durch diese
Schrift nur ein wenig helfen kann, den Appell derer zu verstärken, die
den Glauben haben, dass man nur neue Wege zu beschreiten und veraltete Ideen über Bord zu werfen braucht, um ein großes Übel und Unrecht [den Vertrag von Versailles] wieder gutzumachen, dann habe ich
dieses Buch nicht um sonst geschrieben.«[63]

Anders als der Kommunismus wurde der Nationalsozialismus dann
jedoch frühzeitig und nachhaltig *entzaubert*: durch die militärische
Niederlage, den Zusammenbruch; durch die Erkenntnis der Sinnlosig-
keit der »Opfer«; durch die schockierende Aufdeckung der Verbrechen;
durch die unabweisbare Einsicht in die Verfehltheit der *großen Politik
des Nationalsozialismus*; durch die Attraktivität dessen, was nach 1945
begann: Rechtsstaatlichkeit, Demokratie, Liberalisierung, Marktwirt-
schaft, Wirtschaftswunder, Amerikanisierung, Integration in die westliche Welt. Im Übrigen spielt, was die Unterschiedlichkeit zwischen der
Entzauberung des Nationalsozialismus und des Kommunismus angeht,
eine ideologische Differenz wohl eine wichtige, vielleicht sogar die aus-
schlaggebende Rolle: Während die rassistisch eingeschränkte biologis-
tische Utopie des Nationalsozialismus nach dessen Desaster und nach
der Enthüllung seiner furchtbaren Verbrechen – glücklicherweise – keinen Anklang mehr finden und nicht mehr verteidigt werden konnte,
gilt die universalistische soziale Utopie des Kommunismus trotz der
Großverbrechen, die zwecks ihrer Realisierung begangen wurden, immer noch bei vielen Menschen als ein prinzipiell positives, vertretbares
und erstrebenswertes oder gar verpflichtendes Ziel. Dass dies so ist, ver-
dankt der Kommunismus indessen nicht nur der höheren Dignität seiner Utopie, sondern auch dem Umstand, dass er, verglichen mit dem

Nationalsozialismus, eine ungleich größere Zahl von schriftstellerisch begabten und politisch arglosen *Ghostwritern* für sich gewinnen konnte. Im Hinblick auf die nachträgliche künstlerische Thematisierung oder Vergegenwärtigung scheint es paradoxerweise aber so zu sein, dass der Nationalsozialismus in seiner Negativität für Romanciers und Dramenschreiber, für Filmemacher und Komponisten, für Maler und Comiczeichner sehr viel attraktiver ist als der Kommunismus. »Auschwitz« ist, wie Peter Handke schon 1966/67 festgestellt hat,[64] seit langem ein Zentralbegriff der zeitgenössischen deutschen Literatur und wird, wenn er in einem Erinnerungsbuch wie Martin Walsers »Springendem Brunnen« aus triftigen Gründen nicht vorkommt – weil nämlich der Knabe, von dem das Buch handelt, in seinem Bodensee-Nest nur von Dachau,[65] nicht aber von Auschwitz gehört hat –, von der Kritik ungeachtet der Gründe des Fehlens als schwerwiegendes Versäumnis registriert.[66] Die Zahl der Dokumentar-, Aufarbeitungs- und Unterhaltungsfilme über die NS-Zeit, den Krieg und den Holocaust ist unübersehbar; kaum ein Tag, an dem nicht in einem deutschen oder ausländischen Film SS- oder Wehrmachtuniformen auf dem Bildschirm zu sehen sind. Gegenüber der Medienpräsenz der nationalsozialistischen Macht- und Vernichtungsmaschinerie ist die Präsenz der stalinistischen verschwindend klein, obwohl sie ja, auch bei vorsichtiger Berechnung, numerisch ein Mehrfaches an Opfern gefordert hat.[67] Vielerlei Faktoren mögen zu dieser auffallenden Ungleichbehandlung beigetragen haben: die zeitliche Differenz zwischen der Niederwerfung des Nationalsozialismus und dem Zusammenbruch des Kommunismus, aus der sich eine sehr unterschiedliche Länge der Aufarbeitungs- und Darstellungszeit ergibt; der unterschiedliche internationale Druck zur Aufarbeitung und Darstellung der Staatsverbrechen, der im Fall des Nationalsozialismus spätestens mit den Nürnberger Prozessen begann; die unterschiedlich intensive aktenmäßige und bildliche Dokumentation der Mordaktionen; nicht zuletzt aber ist an die – nach Susan Sontag[68] – sehr viel größere ästhetische Faszinationskraft des Nationalsozialismus zu denken: an die »elegant[en], gutgeschnittenen« und mit einem »Anflug (aber eben nur einem Anflug) von Exzentrität« behafteten SS-Uniformen, die nicht nur an elitäre Gewalt und an Tod denken lassen, sondern – nach Sontag – »Elemente besonders starker und weit verbreiteter sexueller Phantasien« sind[69]; gewiss aber auch an das von den Nazis gepflegte und in vielen Filmen repro-

duzierte Zusammenspiel von heroischem Aussehen, schneidigem Auftreten, technischer Perfektion und menschlicher Kälte, das Eindruck
macht, bevor die Kritik dagegen aufkommen kann; an die grandiosen
Parteitagsinszenierungen und an die düsteren Totenehrungen, in denen
der Nationalsozialismus – nach Joachim C. Fest[70] – ästhetisch zur
Hochform auflief und die – nach Saul Friedländer[71] – besonders gut
dazu geeignet sind, erfolgreich an die »dunklen Phantasien« und kit-
schigen Neigungen der Betrachter zu appellieren.

■ Anmerkungen

1 Vgl. dazu die folgenden beiden Analysen: A. Linn, »… noch heute ein Faszino-
   sum …«: Philipp Jenninger zum 9. November 1938 und die Folgen, Münster
   1991, und B.-N. Krebs, Sprachbehandlung und Sprachwirkung: Untersuchungen
   zur Rhetorik, Sprachkritik und zum Fall Jenninger, Berlin 1993.
2 Vgl. G. Brockhaus, Schauder und Idylle: Faschismus als Erlebnisangebot, München 1997, 11.
3 Vgl. ebd., 16 ff.
4 Vgl. S. Sontag, Faszinierender Faschismus, in: dies., Im Zeichen des Saturn: Essays,
   München u. Wien 1981, 95–124, 115 f. (Zitat); 1997 bemerkte Saul Friedländer in
   einem Vortrag über das Thema »Die Faszination des Nationalsozialismus« bestä-
   tigend und relativierend zugleich: »Die Impulse, die das psychologische Substrat
   der Faszination durch den Nationalsozialismus waren, sind so tief in der westlichen Kultur verwurzelt, dass wir fest mit ihrer weiteren latenten Präsenz rechnen
   müssen. Dass diese Impulse politischen Ausdruck finden konnten, lag an ganz speziellen historischen Umständen. Inzwischen hat sich dieser Kontext aber radikal
   verändert. Seit dem Ende des Zweiten Weltkrieges und seit dem Niedergang des
   sowjetischen Regimes und verwandter kommunistischer Systeme in Europa gibt
   es nirgendwo Anzeichen für politische Verhältnisse, die einer neuerlichen totalitären Versuchung günstig wären – wenigstens keiner totalitären Versuchung in
   ihrer traditionellen Gestalt.« (S. Friedländer, Die Faszination des Nationalsozialismus, in: K.-D. Henke [Hg.], Die Verführungskraft des Totalitären [Hannah-
   Arendt-Inst., Berichte und Studien Nr. 12], Dresden 1997, 29 f.)
5 Vgl. R. Dahrendorf, Gesellschaft und Demokratie in Deutschland, München 1965,
   431 ff.
6 Vgl. Th. Koebner (Hg.), ›Bruder Hitler‹: Autoren des Exils und des Widerstands
   sehen den ›Führer‹ des Dritten Reichs, München 1989, 24 ff.; G. Scholdt, Autoren
   über Hitler: deutschsprachige Schriftsteller 1919–1945 und ihr Bild vom ›Führer‹, Bonn 1993.
7 Vgl. I. Kershaw, Der Hitler-Mythos: Volksmeinung und Propaganda im Dritten
   Reich, Stuttgart 1980, 149 ff.

8 Vgl. E. Jünger, Der Arbeiter, in: ders., Sämtliche Werke, Bd. 8, Stuttgart 1981, 62, und G. Benn, Sämtliche Werke, Bd. IV (Prosa 2), Stuttgart 1989, 32 u. 516, desgl. 504.

9 Vgl. J. C. Fest, Hitler: Eine Biographie, Frankfurt am Main u. Berlin 1987 (erstmals 1973), bes. 1035 ff., und – als eine erste umsichtige und unvoreingenommene Reflexion der Revolutionsthese – P. Graf v. Kielmansegg, Hitler und die deutsche Revolution, in: Merkur: Deutsche Zeitschrift für europäisches Denken (28/1974), Heft 10, 922–936.

10 So der Vorschlag von H. Möller, Das Ende der Weimarer Demokratie und die nationalsozialistische Revolution von 1933, in: M. Broszat/H. Möller (Hg.), Das Dritte Reich: Herrschaftsstruktur und Geschichte, München 1983, 29 ff.

11 Vgl. C. Schmitt, Politische Theologie: Vier Kapitel zur Lehre von der Souveränität, München u. Leipzig 1922, 52: »Es liegt, nach Cortés, im Wesen des bürgerlichen Liberalismus, sich in diesem Kampf [zwischen dem Katholizismus und dem atheistischen Sozialismus] nicht zu entscheiden. *Die Bourgeoisie definiert er geradezu als eine ›diskutierende Klasse‹, una clasa discutidora.* Damit ist sie gerichtet, denn darin liegt, dass sie der Entscheidung ausweichen will.« Die Definition der Bourgeoisie als einer »clasa discutidora« bezeichnete Schmitt als das »erstaunlichste Aperçu über den kontinentalen Liberalismus« (ebd., 54), und das wollte auch Bloch nicht ungenutzt lassen.

12 Die ›Tage-Buch‹-Version ist wiederabgedruckt bei A. Kaes (Hg.), Weimarer Republik: Manifeste und Dokumente zur deutschen Literatur 1918–1933, Stuttgart 1983, 569–572; die veränderte Version findet sich in E. Bloch, Erbschaft dieser Zeit: Erweiterte Ausgabe [1935], Frankfurt am Main 1985, 160–164. – Wie Bloch attestierten auch andere Zeitgenossen dem Nationalsozialismus einen *formal* revolutionären Charakter oder einen revolutionären *Gestus* von großer Anziehungskraft. So heißt es in einem von Thomas Mann verfassten und am 16. 4. 1932 im ›Reichsbanner‹ publizierten Aufruf aus Anlass der preußischen Landtagswahl: »Daß der Nationalsozialismus einem kleinbürgerlichen Menschentyp, der in Wahrheit der Gefangene der Vergangenheit ist, die Möglichkeit gewährt, sich als ›Revolutionär‹ zu fühlen, ist in der Tat eine seiner Hauptanziehungskräfte« (zit. nach: Th. Mann, Ein Appell an die Vernunft: Essays 1926–1933. Frankfurt am Main 1994, 343: ›Sieg deutscher Besonnenheit!‹). Und Ernst Niekisch spricht 1932 in seinem Pamphlet ›Hitler – ein deutsches Verhängnis‹ von der »Gebärde des Revolutionärs«, mit der Hitler dem Kleinbürgertum »imponiert« (18), obwohl er in Wahrheit kein »revolutionäres Temperament« besitzt (26) und von dem anfänglichen Ziel, »eine Revolution des deutschen Gesamtdaseins ins Werk zu setzen« (25), längst zugunsten seines eigentlichen legalistischen Charakters abgerückt ist.

13 Vgl. H.-J. Eitner, Hitlers Deutsche: Das Ende eines Tabus, Gernsbach 1990, 51.

14 Vgl. neben den Titeln, die in den folgenden Anmerkungen genannt werden, noch zusätzlich: P. Graf v. Kielmansegg, Hitler und die deutsche Revolution (wie Anm. 9); M. Prinz/R. Zitelmann (Hg.), Nationalsozialismus und Modernisierung, Darmstadt 1991; Chr. Dipper, Modernisierung des Nationalsozialis-

mus, in: Neue Politische Literatur (36/1991), 450–456; K. Dussel, NS-Staat und moderne Kultur, in: Universitas (47/1992), 841–853; U.-K. Ketelsen, Literatur und Drittes Reich, Schernfeld 1992; ders., NS-Literatur und Modernität, in: W. Koepke/M. Winkler (Hg.), Deutschsprachige Exilliteratur: Studien zu ihrer Bestimmung im Kontext der Epoche 1930 bis 1960, Bonn 1984, 37–55; M. Schneider, Nationalsozialismus und Modernisierung: Probleme einer Neubewertung des ›Dritten Reiches‹, in: Archiv für Sozialgeschichte (31/1992), 541–545; K. H. Roth, Intelligenz und Sozialpolitik im ›Dritten Reich‹: Eine methodisch-historische Studie am Beispiel des arbeitswissenschaftlichen Instituts der Deutschen Arbeitsfront, München usw. 1993, und M.-L. Recker, Sozialpolitik, in: W. Benz/H. Graml/H. Weiß (Hg.), Enzyklopädie des Nationalsozialismus, Stuttgart 1997, 123–134.

15 Vgl. J. Alber, Nationalsozialismus und Modernisierung, in: Kölner Zeitschrift für Soziologie und Sozialpsychologie (41/1989), 353.

16 Vgl. N. Frei, Wie modern war der Nationalsozialismus?, in: Geschichte und Gesellschaft (3/1993), 375.

17 Vgl. ebd., 378 f.

18 Ebd., 379.

19 Vgl. J. Herf, Reactionary Modernism: Technology, Culture and Politics in Weimar and the Third Reich, Cambridge 1984.

20 Vgl. E. Schütz, Zur Modernität des ›Dritten Reiches‹, in: Internationale Sozialgeschichte der deutschen Literatur (20/1995), 118.

21 Vgl. S. Graeb-Könneker, Autochthone Modernität: Eine Untersuchung der vom Nationalsozialismus geförderten Literatur, Opladen 1996.

22 Vgl. E. Schütz, Faszination der blassgrauen Bänder: Zur ›organologischen‹ Technik der Reichsautobahn, in: W. Emmerich/C. Wege (Hg.), Der Technikdiskurs in der Hitler-Stalin-Ära, Stuttgart u. Weimar 1995, 122–145, bes. 128 f.; E. Schütz/E. Gruber, Mythos Reichsautobahn: Bau und Inszenierung der ›Straßen des Führers‹ 1933–1941, Berlin 1996, bes. 122 ff.

23 Vgl. J. Alber (wie Anm. 15), 358.

24 Vgl. H. Matzerath/H. Volkmann, Modernisierungstheorie und Nationalsozialismus, in: J. Kocka (Hg.), Theorien in der Praxis des Historikers: Forschungsbeispiele und ihre Diskussion, Göttingen 1977, 100.

25 Vgl. H. Mommsen, Nationalsozialismus als vorgetäuschte Modernisierung, in: W. H. Pehle (Hg.), Der historische Ort des Nationalsozialismus, Frankfurt am Main 1990, 31–46.

26 Ebd., 45.

27 Vgl. Th. Rohkrämer, Eine andere Moderne? Zivilisationskritik, Natur und Technik in Deutschland 1880–1933, Paderborn usw. 1998, bes. 348 ff.

28 Vgl. G. Paul, Aufstand der Bilder: Die NS-Propaganda vor 1933, Bonn 1990, 262.

29 Vgl. H. Lampert, Staatliche Sozialpolitik im Dritten Reich, in: K. D. Bracher/M. Funke/H.-A. Jacobsen (Hg.), Nationalsozialistische Diktatur 1933–1945: Eine Bilanz, Bonn 1986, 185.

30 Vgl. J. Alber (wie Anm. 15), 333 f.

31 Vgl. W. Benz, Konsolidierung und Konsens 1934–1939, in: M. Broszat (Hg.), Das Dritte Reich im Überblick: Chronik, Ereignisse, Zusammenhänge, München u. Zürich 1990 (2. Auflage), 62.

32 Vgl. H. Lampert (wie Anm. 29), 185.

33 Vgl. M. Lauermann, Das Soziale im Nationalsozialismus, in: Berliner Debatte INITIAL: Zeitschrift für sozialwissenschaftlichen Diskurs (9/1998), Heft 1, 46.

34 Vgl. ebd., 39.

35 Vgl. C.-D. Krohn/P. von zur Mühlen/G. Paul/L. Winckler (Hg.), Handbuch der deutschsprachigen Emigration 1933–1945, Darmstadt 1998, 501.

36 Zum folgenden vgl. J. W. Falter, Hitlers Wähler, München 1991; ders./D. Hänisch, Die Anfälligkeit von Arbeitern gegenüber der NSDAP bei den Reichstagswahlen 1928–1933, in: Archiv für Sozialgeschichte (26/1986), 179–216; zusammenfassend: J. W. Falter, War die NSDAP die erste deutsche Volkspartei?, in: M. Prinz/R. Zitelmann (Hg.), Nationalsozialismus und Modernisierung, Darmstadt 1991, 21–47.

37 Vgl. ebd., 41.

38 Vgl. ebd., 42.

39 Vgl. ebd., 32.

40 Am wenigsten die Katholiken und die Kommunisten: Vgl. ebd., 40.

41 Vgl. ebd., 43.

42 Vgl. ebd., 42.

43 Vgl. auch G. Paul (wie Anm. 28), bes. 9 u. 262.

44 Vgl. A. Dümling, Musik, in: W. Benz/H. Graml/H. Weiß (Hg.), Enzyklopädie des Nationalsozialismus, Stuttgart 1997, 178.

45 Vgl. H. D. Schäfer, Das gespaltene Bewusstsein: Deutsche Kultur und Lebenswirklichkeit 1933–1945, Frankfurt am Main, Berlin, Wien 1981, 146 ff.

46 Vgl. dazu H. Kiesel/J. P. Grevel, Die modernen Gewaltregime und die Literatur, in: H. Maier (Hg.), ›Totalitarismus‹ und ›Politische Religionen‹: Konzepte des Diktaturvergleichs, Bd. I, Paderborn usw. 1996, 220 ff.

47 Vgl. S. Friedländer, Kitsch und Tod: Der Widerschein des Nazismus, München 1986; P. Reichel, Der schöne Schein des Dritten Reiches: Faszination und Gewalt des Faschismus, München u. Wien 1991; R. Stollmann, Ästhetisierung der Politik: Literaturstudien zum subjektiven Faschismus, Stuttgart 1978.

48 Vgl. den Artikel des Verfassers über Brechts ›Maßnahme‹, der auf diesen Aspekt eingeht: H. Kiesel, Die ›Maßnahme‹ [von Brecht und Eisler] im Licht der Totalitarismustheorie, in: I. Gellert/G. Koch/F. Vaßen (Hg.), Maßnehmen: Bertolt Brechts/Hanns Eislers Lehrstück ›Die Maßnahme‹: Kontroverse, Perspektive, Praxis, Berlin 1999, 83–100.

49 So H.-J. Eitner (wie Anm. 13), 201 ff. – Auch Darstellungen, die auf den Begriff des »Wirtschaftswunders« verzichten, lassen deutlich werden, dass es den Nationalsozialisten mit Hilfe nicht-nationalsozialistischer Experten gelang, die wirtschaftliche Lage überraschend schnell und auf eine nachhaltig wirkende Weise zum Besseren zu wenden, sodass 1936 Vollbeschäftigung herrschte.

50 Vgl. G. Brockhaus (wie Anm. 2), 171; vgl. auch U. Frevert, Frauen, in: W. Benz/

H. Graml/H. Weiß (Hg.), Enzyklopädie des Nationalsozialismus, Stuttgart 1997, 220–234, bes. 229.

51 Vgl. J. C. Fest (wie Anm. 9), 17 ff. u. 1032 ff.

52 Vgl. S. Haffner, Anmerkungen zu Hitler, Frankfurt am Main 1981 (erstmals 1978), 43 ff.

53 Zit. nach D. Bronder, Bevor Hitler kam: Eine historische Studie, Genf 1975 (2., erweiterte Auflage), 88.

54 Vgl. I. Kershaw, Der Hitler-Mythos: Volksmeinung und Propaganda im Dritten Reich, Stuttgart 1980, 72 ff.

55 Vgl. G. Benn, Sämtliche Werke, Bd. IV (Prosa 2), Stuttgart 1989, 25 f.

56 Vgl. ebd., 504.

57 Vgl. F. Torberg, In diesem Sinne: Briefe an Freunde und Zeitgenossen, München 1981, 18. Dieser Brief von Broch findet sich zwar auch in der Kommentierten Broch-Werkausgabe (Bd. 13/2, Frankfurt am Main 1981, 318 ff.), doch wurde dort die zitierte Wendung weggelassen.

58 Zit. nach H.-J. Eitner (wie Anm. 13), 106.

59 Vgl. J. E. B. Seely Mottistone, Auf der Suche nach der Wahrheit, Stuttgart/Berlin 1937, 54 ff.

60 Vgl. ebd., 83 ff.

61 Vgl. ebd., 103 ff.

62 Vgl. A. Schwarz, Die Reise ins Dritte Reich: Britische Augenzeugen im national-sozialistischen Deutschland (1933–39), Göttingen u. Zürich 1993, bes. 381 ff. (Zusammenfassung, aus der die Repräsentativität der Darlegungen von Lord Mottistone deutlich hervorgeht). – Begeistert vom nationalsozialistischen Deutschland war auch Ingmar Bergman, der 1936 (im Alter von 18 Jahren) den Sommer bei einer nationalsozialistisch eingestellten Pastorenfamilie in Hessen verbrachte und unter anderem den Parteitag in Weimar mit einer Rede Hitlers miterlebte und nach seiner Rückkehr nach Schweden nicht etwa Widerspruch erfuhr, sondern Zustimmung und Bestärkung (vgl. M.-P. Boethius, Ingmar Bergman und der Nationalsozialismus, in: Frankfurter Allgemeine Zeitung, Nr. 210, 10. Sept. 1999, 43).

63 Vgl. J. E. B. Seely Mottistone (wie Anm. 59), 158.

64 Vgl. P. Handke, Ich bin ein Bewohner des Elfenbeinturms, Frankfurt am Main 1972, 25 u. 31.

65 Vgl. M. Walser, Ein springender Brunnen: Roman, Frankfurt am Main 1998, 361.

66 Vgl. ders., Erfahrungen beim Verfassen einer Sonntagsrede, in: Friedenspreis des Deutschen Buchhandels 1998: Martin Walser: Ansprachen aus Anlass der Verleihung, Frankfurt am Main 1998, 46.

67 Vgl. St. Courtois u. a., Das Schwarzbuch des Kommunismus: Unterdrückung, Verbrechen und Terror, München u. Zürich 1997, 20 ff.

68 Vgl. S. Sontag (wie Anm. 4), 95–124, bes. 112 f. und 117 ff.

69 Vgl. ebd., 118.

70 Vgl. J. C. Fest (wie Anm. 9), 699 f.

71 Vgl. S. Friedländer, Kitsch und Tod: Der Widerschein des Nazismus, München 1986.

▉ Zusätzlich verwendete Literatur

Bach, M., Die charismatischen Führerdiktaturen: Drittes Reich und italienischer Faschismus im Vergleich ihrer Herrschaftsstrukturen, Baden-Baden 1990.

Barbian, J.-P., Literaturpolitik im »Dritten Reich«, München 1995.

Bärsch, C.-E., Die politische Religion des Nationalsozialismus: Die religiöse Dimension der NS-Ideologie in den Schriften von Dietrich Eckart, Joseph Goebbels, Alfred Rosenberg und Adolf Hitler, München 1998.

Bohse, J., Inszenierte Kriegsbegeisterung und ohnmächtiger Friedenswille: Meinungslenkung und Propaganda im Nationalsozialismus, Stuttgart 1988.

Funke, M., Starker oder schwacher Diktator? Hitlers Herrschaft und die Deutschen, Düsseldorf 1989.

Hildebrand, K., Das Dritte Reich, München 1991 (4. Auflage).

Janka, F., Die Braune Gesellschaft: Ein Volk wird formatiert, Stuttgart 1997.

Jokisalo, J., Vom Bockmist zur geschichtsmäßigen Kraft: Determinanten und Wirkung der Heilsversprechen des ›deutschen Sozialismus‹ (1933–1939), Frankfurt am Main 1994.

Kershaw, I., Der NS-Staat: Geschichtsinterpretationen und Kontroversen im Überblick, Reinbek bei Hamburg 1988.

ders., Hitlers Macht: Das Profil der NS-Herrschaft, München 1992.

Kiesel, H., »So ist unser Gedächtnis jetzt angefüllt mit Furchtbarem«: Literaturgeschichtliche Anmerkungen zum »Historikerstreit« und zu der von Martin Broszat beklagten »Beziehungslosigkeit zwischen Literatur und Geschichte bei der Verarbeitung der Nazizeit«, in: Oesterle, K./Schiele, S. (Hg.), Historikerstreit und politische Bildung, Stuttgart 1989, 42–94.

Ley, M./Schoeps, J. H. (Hg.), Der Nationalsozialismus als politische Religion, Bodenheim bei Mainz 1997.

Ogan, B./Weiß, W. W., Faszination und Gewalt: Zur politischen Ästhetik des Nationalsozialismus, Nürnberg 1992.

Paul-Horn, I., Faszination Nationalsozialismus? Zu einer politischen Theorie des Geschlechterverhältnisses, Pfaffenweiler 1993.

Pentzlin, H., Die Deutschen im Dritten Reich: Nationalsozialisten, Mitläufer, Gegner, Stuttgart u. Herford 1985.

Pohlmann, F., Ideologie und Terror im Nationalsozialismus, Pfaffenweiler 1992.

Schoenbaum, D., Die braune Revolution: Eine Sozialgeschichte des Dritten Reiches, Köln u. Berlin 1968 (englische Erstausgabe: ders., Hitler's Social Revolution: Class and Status in Nazi Germany 1933–1939, Garden City/N.Y. 1966).

Stern, J. P., Hitler: Der Führer und das Volk, München 1981.

Syring, E., Das nationalsozialistische Deutschland 1933 bis 1945: Führertum und Gefolgschaft, Bonn 1997.

Thamer, H.-U., Verführung und Gewalt: Deutschland 1933–1945, Berlin 1986.

Zitelmann, R., Hitler: Selbstverständnis eines Revolutionärs, Hamburg usw. 1987 (erweiterte Neuauflage: München 1998).

Emilio Gentile   ■ **Die Sakralisierung der Politik**

■ **Einige Definitionen, Interpretationen**
■ **und Reflexionen**

Mit dem Begriff »Totalitarismus« möchte ich folgendes definieren[1]:
Ein *Experiment politischer Herrschaft*, initiiert von einer *revolutionä-*
ren Bewegung mit einem *vereinnahmenden Politikkonzept*, die nach
dem *Monopol der politischen Macht* strebt und, nachdem sie dieses auf
legalem oder nichtlegalem Weg erobert hat, das vorgefundene politische System entweder zerstört oder transformiert und so einen neuen
Staat schafft, der auf einem *Einparteiensystem* basiert und der als
Hauptziel die *Eroberung der Gesellschaft* hat, d. h. die Unterdrückung,
Integration und Gleichschaltung der Regierten auf Grundlage der
vereinnahmenden Politisierung der individuellen und kollektiven
Existenz, welche nach den Kategorien, Mythen und Werten einer *Er-*
neuerungsideologie interpretiert wird, institutionalisiert als *politische*
Religion, die das Individuum und die Massen durch eine *anthropologi-*
sche Revolution formen will, um einen neuen Menschen zu schaffen,
der Körper und Seele den revolutionären und imperialistischen Zielen
der totalitären Partei widmet, um am Ende eine *neue supranationale*
Zivilisation zu schaffen.

Am Anfang des totalitären Experiments – und somit als sein haupt-
sächlicher »Urheber« und »Vollstrecker« – steht die revolutionäre Partei, die nach diktatorischen und militärischen Gesichtspunkten organisiert ist und eine ganzheitliche Auffassung von Politik vertritt, die
keine anderen Parteien oder Weltanschauungen neben sich duldet, und
die den Staat lediglich als ein Mittel betrachtet, um ihre Projekte bezüglich imperialer Herrschaft und ihre Idee einer neuen Kultur zu realisieren, auch wenn sie formal den Primat des Staates preist.

Die totalitäre Partei besitzt von vornherein den Charakter einer politischen Religion mit einem mehr oder weniger ausgefeilten System

von Überzeugungen, Dogmen, Mythen, Ritualen und Symbolen, welche Sinn und Zweck der gemeinschaftlichen Existenz auf dieser Erde
zu deuten wissen und die Gut und Böse ausschließlich in Übereinstimmung mit den Prinzipien, Werten und Zielen der Partei und im
Hinblick auf deren Realisierung definieren. In der revolutionären Partei hat das totalitäre Regime seinen Ursprung, das sich als ein politisches System präsentiert, das auf der Symbiose von Staat, Partei und
einer Gruppe von Machthabern gründet. Diese Machthaber werden
von ausgewählten Führern aus der *Befehlsaristokratie* geleitet, die
persönlich vom *Parteiführer* ausgewählt wurden, der mit seiner charismatischen Autorität die gesamte interne Struktur des Regimes
dominiert.

Die grundlegenden Aspekte eines totalitären Regimes sind: die *Mili-
tarisierung der Partei* mittels einer streng hierarchischen Organisation, deren Ethik von absoluter Ergebenheit und Disziplin geprägt ist; die
absolute Konzentration der Macht bei der Einheitspartei und in der
Person des *charismatischen Führers*; die bis ins *Detail ausgebaute Organisation der Massen*, die Männer und Frauen aller Generationen ein-
bindet, um die Eroberung der Gesellschaft, die kollektive Indoktrination und die anthropologische Revolution zu bewerkstelligen; die
Sakralisierung der Politik mittels einer politischen Religion, die über
ein eigenes System von Überzeugungen, Mythen, Dogmen und Geboten verfügt, die die gesamte gemeinschaftliche Existenz in Beschlag
nehmen, und mittels der Errichtung eines Apparates von Riten und
Festen, um die je nach Anlass *zufällig zusammenkommende Menschenmenge* der öffentlichen Kundgebungen in eine *liturgische Masse*
des politischen Kultes zu verwandeln. In diesem Sinne kann auch ein
Regime wie das sowjetische, das sich öffentlich zum Atheismus bekannte und antireligiöse Kampagnen veranstaltete, seine eigene Form
der Sakralisierung der Politik betreiben.

Das totalitäre Regime ist außerdem ein Labor, in dem an einer an-
thropologischen Revolution gearbeitet wird, um einen neuen Menschentyp zu erschaffen. Die Hauptmittel für seine Verwirklichung sind
erstens der durch Gewalt, Repression und Terror auferlegte *Zwang*, der
als legitimes Mittel zur Bejahung, Verteidigung und Verbreitung der
eigenen Ideologie und des eigenen politischen Systems angesehen werden, und zweitens die *Demagogie*, die mittels einer permanenten, auf-
dringlichen Propaganda, der Mobilisierung von Enthusiasmus sowie

einer liturgischen Gestaltung des Partei- und Führerkultes ausgeübt
wird. Weitere Mittel sind die *menschliche Selektion*, die von den Herrschenden gesteuert wird und die Idealen von Frauen und Männern
folgt, die in Übereinstimmung mit den Prinzipien und Werten der all-
umfassenden Ideologie erarbeitet worden sind, und die *Diskriminierung des Fremden*, die mit Zwangsmitteln durchgesetzt wird; dies kann
von der Ausschaltung aus dem öffentlichen Leben bis zur physischen
Vernichtung gehen. Hiervon betroffen sind alle Menschen, die aufgrund ihrer Ideen, ihrer sozialen Stellung oder ihrer ethnischen Zuge-
hörigkeit *unweigerlich als Feinde* gelten und deshalb inkompatibel mit
der Verwirklichung des totalitären Experiments sind.

Die Partei, das Regime, die politische Religion und die anthropologische Revolution sind die essentiellen und komplementären Elemente
des totalitären Experiments, aber die totalitäre Natur dieses Experiments ist mit keinem einzelnen dieser Elemente, aus denen es sich zu-
sammensetzt, und mit keiner Methode, durch die es realisiert wird,
gleichzusetzen. Indem der Totalitarismus eher als *Experiment* denn als
Regime definiert wird, soll die Bedeutung der Wechselwirkung zwischen seinen fundamentalen konstitutiven Elementen hervorgehoben
sowie der Prozesscharakter des Totalitarismus betont werden, welcher
in keinem Stadium seiner Verwirklichung als vollendet angesehen werden kann. Die Essenz des Totalitarismus liegt vielmehr im dynamischen
Zusammenspiel seiner diversen Elemente und ihrer jeweiligen Wechselwirkung.

Dies bedeutet, dass das Konzept des Totalitarismus gemäß meiner
Definition in erster Linie keine institutionelle Bedeutung hat. Das
heißt, es bezieht sich nicht auf ein System von Macht und auf eine bestimmte Methode des Regierens, sondern es zeigt in einem weiteren
Sinn einen *politischen Prozess* an, charakterisiert durch den *experi-
mentellen Willen* der revolutionären Partei, deren fundamentales Ziel
es ist, die heterogene Masse der Regierten in ein harmonisches Kollektiv umzuwandeln, das heißt in einen *einheitlichen, harmonischen politischen Körper*, moralisch geeint im Glauben an die totalitäre Religion.

Als »Sakralisierung der Politik« möchte ich die Entstehung einer *religiösen Dimension der Politik* definieren, die *klar abgegrenzt und au-
tonom hinsichtlich der historisch gewachsenen und institutionalisierten Religionen* ist. Dies geschieht, wenn – in einer mehr oder weniger
ausgefeilten oder dogmatischen Form – einer Sache ein Heiligenschein

verliehen wird, die von dieser Welt ist: Nation, Vaterland, Staat, Menschheit, Gesellschaft, Rasse, Proletariat, Geschichte, Freiheit, Revolution, und dies als Sinn und Zweck der gesamten Existenz verabsolutiert wird, als Quelle von Bedeutung und Werten für die Führung des Einzelnen und der Massen, als oberstes ethisches Prinzip, Ordner des öffentlichen Lebens, als Objekt der Verehrung und der Ergebenheit – bis hin zur Opferung des eigenen Lebens. Darüber hinaus vollzieht sich die Sakralisierung der Politik in einer Welt, in der Politik mittels Mythen, Ritualen und Symbolen aufgefasst, gelebt und repräsentiert wird, welche Vertrauen in die sakralisierte weltliche Gemeinschaft, Hingabe an die Gemeinschaft der Gläubigen, Enthusiasmus zum Handeln, Kampfgeist und Opferbereitschaft für die Verteidigung all dessen und letztlich ihren Sieg hervorrufen.

Eine politische Bewegung löst eine Sakralisierung der Politik aus, wenn sie:

a) den Primat einer *weltlichen, kollektiven Einheit* heilig spricht und diesen in das Zentrum eines Systems von Überzeugungen und Mythen stellt, die Sinn und Zweck der sozialen Existenz definieren und die Unterscheidungskriterien zwischen Gut und Böse festlegen;

b) dieses Konzept in einem Kodex von ethischen und sozialen Geboten formalisiert, die das Individuum an die sakralisierte Gemeinschaft binden, indem sie ihm die Treuepflicht und Ergebenheit auferlegen;

c) ihre Kämpfer als eine *Gemeinschaft der Auserwählten* betrachtet und die eigene politische Aktion als eine *messianische* mit dem Ziel der Vollendung einer Mission interpretiert;

d) eine *politische Liturgie* entwickelt für die Anbetung der sakralisierten kollektiven Einheit mittels des Kultes der Institutionen und der Bilder, in denen sie sich materialisiert, und mittels der mythischen und symbolischen Darstellung einer *heiligen Geschichte*, die von Zeit zu Zeit in einer rituellen Beschwörung der Heldentaten der Gemeinschaft der Auserwählten reaktiviert wird.

So verstanden stellt die Sakralisierung der Politik ein modernes Phänomen dar: Sie manifestiert sich vor allem, wenn die Politik, nachdem sie im Zuge der Verweltlichung von Kultur und Staat sich ihre Autonomie gegenüber den traditionellen Religionen erobert hat, eine eigene Dimension des Religiösen erlangt. Aus diesem Grund darf die Sakralisierung der Politik auch nicht verwechselt werden mit der Politisierung traditioneller Religionen.[2] So gehören weder die Theokratie noch diejenigen Herrschaftsformen, die von einer Religion dominiert wurden, in den Bereich der Sakralisierung von Politik. In diesem Sinne unterscheidet sich die Sakralisierung der Politik auch substantiell von der *Sakralisierung der Macht* in traditionellen Gesellschaften, wo die politischen Machthaber entweder mit der Gottheit gleichgesetzt werden – wie im Fall der Pharaonen – oder wo sie ihre Gottgleichheit von der institutionalisierten Religion ableitet – wie ein Monarch in christlichen Königreichen.[3]

Dies bedeutet jedoch nicht, dass die Sakralisierung der Politik jegliche Bindung an traditionelle geschichtliche Religionen ausschließt. Das Verhältnis der Sakralisierung der Politik jenen gegenüber ist in der Realität sehr komplex und variiert stark je nach geschichtlicher Situation, nach den verschiedenen politischen Bewegungen, die den Charakter einer weltlichen Religion annehmen, und nach der Rolle, die die traditionelle Religion in den Ländern innehat, wo dieser Prozess der Sakralisierung von Politik stattfindet.[4] Historisch gesehen tendieren die politischen Religionen dazu, Elemente der traditionellen Religionen zu inkorporieren, indem diese umgeformt und an die eigenen Systeme von Überzeugungen, Mythen und Riten angepasst werden. Jedoch ist in der geschichtlichen Realität die Präsenz von kollektiven Mythen und Ritualen nicht ausreichend, um von einer effektiven Sakralisierung der Politik sprechen zu können. Dazu bedarf es vielmehr der Verleihung eines Heiligenscheins an eine weltliche politische Einheit in einer Form, die ausdrücklich diese Einheit verabsolutiert, indem diese in ein Regulativ der gemeinschaftlichen Existenz, in ein Objekt der Ergebenheit und des Kultes, umgewandelt wird. Dies geschieht mit Hilfe einer von Zeit zu Zeit stattfindenden rituellen Feier, die die dort zusammenkommende Gruppe von Menschen stets in eine liturgische Masse verwandelt.

Nicht immer schließt die Institutionalisierung von bürgerlichen Ritualen zugleich den Willen ein, eine weltliche Religion der Politik zu errichten. Dies war beispielsweise nicht die Absicht der Regierenden der Dritten Französischen Republik, welche die Einrichtung von Nationalfeiertagen förderten, um so dem neuen Staat eine symbolische Legitimation zu geben.[5] Außerdem zieht die Sakralisierung der Politik weder zwangsläufig einen Konflikt mit den traditionellen Religionen nach sich noch die Verneinung der Existenz eines höheren Wesens. Es gibt Fälle, in denen die Sakralisierung der Politik durch eine Art direkter Kindschaft der traditionellen Religionen vonstatten gegangen ist – wie im Fall der *zivilen amerikanischen Religion* hinsichtlich des Puritanismus.[6] In anderen Zusammenhängen, beispielsweise im *Faschismus*, hatte die Sakralisierung einen autonomen und antiklerikalen Ursprung, aber sie hat nicht die geschichtlich institutionalisierte Religion bekämpft, sondern versucht, eine Art symbiotische Beziehung mit ihr einzugehen, mit dem Ziel, sie allmählich in synkretistischer Weise in ihr mythisches und symbolisches Universum zu inkorporieren, um aus ihr eine Komponente der eigenen weltlichen Religion zu machen.[7]

In Bezug auf die geschichtlichen, traditionellen Religionen ist zusammenfassend festzustellen, dass sich ein Großteil sowohl der politischen als auch der zivilen Religionen wie folgt charakterisieren lässt, und zwar als:

a) *nachahmend*, insofern sie bewusst oder unbewusst von den geschichtlichen Religionen die Modalitäten der Ausarbeitung ihres Systems von Überzeugungen und Mythen, ihrer Dogmatik und ihrer Ethik sowie die Struktur ihrer Liturgie ableiten,

b) *synkretistisch*, insofern sie Traditionen, Mythen und Rituale der geschichtlichen Religionen inkorporieren, diese umwandeln und an ihr eigenes mythisches und symbolisches Universum anpassen, und in der Mehrheit der Fälle

c) *transeunt*, insofern sich nach einer mehr oder weniger langen Phase der Vitalität ihre Fähigkeit, Gläubigkeit und Begeisterung hervorzurufen, abnutzt oder sich die Situationen »kollektiven Aufbrausens«, die sie erzeugt haben, erschöpfen; generell erschöpft sich diese Fähigkeit mit der Krise und dem Ende der politischen Kräfte, welche sie hervorgebracht haben.

Die intensivsten und Aufsehen erregendsten Manifestationen der Sakralisierung der Politik fanden in den Jahren zwischen den beiden Weltkriegen mit dem Aufkommen des Totalitarismus statt.[8] Jedoch muss man präzisieren, dass die Sakralisierung der Politik nicht mit dem Totalitarismus identisch ist und dass die totalitären politischen Religionen nicht die unvermeidliche Konsequenz der Sakralisierung der Poli tik sind, auch wenn diese sicherlich eine der Bedingungen konstituiert hat, die ihre Entstehung und Bejahung möglich gemacht haben. Das Phänomen der Sakralisierung der Politik war kein linearer und kontinuierlicher Prozess, der aus homogenen Bewegungen zusammengesetzt wäre wie Glieder einer Kette, die aus demselben Material gemacht sind. Die Sakralisierung der Politik hat eine beachtliche Variationsbreite an Manifestationen, die unterschiedliche Ursprünge, Matrizen, Inhalte und Formen aufweisen; genauso verschieden und zahlreich sind ihre Beziehungen zur historischen und sozialen Umwelt, zum politischen Handeln und zum Leben der Gemeinschaft sowie zu den politischen und sozialen Kräften. Die Sakralisierung der Politik war sowohl demokratisch als auch totalitär.

Dies alles in Betracht ziehend, erachte ich es für angebracht, diesen Abschnitt mit einer gedanklichen Unterscheidung zwischen »ziviler Religion« und »politischer Religion« zu beenden. Diese Unterscheidung erfolgt aufgrund ihrer Haltung gegenüber den traditionellen Religionen und den anderen politischen Bewegungen. Ich betrachte die »zivile Religion« als Form der Sakralisierung der Politik in demokratischen Bewegungen und Regimen; die »politische Religion« ist typisch für totalitäre Bewegungen und Regime.[9]

Die *zivile Religion* ist eine Form der Sakralisierung der Politik, die generell weltlich ist, aber mitunter ein übernatürliches, göttlich konzipiertes Wesen benötigt; sie identifiziert sich nicht mit der Ideologie einer bestimmten politischen Bewegung, sondern erkennt eine weite Autonomie des Individuums in Bezug auf die Gemeinschaft an; sie macht sich vorwiegend friedliche Propagandamittel zunutze, sie appelliert an die spontane Zustimmung für die Einhaltung der Gebote der Ethik und der kollektiven Liturgie; sie lebt in Gemeinschaft mit den traditionellen Religionen und mit den verschiedensten politischen Ideologien, wobei sie versucht, sich als überparteilichen und überkonfessionellen »zivilen Glauben« darzustellen, der die Trennung von Staat und Kirche klar einhält und sich nicht mit einer bestimmten Überzeugung identifiziert.

Die *politische Religion* ist die Sakralisierung einer Ideologie und einer vereinnahmenden politischen Bewegung, die keine Koexistenz mit anderen Ideologien und politischen Bewegungen akzeptiert; sie heiligt die Gewalt als legitimes Mittel im Kampf gegen die Feinde des eigenen Glaubens und als Instrument der Erneuerung; sie negiert die Autonomie des Individuums gegenüber der Gemeinschaft und schreibt obligatorisch den politischen Kult und die Einhaltung ihrer Gebote vor; sie nimmt in der Konfrontation gegenüber den traditionellen Religionen entweder eine feindliche Haltung ein, mit dem Ziel, sie zu eliminieren, oder sie versucht, ein Verhältnis symbiotischen Zusammenlebens in dem Sinn zu stabilisieren, dass die politische Religion darauf abzielt, die traditionelle Religion in das eigene System von Überzeugungen und Mythen zu inkorporieren, wo ihr eine untergeordnete Hilfsfunktion bleiben soll.[10]

Selbstverständlich ist in der Realität diese Unterscheidung nicht so klar und präzise zu treffen; es ist auch nicht auszuschließen, dass es Gemeinsamkeiten zwischen beiden gibt. Die Unterscheidung zwischen ziviler und politischer Religion erscheint klar, wenn wir zum Beispiel die zivile Religion der Vereinigten Staaten von Amerika und die politische Religion des nationalsozialistischen Deutschlands oder des faschistischen Italiens gegenüberstellen. Aber auch die zivile Religion kann sich in besonderen Situationen in eine vereinnahmende, intolerante politische Religion verwandeln, wie es in der Französischen Revolution geschehen ist. Diese Zweideutigkeit war bereits in dem von Rousseau ausgearbeiteten Konzept von ziviler Religion und in seiner Vision von der Heiligkeit des Gemeinwillens und des Vaterlandes als absolute Prinzipien, auf denen der politische Körper gründen sollte, angelegt. Und diese Zweideutigkeit blieb in der Weise bestehen, in welcher dieses Konzept von den französischen Revolutionären in die Praxis umgesetzt wurde. Während Boissy d'Anglas die Institution einer nationalen Religion auf dem Hintergrund der Antike verteidigte, »l'époque bénie où la religion ne fesait qu'un avec l'état«, daran erinnernd, dass die »religion des anciens fut toujours politique et nationale«[11], klagte Condorcet die »religion politique« an »violer la liberté dans ses droits les plus sacrés sous prétexte d'apprendre à les chérir«.[12]

So definiert gehört das Phänomen der Sakralisierung der Politik zu dem allgemeineren Phänomen der *weltlichen Religion* – ein Terminus, mit dem man gewöhnlich sämtliche mehr oder weniger ausgefeilten Manifestationen von Überzeugungen, Mythen, Ritualen und Symbolen bezeichnet, die einer weltlichen Einheit einen Charakter von Heiligkeit verleihen, sodass sie primäre Quelle von Inspiration für die eigene Lebensführung sowie Objekt der Ergebenheit und des Kultes wird.

Das Heilige in der Politik: von den demokratischen zu den totalitären Revolutionen

Die Sakralisierung der Politik hat revolutionäre, demokratische und nationalistische Wurzeln. Ihre Wurzeln gründen in der Kultur der Aufklärung, aber ausgehend von der zweiten Hälfte des 18. Jahrhunderts entwickeln sie sich durch das gesamte 19. und 20. Jahrhundert, genährt von der christlichen Tradition, wie sie in der tausendjährigen Geschichte häufig uminterpretiert wurde, welche sich mit neuen politischen Strömungen vermischt und somit zur Entstehung verschiedener Formen der Sakralisierung der Politik beigetragen hat. So ist es in der amerikanischen und der Französischen Revolution geschehen, wo die neue revolutionäre Kultur – ein Gemisch aus Messianismus und weltlich-religiösem Chiliasmus – die ersten Versuche der Institutionalisierung einer zivilen oder politischen Religion hervorgebracht hat. Der erste bewusste Ausdruck der Sakralisierung der Politik war die Idee einer zivilen Religion, wie sie von Rousseau gedacht wurde. Der Genfer Philosoph hielt es für notwendig, in dem neuen Staat, der auf der Volkssouveränität gründet, eine zivile Religion als Ersatz der christlichen Religion zu errichten, um »die beiden Köpfe des Adlers« – das heißt die politische und die religiöse Macht – wieder zu vereinigen, indem »die gesamte politische Einheit, ohne die weder eine Regierung noch ein Staat jemals gut gegründet ist«[13], wiederhergestellt wird. Die Notwendigkeit der Schaffung einer zivilen Religion für den demokratischen Staat rührte von der Überzeugung her, dass die Menschen einer Gesellschaft »eine Religion brauchen, die sie dort hält«[14], da es ein Volk ohne Religion nicht geben kann. Sowohl die Gründerväter der Vereinigten Staaten als auch die französischen Revolutionäre teilten diese Idee und versuchten, sie in die Tat umzusetzen.

Diese beiden demokratischen Revolutionen waren die ersten konkreten Manifestationen der Sakralisierung der Politik: Beide verliehen der Politik mittels einer messianischen und chiliastischen Interpretation der revolutionären Ereignisse, die als die Ankündigung einer neuen Epoche der Menschheit betrachtet wurden, eine religiöse Dimension. Außerdem starteten sowohl die amerikanische als auch die Französische Revolution – wenn auch substantiell sehr unterschiedlich in der Form, wie das Verhältnis zur christlichen Tradition und den geschichtlichen Religionen konzipiert wurde – mehr oder weniger bewusste, erfolgreiche und beständige Versuche, eine zivile Religion zu institutionalisieren. In diesen beiden demokratischen Revolutionen hat auch die rituelle, symbolische und dramaturgische Selbstdarstellung der weltlichen Religion der Nation ihren Ursprung, jene »neue Politik« gemäß George L. Mosse[15], die sich dann schrittweise mit der Bejahung des Nationalismus und der »Geburt« von Massenbewegungen entwickelt hat. Aus ihnen sind schließlich auch die grundlegenden Elemente hervorgegangen, die eine beständige mythische Struktur der Sakralisierung der Politik bilden, welche trotz aller heterogenen Adaptationen und ideologischen Kombinationen unverändert geblieben ist. Ich beziehe mich insbesondere auf die apokalyptische Vision der Moderne, auf den Mythos der Neuerschaffung des Menschen durch die Politik, auf den Mythos des auserwählten Volkes, das den Auftrag hat, der Welt die neue Heilsbotschaft zu überbringen.

Auf Grundlage dieser mythischen Struktur – hauptsächlich Ergebnis der Säkularisierung mythischer Archetypen der biblischen Tradition – bildete sich als erste weltliche Religion der Moderne der Nationalismus aus, welche die dauerhafteste und am meisten verbreitete Manifestation der Sakralisierung der Politik in der Gegenwart geworden ist.[16] Der Mythos der Nation und der revolutionäre Glaube waren die hauptsächlich treibenden Kräfte der Sakralisierung der Politik in den folgenden zwei Jahrhunderten.[17]

Im Laufe des 19. Jahrhunderts hat die Sakralisierung der Politik eine beachtliche ideologische Entwicklung mittels des revolutionären Glaubens, des politischen Messianismus und der verweltlichten Theologien und Eschatologien wie Hegelianismus und Marxismus durchgemacht. Dieses Jahrhundert war bevölkert von Propheten, Gründern, Aposteln und Märtyrern neuer weltlicher Religionen, die den Menschen, die Geschichte, die Nation, die Revolution, die Gesellschaft, die Kunst, das Geschlecht usw. sakralisierten.

Persönlichkeiten wie Saint-Simon, Comte, Michelet, Mazzini, Marx waren Propheten und Theologen der Sakralisierung der Politik.[18] Vor allem im Bereich der revolutionären Kultur war die *Heiligsprechung der Gewalt* als Instrument der Erneuerung bedeutsam, die sowohl bei den linken als auch bei rechten revolutionären Bewegungen zu einem integralen Bestandteil der Sakralisierung der Politik wurde. Aber genauso wichtig war die Entwicklung der Sakralisierung der Politik hinsichtlich ihres rituellen und symbolischen Aspekts, beispielsweise mittels Erfindung von Traditionen seitens der Monarchien, welche in der zweiten Hälfte des Jahrhunderts versuchten, die Sakralisierung der Macht zu erneuern, indem sie sie an die Demokratisierung der Politik anpassten. Dies geschah mittels der Einrichtung von Zeremonien und Ritualen, die sich einer künstlichen und unechten Vergangenheit rühmten. In dieser Form war der Beitrag zur Sakralisierung der Politik in der Tat ziemlich beschränkt und zudem fast immer indirekt, denn er blieb substantiell im Rahmen einer traditionellen Verherrlichung der Monarchie. Außerdem stellte in diesen Fällen die legitimierende Anwesenheit der geschichtlichen Religion, wenngleich sie auch an die Moderne angepasst war, eine Grenze für die Umwandlung der traditionellen Sakralisierung der Macht in die neue Sakralisierung der Politik dar. Diese blieb in ihrer Essenz ein revolutionäres und demokratisches Phänomen und somit eher geistesverwandt mit denjenigen Bewegungen, die die Gottgleichheit der monarchischen Macht in Frage stellten, um die Heiligkeit der Souveränität der Nation oder des Volkes zu preisen. Der Sakralisierung der Politik waren eher die symbolischen und zeremoniellen Apparate der neuen Staaten zuzuordnen, d. h. die Einrichtung von Nationalfeiertagen, die Errichtung von Symbolen mittels Architektur, Städtebau und Monumentalbauten. Aber auch in diesen Fällen handelte es sich nicht immer um eine effektive Förderung der Sakralisierung der Politik. Hier war oft die laizistische, rationalistische und individualistische politische Kultur der Regierenden ein Hindernis, die sich der Idee widersetzte, eine wie auch immer geartete Religion zu institutionalisieren – selbst wenn es eine zivile Religion der Nation wäre –, fürchtend, dass dies die irrationale Abergläubigkeit perpetuiert und die Emanzipation des Individuums behindert hätte. Ein weiteres Hindernis bestand darin, zunächst ein rituelles und symbolisches System zu schaffen, das die gelegentlich zusammenkommende Menschenmenge durch demagogische Mittel oder die Imitation traditioneller Religionen umformt, gegen welche sich die laizistische und liberale Kultur im Namen der Vernunft und der Freiheit erhoben hatte. Wenngleich viele der liberalen Nationalstaaten es für notwendig hielten, den Bürger im Kult der »Religion des Vaterlandes« zu erziehen, waren sie aber zugleich der Meinung, dass die einzigen pädagogisch legitimen Mittel, da rational und modern, Schule und Heer waren. Dies alles erklärt, warum trotz der gewünschten Förderung der rituellen und sym-

bolischen Apparate seitens der Nationalstaaten des 19. Jahrhunderts ihr
Beitrag zur Sakralisierung der Politik meiner Meinung nach eher beschränkt war, auch wenn die totalitären Regime sich dieser Apparate
bedienen konnten, da sie einen bereits vorbereiteten Boden fanden, auf
dem sie das Fundament für die Sakralisierung der Politik errichten
konnten.

Die Entwicklung der Sakralisierung der Politik wurde zu einem großen Teil durch das Aufkommen der Massenbewegungen begünstigt, die
ausgiebig von Formeln und Mustern der traditionellen Religionen sowie von neuen Riten und Symbolen Gebrauch machten und die somit
ebenfalls Ursprung einer neuen Art von Vertrauen zwischen den Massen und ihren Führern wurden. Vor allem gaben diese Massenbewegungen der mythischen Verabsolutierung der weltlichen Einheiten, die
den Kern ihrer Ideologie darstellten, sowie der politisch motivierten
Gewalt als Gegenstand der Widmung, die den Kämpfer total verein-
nahmt und die zum Sinn des Lebens sowie zu einer bestimmten Lebensführung wurde, einen starken Impuls. Es ist daher bezeichnend,
dass die Soziologen am Ende des 19. Jahrhunderts angesichts der Massenbewegungen und des Sozialismus von der Geburt neuer Religionen
sprachen – unabhängig von den Interpretationen, die sie gaben. Und es
ist noch bezeichnender, dass es häufig gerade die Protagonisten dieser
Massenbewegungen waren, welche sie als eine neue weltliche Religion
konzipierten und sich wünschten, dass auch ihre Kämpfer den Geist
und die Mentalität religiöser Aktivisten übernahmen. Von diesem
Standpunkt aus ist der Beitrag Sorels und seiner Theorie vom Mythos
der Sakralisierung der Politik besonders fruchtbar. Kämpfer der revolutionären Bewegungen, die den Atheismus proklamierten, bezogen sich
gerne auf die religiösen Bewegungen, um auf diesem Hintergrund ihr
Konzept der Politik als allumfassende Erfahrung zu definieren, als
Kraft der totalen Erneuerung, die zur Schaffung einer neuen Kultur
und zu einer neuen Menschheit hätte führen müssen. Dadurch haben
auch sie auf ihre Weise dazu beigetragen, die Samen der Sakralisierung
der Politik zu verbreiten. Mussolini, atheistischer Sozialist, bekannte
sich zu einer »*religiösen* Konzeption des Sozialismus«[19]. Kategorischer
proklamierte Gramsci 1916[20], dass der Sozialismus »genau die Religion
ist, die das Christentum umbringen muss. Religion in dem Sinn, dass
sie auch ein Glauben ist, der seine Mysterien und Praktiken hat; Religion, da sie im Bewusstsein den transzendenten Gott der Katholiken

durch den Glauben an den Menschen und seine Energien als einzige spirituelle Realität ersetzt hat.« Aber genauso wenig darf der, wenn auch nur indirekte, Beitrag unterschätzt werden, den die moderne Avantgarde mit ihrer Suche nach einer neuen Religion als Rekonstruktion der Gesamtheit des Lebens, als spirituelle Revolution, als apokalyptische Erwartung der großen erneuernden Katastrophe, als Anrufung des neuen Menschen und des Messias, zur Sakralisierung der Politik geleistet hat. Und auch sie trug, gemeinsam mit den revolutionären Bewegungen, zur Verherrlichung der Gewalt als heiligendem Mittel zur Erneuerung der Menschheit bei.

Zu Beginn des 20. Jahrhunderts ging der entscheidende und fruchtbarste Impuls für die Sakralisierung der Politik vom Ersten Weltkrieg aus. Dieser trug zur Politisierung der geschichtlichen Religionen bei, die sich in fast allen Ländern bei diesem heiligen Krieg gegen den Antichristen in den Dienst der Nation stellten und die so zu einer Verherrlichung des Vaterlandes beitrugen. Jeder Krieg führende Staat proklamierte für sich, dass Gott an der Seite seiner Soldaten sei, um sie, zur Rettung von Kultur und Menschheit, zum Sieg zu führen. Der Krieg selbst wurde als ein großes apokalyptisches, erneuerndes und gottgewolltes Ereignis interpretiert. Dies wiederum erhöhte die Legitimation der Gewalt als Mittel zum Triumph über das Böse. Dies trug stark zur Sakralisierung derjenigen Ideologien bei, die in den Konflikt verwickelt waren. Außerdem taucht in der Kriegspropaganda zum ersten Mal das *Bild des Feindes* als Verkörperung des Bösen auf, und damit entsteht auch das *Bild des inneren Feindes*, der sich im Körper der Nation einnistet, Teil der Nation ist, aber nicht dazugehört, da er die Absolutheit nicht akzeptiert und sie nicht mit aufrichtiger und absoluter Hingabe verehrt. Außerdem begünstigte die Erfahrung des millionenfachen Sterbens hier erstmals das Wiedererwachen des religiösen Gefühls und erzeugte neue Formen weltlicher Religiosität, die an diese Kriegserfahrung gebunden war. Die Symbolik von Tod und Auferstehung, die Hingabe an die Nation, das Mysterium des Blutes und des Opfers, der Helden- und Märtyrerkult, die Gemeinschaft der Kameraden: alles dies vertiefte die Idee von Politik als totaler und somit als religiöser Erfahrung bei den Kriegführenden, welche alle Formen der Existenz erneuern muss. Der Gefallenenkult ist dabei die offensichtlichste Manifestation der Sakralisierung der Politik im 20. Jahrhundert. In allen Ländern, die an dem Konflikt beteiligt waren – ausgenommen Russland –, fand die Sakralisierung der Politik ihren Höhepunkt während des Ersten Weltkrieges.

Aus ganz anderer Perspektive wird der Erste Weltkrieg – verstanden als ein totaler Krieg, der in unermesslicher Weise die Gewalt des Staates über die Gesellschaft und das Schicksal der Menschen anwachsen lässt – als Ausdruck und Konsequenz einer »weltlichen Religion« interpretiert, die seit der laizistischen Konzeption des Staates diesen als obersten Souverän vergöttlicht hat, wie Luigi Sturzo im Dezember 1918 meinte[21]: »Mit dem Zusammenbruch Deutschlands hat sich die absurde Praxis des pantheistischen Konzepts des Staates, der alles seiner Gewalt unterwirft – die innere und die äußere Welt, den Menschen und den Sinn seines Lebens, die sozialen Kräfte und die menschlichen Beziehungen –, in seiner tiefsten Krise offenbart: in der Vergöttlichung einer Kraft und einer absoluten Macht, die sich an die Stelle des tiefen Gerechtigkeitsgefühls und der großen Ziele des menschlichen Geistes setzte. Diese pantheistische Konzeption ist – mehr oder weniger – in alle zivilisierten Nationen, die eine liberale und demokratische Verfassung besitzen, und in den vorherrschenden Gedankenstrom der Philosophie des öffentlichen Rechts eingedrungen, und diejenigen Nationen, die sich den religiösen Zielen der Kirche am meisten widersetzt hatten, haben in der Verneinung jeglichen kollektiven spirituellen Problems die alte Religion durch eine neue weltliche Religion ersetzt – die Religion des absoluten, souveränen Staates, dominierende und bindende Kraft, Gesetz und moralisches Gebot, unbezwingbare Macht, einzige Synthese des Gemeinwillens.«

Faschismus und Nazismus, Söhne des Krieges, leiteten die religiöse Dimension ihrer Politik hauptsächlich von der Erfahrung des Krieges ab, aber in die totalitären Religionen mündeten – in verschiedener Weise und verschiedenen Mischungsverhältnissen – Sakralisierungen der Politik, die inzwischen eine lange Tradition besaßen und wo sich ein ansehnliches Material angesammelt hatte, aus welchem die totalitären Religionen ausgiebig schöpfen konnten. Der Bereich der Sakralisierung der Politik, wie sie sich durch den Ersten Weltkrieg ausgebildet hat, umfasst auch die bolschewistische Revolution, welche von marxistisch-eschatologischer Raserei und russisch-chiliastischen Traditionen genährt wurde. Dies alles bedeutet nicht, dass die totalitären Religionen am Ende eines Prozesses stehen, der notwendigerweise zu ihnen führen musste. Mit anderen Worten, die totalitären Religionen – d. h. die

Totalitarismen des 20. Jahrhunderts – sind keine Abkömmlinge der Sakralisierung der Politik der Französischen Revolution, wie von vielen Forschern angenommen wird: Es sind neue politische Religionen, die aus dem Ersten Weltkrieg und der Russischen Revolution geboren wurden, auch wenn in ihnen bereits vorhandene Strömungen zusammenfließen.

Aus dem Italienischen von Christina Boccolari

▪ Anmerkungen

1 Die Literatur zum Thema »Totalitarismus« ist in den letzten Jahren beachtlich angewachsen, und jeder Beitrag setzt sich mehr oder minder ausführlich mit der Sakralisierung der Politik auseinander. Ich beschränke mich deshalb darauf, nur die neuesten Beiträge, die dieses Thema besonders ausführlich behandeln, zu erwähnen: H. Maier (Hg.), ›Totalitarismus‹ und ›Politische Religionen‹: Konzepte des Diktaturvergleichs, Bd. I, Paderborn 1996, u. ders./M. Schäfer (Hg.), ›Totalitarismus‹ und ›Politische Religionen‹: Konzepte des Diktaturvergleichs, Bd. II, Paderborn 1997; D. Bosshart, Politische Intellektualität und totalitäre Erfahrung: Hauptströmungen der französischen Totalitarismuskritik, Berlin 1992; H. Maier, Politische Religionen: Die totalitären Regime und das Christentum, Freiburg i. B. 1995, M. Ley/J. H. Schoeps (Hg.), Der Nationalsozialismus als politische Religion, Bodenheim b. Mainz 1997, schließlich M. Huttner, Totalitarismus und Säkulare Religionen: Zur Frühgeschichte totalitarismuskritischer Begriffs- und Theoriebildung in Großbritannien, Bonn 1999.
Ich erlaube mir, diesbezüglich auch auf meine Studien zu verweisen, die in spezifischer Weise das Problem des Totalitarismus und der Sakralisierung der Politik im Faschismus behandeln, sich dabei aber auf die generelle Natur solcher Phänomene beziehen: E. Gentile, Le origini dell'ideologia fascista, Rom u. Bari 1975 (Neuauflage Bologna 1996); ders., Il mito dello Stato Nuovo, Rom u. Bari 1982 (Neuauflage 1999); ders., Storia del partito fascista 1919–1922: Movimento e miliazia, Rom u. Bari 1989; ders., Il culto del littorio: La sacralizzazione della politica nell'Italia fascista, Rom u. Bari 1993 (engl. Übersetzung: ders., The Sacralization of Politics in Fascist Italy, Cambridge/Mass. 1996); ders., La via italiana al totalitarismo: Il partito e lo Stato nel regime fascista, Rom 1995. Der Versuch einer theoretischen Definition findet sich in: ders., El fascismo y la via italiana al totalitarismo, in: M. Pérez Ledesma (Hg.), Los riesgos para la democracia: Fascismo y neofascismo, Madrid 1997, 17–35.
2 Vgl. S. A. Arjomand (Hg.), The Political Dimensions of Religion, New York 1993; A. Elorza, La Religión Política, Donostia u. San Sebastian 1996.

3 Vgl. W. Stark, The Sociology of Religion: A study of Christendom, Bd. 1, London 1966.

4 Die Komplexität dieser Zusammenhänge tritt deutlich hervor in der Analyse von J. J. Linz, Der religiöse Gebrauch der Politik und/oder der politische Gebrauch der Religion: Ersatz-Ideologie gegen Ersatz-Religion, in: H. Maier (Hg.), ›Totalitarismus‹ und ›Politische Religionen‹: Konzepte des Diktaturvergleichs, Bd. I, Paderborn usw. 1996, 129–154.

5 Vgl. O. Ihl, La fête républicaine, Paris 1996.

6 Vgl. C. L. Albanese, Sons of the Fathers: The Civil Religion of the American Revolution, Philadelphia 1976.

7 Vgl. E. Gentile, Il culto del littorio: La sacralizzazione della politica nell'Italia fascista, Rom u. Bari 1993 (engl. Übersetzung: ders., The Sacralization of Politics in Fascist Italy, Cambridge/Mass. 1996).

8 Die Literatur bzgl. des Phänomens der Sakralisierung der Politik ist in den letzten Jahren sehr umfangreich geworden. Ich beschränke mich deshalb – außer der bereits zitierten Titel – in den nachfolgenden bibliographischen Anmerkungen darauf, einige Studien zu erwähnen, die dieses Problem etwas systematischer in Angriff genommen haben, und zwar sowohl vom theoretischen Standpunkt aus als auch vom Standpunkt einer Analyse der geschichtlichen Realität. Als umfassende Einführung ist nach wie vor das Werk von Jean J. Sironneau von grundlegender Bedeutung: J. J. Sironneau, Sécularisation et religions politiques, Mouton 1982.

9 Für eine analoge Unterscheidung zwischen diesen beiden Begriffen vgl. R. C. Wimberley, Testing civil religion hypothesis, in: Sociological Analysis (37/1976), 341–352; C. Lane, The Rites of Rulers, Cambridge 1972, 42–44.

10 Für eine Anwendung des Konzepts von politischer Religion außerhalb des Kontextes der europäischen Totalitarismen vgl. D. A. Apter, Political religion in the new nations, in: C. Geertz (Hg.), Old Society and New States: The Quest for Modernity in Asia and Africa, London 1963, 57–103.

11 Vgl. A. Mathiez, La théophilanthropie et le culte décadaire (1796–1801), Paris 1903, 23.

12 Vgl. O. Ihl, La fête républicaine, Paris 1996, 39.

13 Vgl. J.-J. Rousseau, Scritti politici, Bd. 3, hg. v. M. Garin, Mailand 1981, 198.

14 Ebd., 62.

15 Vgl. G. L. Mosse, The nationalization of the masses: Political symbolism and mass movements in Germany from the napoleonic wars through the Third Reich, New York 1975; M. Ozouf, La fête révolutionnaire 1789–1799, Paris 1976; P. Shaw, American patriots and the Rituals of Revolution, Cambridge 1981.

16 Vgl. C. J. H. Hayes, Nationalism: A religion, New York 1960.

17 Vgl. J. L. Talmon, The Origins of Totalitarian Democracy, London 1952; ders., Political Messianism: The Romantic Phase, London 1960; ders., The Myth of the Nation and the Vision of Revolution, London 1980; J. H. Billington, Fire in the Minds of Men: Origins of the Revolutionary Faith, New York 1980.

18 F. Heer, Europa – Mutter der Revolutionen, Stuttgart 1964.

19 So drückte sich Mussolini in einem Brief an G. Prezzolini vom 20. Juli 1912 aus;
    zit. nach E. Gentile, Il mito dello Stato Nuovo, Rom u. Bari 1982 (Neuauflage
    1999).
20 A. Gramsci, Cronche torinesi 1913–1917, hg. v. S. Caprioglio, Turin 1980, 329.
21 L. Sturzo, I discorsi politici, Rom 1951, 388.

Philippe Burrin ▌**Totalitäre Gewalt**
▌**als historische Möglichkeit**

Die Gewalt stellt eine äußerst bedeutsame Dimension des totalitären Phänomens dar; für Hannah Arendt[1], die im Schrecken das Wesen dieses Phänomens sieht, ist sie sogar die Schlüsseldimension schlechthin. Zumindest ist Gewalt ein gemeinsamer Bestandteil aller nach dem Ersten Weltkrieg in Europa entstandenen Regime dieses neuen Typs; unter ihnen nehmen der Nationalsozialismus und der Stalinismus eine herausragende Stellung ein. Beide ähneln sich nämlich insofern, als ihre Gewalt breite Schichten der Bevölkerung in Mitleidenschaft zog. Nicht nur einzelne Oppositionelle, sondern ganze Personengruppen waren von Vorwürfen, die ohne Bezug zum tatsächlichen Verhalten des Einzelnen von den Machthabern widerspruchslos formuliert wurden, betroffen.

Was totalitäre Gewalt kennzeichnet, ist im Grunde das Übermaß, eine Art von »overshooting«, das die üblichen repressiven Methoden der politischen Opposition gegenüber bei weitem übertrifft. Dies scheint eng verbunden mit dem Ziel einer grundlegenden Veränderung der Gesellschaft und mit einem politischen Absolutheitsanspruch. Beide sind konstitutive Bestandteile der totalitären Regime; sie setzen voraus, dass die Gesellschaft formbar und der Einsatz der hierfür notwendigen Kräfte gerechtfertigt ist. Sie bilden somit wahrscheinlich noch mehr als der Schrecken den Mittelpunkt des totalitären Phänomens.[2]

Aber woher stammt diese Gewalt? Zu Recht ist der Historiker bei der Suche nach den Ursachen sehr skeptisch, da diese Ursachen auch für eine teleologische Interpretation missbraucht werden können. Er weiß allerdings auch, dass diese Suche unvermeidlicher Bestandteil seiner Forschungen ist. Zum Thema Totalitarismus jedoch hat Hannah

Arendt mit ihrem Buch »Elemente und Ursprünge totaler Herrschaft«, in dem sie den Untergang des Nationalstaates, den Imperialismus, den Antisemitismus und die Atomisierung der Massen in Individuen behandelt, einen Präzedenzfall geschaffen. Allerdings warnt sie davor, die Ursprünge mit Ursachen zu verwechseln. Ohne alles aus sich selbst heraus zu bewirken, »kristallisierten« die Ursprünge unter bestimmten Umständen zu Ursachen und ergaben ein ganz neues Phänomen. Diesen Versuch, zwei Dinge in Einklang zu bringen: die Erforschung des historisch Vorausgehenden und die Behauptung, dass der Totalitarismus ein gänzlich neues Phänomen sei, haben viele kritisiert, wobei als Hauptkritikpunkte die Unbestimmtheit der Umstände, die zu jener »Kristallisation« geführt haben, und der unbestimmte Charakter des eigentlichen »Kristallisationsvorganges« genannt wurden.[3]

Um nicht zwischen der historischen Kausalität im strengen Sinne und einer analytischen Zergliederung – mit Hilfe der Soziologie und Philosophie – wählen zu müssen, könnte man den Weg einschlagen, den Raymond Aron vorgibt, nämlich den einer eingeschränkten Kausalität. Hierunter verstand er die Untersuchung von Umständen, ohne die ein historisches Phänomen wahrscheinlich nie entstanden wäre.[4] Im Falle des Totalitarismus bestünde dieser Weg darin, nicht – wie es Ian Kershaw und Moshe Lewin für Deutschland und Russland[5] unternommen haben – den »common ground« herauszuarbeiten, der sich eventuell im historischen Umfeld der Länder ausmachen lässt, in denen sich ein totalitäres Regime etabliert hat, sondern genauer jene Tendenzen zu studieren, die das Entstehen dieser bisher nicht gekannten Gewalt erst möglich gemacht haben. Ziel meiner Untersuchung wird also nicht sein, die Konstellation der Faktoren zu ermitteln – soweit dies überhaupt möglich wäre –, die Gewalt erst ermöglicht hat, die hier oder dort zum einen oder anderen Zeitpunkt mit einer bestimmten Stärke auftrat. Dazu müsste man nicht nur Einfluss und Nachwirkungen des Ersten Weltkrieges untersuchen, sondern auch die Art und Weise der Machtergreifung, die Verfestigung der Herrschaft, die gesellschaftlichen Umwälzungen, die die Geschichte eines jeden Regimes ausmachten. Ich werde hier lediglich einige Überlegungen über die lang- und mittelfristigen Entwicklungen anstellen, die es in Europa vor 1914 gab und die dazu geführt haben, dass totalitäre Gewalt überhaupt eine historische Möglichkeit darstellen konnte.

Jede Untersuchung der Vergangenheit erfordert zuerst einmal, dass man so klar wie möglich den Gegenstand der Untersuchung – in unserem Fall das Objekt »Gewalt totalitärer Prägung« – definiert. Dies scheint mir möglich, indem man den Punkt bestimmt, an dem sich folgende vier Hauptcharakteristika dieser Gewalt überschneiden: Erstens die Rechtfertigung, die eine Ideologie mit universellem Gültigkeitsanspruch und mit dem Ziel, eine neue Gesellschaft zu errichten, bietet; zweitens die Abhängigkeit von einem Feindbild, das stark überzeichnet und extrem gefühlsbeladen ist, wobei der Feind als lebensbedrohend definiert und wahrgenommen wird; drittens die Umsetzung durch einen vielverzweigten Verwaltungsapparat, der sich, bevor er Gewalt anwendet, um die Benennung des Feindes kümmert, indem er Kategorien einführt, in die die Bevölkerung mit Hilfe eines riesigen Statistikapparates aufgeteilt wird, schließlich die Einbeziehung wenigstens eines Teiles der Bevölkerung in diesen Apparat, und sei es auch nur durch Bespitzelung und Denunziantentum.

I.

Es empfiehlt sich, erst einmal Abstand zu gewinnen und die totalitäre Gewalt in eine längere historische Zeitspanne einzuordnen. Ich werde also drei Strömungen untersuchen, die meines Erachtens den Rahmen bilden, in dem man die politische – und noch viel mehr die totalitäre – Gewalt des modernen Zeitalters verstehen kann.

Die erste Strömung gründet in der Konzeption politischen Handelns, wie sie mit der Französischen Revolution auftrat, nämlich in dem Gedanken, dass menschliche Handlungen eine Gesellschaft teilweise oder ganz verändern können, ohne dass man sich rechtfertigen oder gar auf eine göttliche Ordnung oder religiöse Einrichtungen beziehen müsse – was bis dahin immer die notwendige Grundlage aller Machtausübung war. Der politische Voluntarismus impliziert nicht nur die Teilnahme des Volkes im engeren oder weiteren Sinn des Wortes, sondern auch die Entwicklung einer Ideologie, die die Übel der gegenwärtigen und die Wohltaten der zukünftigen Gesellschaft aufzeigt; in andern Worten, mit der Französischen Revolution beginnt eine Zeit, in der der politische Wandel untrennbar ist von einer historischen Zielsetzung, welche dann auch bald von professionellen Akteuren – wie Politikern oder Berufsrevolutionären – oder von neuen politischen Einrichtungen wie Parteien getragen wird.

Den stärksten Ausdruck dieses politischen Voluntarismus stellen die Nation und die Revolution dar. Beide können miteinander verbunden auftreten, wobei Freiheit und Autorität jeweils unterschiedlich gewichtet sein können. Mag es sich nun um die Errichtung einer Nation oder um die Verwirklichung einer Revolution handeln, beide Projekte rechtfertigen die Anwendung von Gewalt. Diese ist um so leichter zu erklären, je radikaler der angestrebte Wandel ist. Jeglicher Widerstand oder jegliche Gleichgültigkeit muss als eine unerträgliche Infragestellung der Ideologie angesehen werden, die das neue Regime als Wahrheit ausgibt. In dieser Hinsicht – und schon mancher Beobachter hat dies bemerkt – ähnelt die Gewalt der Neuzeit der Gewalt der Religionskriege; in beiden Fällen handelt es sich um ein Aufeinanderprallen kollektiver Glaubensüberzeugungen.

Wie es sich während der Französischen Revolution am Beispiel der Ermordung des Königs, der Verfolgung der Priester und Emigranten zeigte[6] und wie man es seit jener Zeit bis heute feststellen konnte, gehen radikale Veränderungen fast immer mit einer Ausgrenzung einher. Bestimmte Personen oder Gruppen werden »außerhalb des Gesetzes« gestellt. – »Extermination« bedeutet Vertreibung aus dem Bereich der Stadt. – Außerhalb des Gesetzes stehen die »Staatsfeinde«; ausgegrenzt aus dem Gesellschaftsvertrag sind die angeklagten Klassen (Aristokraten während der Französischen Revolution, Aristokraten und Kapitalisten während der Russischen Revolution), ausgegrenzt aus der Nation sind die Emigranten, Widerstandskämpfer, Dissidenten. Man ging sogar bis zur Ausgrenzung aus dem Menschengeschlecht wie im Fall der Engländer und der Hannoveraner, die durch die Französische Revolution per Dekret nicht zu Gefangenen gemacht werden durften.[7]

Die zweite Strömung ist die der Angleichung der sozialen Verhältnisse – das, was Tocqueville als unabänderliche Folge der Demokratie beschrieben hat. Er verstand darunter sowohl die gesellschaftlichen Lebensumstände als auch die Einführung des allgemeinen Wahlrechts. Diese Angleichung der sozialen Verhältnisse führt dazu, dass der Andere zum Ähnlichen wird, und verringert somit die Alterität, die noch die Gesellschaft des Alten Regimes mit ihren Ständen und Privilegien kennzeichnete. Dadurch gibt diese Angleichung den Träumen von Einheit und Homogenität neue Kraft, macht die Identität – ob nun in Politik, Kultur oder Sprache – sichtbarer und erstrebenswerter, die Alterität dagegen weniger erträglich.

Indem man eine neue Nation gründete und die Revolution vorantrieb, schuf man in den letzten beiden Jahrhunderten riesige Produktionsstätten kollektiver Identität – damit aber zugleich neue mächtige Alteritätserzeuger; ja die Schaffung neuer Identitäten in Gestalt von Staatsnationen oder politischen Parteien rief neue Alteritäten hervor, die dann wiederum zur Begründung der Einheit dienten. Man kann dies gut an der Entwicklung des Nationalbewusstseins in Frankreich und in Deutschland nach 1871 beobachten, als sich jedes der beiden Länder vom Nachbarn her definierte, in dem man den »Erbfeind« sah.[8] Alterität ist das Element, das die Entfaltung von Gewalt in menschlichen Gesellschaften am meisten fördert. Insofern wohnt dem Willen zur Einheit, der durch die Angleichung der Lebensumstände gefördert wird, ein beachtliches Entwicklungspotential inne.

Der dritte Aspekt ist die Entwicklung des Verwaltungsapparates der Gesellschaft. Darunter versteht man im Wesentlichen, aber nicht ausschließlich, den Staat. Die Ausweitung des staatlichen Zuständigkeitsbereiches und seines Verwaltungsumfanges soll hier nicht weiter vertieft werden. Nur eines sei gesagt: Diese Ausweitung hat auch dazu geführt, dass das Individuum allmählich der Gewalt über sich selbst enteignet wurde, und zwar zugunsten der staatlichen Gewalt, deren Monopol sich sowohl im Schlichten von Streitigkeiten Einzelner oder von Kollektivitäten im Landesinneren auswirkt als auch in den Beziehungen zu anderen Staaten. Ob der sich über Jahrhunderte hinziehende Rückgang gewisser Formen von Gewalt den Erfolg des Zivilisationsprozesses, wie es Norbert Elias annahm, beweist, steht hier nicht zur Debatte. Dass dieser Vorgang eng mit der Errichtung des Staates und der Verschärfung gesellschaftlicher Kontrollmechanismen zusammenhängt, ist offenkundig.[9]

Die Entwicklung der staatlichen Macht und ihr Einfluss auf die Gewalt totalitärer Prägung ist in Hannah Arendts Augen zweitrangig, auch wenn sie die Bedeutung der Verwaltung in der Kolonialherrschaft hervorhebt. Bei Michel Foucault[10] hingegen, der sich nur am Rande für den Totalitarismus interessierte, steht gerade sie im Mittelpunkt seiner Arbeiten. Da sein Ansatz für meine Untersuchung nicht unwichtig ist, mag es von Nutzen sein, daran zu erinnern, welche Bedeutung Foucault dem Tun des Staates beimisst. Der Staat geht im Lauf der Zeit weit

über die Steuergesetzgebung, die Rechtsprechung und die Kriegführung hinaus, indem er die Wirtschaft, das Gesundheitswesen und sogar
das ganze Leben zu regeln versucht, sodass man von einer »Bio-Macht«
sprechen könnte.

In den Augen Foucaults drückt sich diese wachsende Kontrolle in
dem Bemühen der Macht aus, das soziale Leben in immer feineren
Kategorien zu erfassen sowie auf individueller Ebene in der Verinner-
lichung dieses Normalisierungsinstrumentariums durch das Individuum. Unter diesem Gesichtspunkt erscheint der Totalitarismus als das
Endprodukt einer mehrhundertjährigen Entwicklung von Machtmit-
teln; er ist der Höhepunkt einer unglaublichen Steigerung von Macht-
produktivität seit dem 18. Jahrhundert. Auf keinen Fall stellt er eine
Abweichung oder gar eine Kehrtwende der Entwicklung dar. Die Ver-
einnahmung der Gesellschaft durch totalitäre Regime hatte zum Ziel,
sich Individuen zu schaffen, die den Bedürfnissen dieser Regime bedin-
gungslos Folge leisten würden. Dass sie darin erfolgreich waren, zeigt
die Tatsache, dass diese Regime es sich erlauben konnten, einen Teil der
Macht an die Gesellschaft abzugeben, sodass jene selbst Macht besaß,
zu überwachen, einzuschüchtern, zu terrorisieren und zu töten. Die zerstörerische Kraft der staatlichen Gewalt wurde dadurch verstärkt, dass
sie nicht nur gut organisiert war, über die technischen Mittel verfügte
und durch Logistik und Wirtschaft unterstützt wurde, sondern dass sie
in ihren Bestrebungen entlastet wurde durch geistige und körperliche
Dressur der Massen.

Die Vorteile, aber auch die Grenze eines solchen Ansatzes, der im
Vergleich zu dem von Hannah Arendt die genau gegensätzliche Position aufweist, treten deutlich zu Tage. Der Totalitarismus ist Teil einer
breiten, kontinuierlichen Bewegung, die nichts anderes darstellt als die
Neuzeit selbst. Es erweist sich folglich als schwierig, gleichzeitig die
unterschiedlichen Auswirkungen dieses Phänomens in den einzelnen
Ländern und sein außergewöhnliches Übermaß, da, wo es sich durchgesetzt hat, aufzuzeigen. Foucault erklärt in Bezug auf Nationalsozialismus und Stalinismus, dass diese »größtenteils das Gedankengut und
die Methoden unserer eigenen politischen Rationalität verwenden« haben und fügt hinzu, dass es sich hierbei um »zwei Krankheiten der
Macht« handelt, denen ein »innerer Wahnsinn« eigen ist.[11] Aber weder
diese Krankheit noch dieser Wahnsinn werden konkret bezeichnet, da
Foucaults Interpretationsschema keine Klärung zulässt.

Es sei noch hinzugefügt – dies wird freilich nicht von Foucault vertreten –, dass ein allein auf eine Analyse des Staates gestützter Forschungsansatz einen weiteren Aspekt des Problems unbeachtet lässt. Der Staat ist nämlich nicht das einzige Verwaltungsinstrument der Gesellschaft. Es gibt auch andere spontan aus der bürgerlichen Gesellschaft geborene Organisationen, von denen vor allem die politischen Bewegungen und die Parteien zu erwähnen sind. Ein Hauptmerkmal des Totalitarismus besteht sicherlich darin, dass politische Gruppierungen, sobald sie an der Macht sind, den Anspruch erheben, das gesamte gesellschaftliche Leben zu durchdringen und auch die staatliche Verwaltung selbst in ihre Gewalt zu bringen, was zu den bekannten Spannungen und Verformungen, insbesondere im Nationalsozialismus, geführt hat.

Seit der Entstehung der Parteien gegen Ende des 19. Jahrhunderts kann man beobachten, wie sich einige von ihnen nicht nur gegen den Staat, sondern auch gegen die Gesellschaft stellen. Dies führt so weit, dass ihre Anhänger im Namen einer exklusiven Ideologie und Identität eine Art »Antigesellschaft« bilden, die sehr viel mehr ist als nur Ausdruck und Vertretung der öffentlichen Meinung. Man braucht hierbei nur an die deutsche Sozialdemokratie in ihren Anfängen zu denken, die darauf bedacht war, das ganze Leben ihrer Mitglieder »von der Wiege bis zur Bahre« zu begleiten, oder an revolutionäre Parteien im Untergrund, deren Mitglieder am Rande der Gesellschaft leben.[12]

Auch wenn Militanz und Mobilmachung von Massen vor 1914 ein Merkmal der Arbeiterparteien war, so gab es auch schon in anderen Bewegungen Bestrebungen, eine Antigesellschaft zu bilden. So machten z. B. auch völkische[13] Vereine des Deutschen Reiches und Österreich-Ungarns ihre Distanz zu der sie umgebenden Gesellschaft deutlich, und zwar nicht nur durch ihre politischen Vorstellungen, sondern auch durch ihr Handeln: Sie trieben insbesondere die Gründungen von Agrarkommunen voran und priesen eine moralische Erneuerung, die sich bis auf den Bereich des menschlichen Körpers und einer vegetarischen Ernährung erstreckte.[14]

Die Ausweitung dieser Entwicklung auf den Bereich der Gewalt blieb zunächst eher begrenzt. Die paramilitärische Entwicklung fand erst nach dem Ersten Weltkrieg statt, auch wenn es stimmt, dass das militärische Vorbild das Gedankengut und die militanten Gewohnheiten dieser Bewegungen – auch der deutschen Sozialdemokratie – schon vor

1914 spürbar geprägt hat. Ebenso darf man nicht die Diskussionen außer Acht lassen, die über den Einsatz von Gewalt in der Politik und die damit verbundenen Vorstellungen von einer heilsamen Gewalt geführt wurden; mag diese Gewalt nun ein revolutionäres Ziel gehabt haben oder ein konterrevolutionäres. Dies gilt auch für die nachhaltige Bedeutung, die man der Vorliebe politischer und besonders militanter Parteien beimessen muss, mit Symbolen und Riten zu arbeiten, die aus ihnen geradezu einen Staat im Staate machten, indem sie sich beispielsweise Hymnen, Flaggen und eine besondere Grußformel gaben oder Feste und Gedenkfeiern veranstalteten. George Mosse sieht darin völlig zu Recht den Ursprung der Gepflogenheiten, die die totalitären Regime später bis zur Perfektion weiterentwickelt haben.[15]

Ich möchte noch einmal betonen, dass es hier nicht darum geht, eine Kausalverbindung zwischen diesen Strömungen und der totalitären Gewalt herzustellen, sondern vielmehr um die Frage, inwiefern die potentielle Möglichkeit von Gewalt, die sich aufgrund günstiger Umstände bis zum totalitären Extrem entwickeln konnte, der Neuzeit innewohnt. Wenn, zum Beispiel, die Staatstechnologie eine so gewichtige Rolle für die Gewalt in totalitären Regimen gespielt hat, dann natürlich nur, weil der Staat von einer Partei geleitet wurde, die dazu entschlossen war, ihre Macht über die ganze Gesellschaft auszuüben, und die sich als fähig erwies, all jene Hindernisse zu überwinden, die normalerweise das Gewaltpotential, das dem politischen Voluntarismus, der Angleichung der sozialen Verhältnisse und dem Interventionismus des Staates innewohnt, in den meisten europäischen Gesellschaften eindämmen. Hierbei wären zu nennen: der Rechtsstaat, die Entschärfung von Konflikten durch die institutionelle Verfassung des politischen Lebens, das Akzeptieren eines Wertepluralismus und die Erziehung zu Kritik und Toleranz.

II.

Nachdem ich diese langfristigen Bewegungen aufgezeigt habe, möchte ich versuchen, einige Aspekte genauer zu bestimmen, ohne die das Entstehen totalitärer Gewalt eher unwahrscheinlich gewesen wäre. Diese Aspekte, die hier analytisch unterschieden werden sollen, können in der

Zeit zwischen 1870 und 1914 angesiedelt werden, einer Zeit, in der große soziale Veränderungen stattfanden: allgemeine Schulpflicht, allgemeine Wehrpflicht, Industrialisierung und Verstädterung, Verschmel-
zen der Massen zu Nationen, Imperialismus.

Der erste Aspekt ist die Verbreitung eines relativ neuen Feindbildes.
Wie schon erwähnt, besteht ein Merkmal des Totalitarismus darin,
Sündenböcke auszumachen; in einem liberalen Umfeld würden diese
eher als Gegner bezeichnet. In totalitären Regimen wird der politische
Gegner nicht nur zum Feind, der als solcher zu behandeln ist, sondern
die Inhaber der Macht entwickeln auch neue Kategorien: So den »objektiven« Feind, bei dem man, nach dem zutreffenden Ausdruck von
Hannah Arendt, an die Stelle des möglichen Verbrechens die vermutete
Schuld gesetzt hat; ebenso wie den »Asozialen«, den »Schädling«[16], die
»gesellschaftlich schädliche« Person, die es aus der Gesellschaft, wo sie
keinen Platz verdient, auszuschließen gilt, den Vagabunden, den undis-
ziplinierten Arbeiter – unter dem Regime von Stalin – oder den Alko-
holiker und Homosexuellen unter dem Naziregime.

Als Hintergrund hierzu muss man den Erfolg sehen, den das katego-
risierende, Kollektivgestalten formende, Stereotypen herausmeißelnde
Denken hatte. So gab es »die Frau«, »die Menge«[17] und »den Verrück-
ten«, wobei ich noch nicht einmal auf jene Kategorien eingehe, die in
rassistischen Reden und noch häufiger in Reden über den »National-
charakter« erdacht wurden. Wo auch immer dieses Phänomen herrüh-
ren mag – sei es nun eine Reaktion gegen den Individualismus oder das
Prestige der Wissenschaft, die dazu anregt, in allem und überall wieder-
kehrende Gesetze zu entdecken –, diese Welle des Kategorisierens, diese Lust am Stereotyp bleibt nicht ohne Konsequenzen. Indem sie An-
dersheiten, Alteritäten schafft, bahnt sie der Diskriminierung den Weg.
Man braucht nur an den Dualismus jener Entwicklung zu denken, die
einerseits die rechtliche Gleichstellung aller Personen vorantreibt – die
gesellschaftliche Emanzipation der Juden vollzieht sich in ganz Europa
zwischen 1850 und 1917 –, anderseits jedoch ein Eingeborenenrecht,
ein »Sonderrecht« für die Untertanen in den europäischen Kolonien
hervorbringt.

Der Darstellung des Gegners als negativer Figur begegnet man ab
dem 18. Jahrhundert im Antiklerikalismus und insbesondere in den
Verleumdungskampagnen gegen die Jesuiten. Hier entsteht eine Ver-
schwörungsphobie, die man bis in den Antisemitismus weiterverfolgen

kann.[18] Jedoch bringt die Entstehung radikaler Ideologien wie des Marxismus und des völkischen Nationalismus neue Feindbilder hervor – den Kapitalisten, den Imperialisten, den Juden. Ihre Merkmale sind zugleich abstrakter – da die Kategorisierung nunmehr jegliche Individualität ausschließt; angepasster an den gängigen Wissenschaftsglauben –, da jedem Feindbild ein Kausalitätsprinzip innewohnt; und besser zur Verbreitung geeignet im Rahmen einer sich rasch verändernden und somit immer unüberschaubarer werdenden Gesellschaft.

Der Reflex des Wissenschaftsglaubens bei der Schaffung von Stereotypen erlaubt es allerdings, unter der Oberfläche neu verwendete deformierte kulturelle Gewohnheiten aus der Vergangenheit zu entdecken, die der Kultur des Volkes und des Christentums entstammen. Die Darstellung des Gegners als Teufel und als Tier ist hierfür ein deutlicher Beweis. Das gleiche gilt für das Klischee eines jahrhundertealten Feindes, der eine Gefährdung für die Zivilisation oder sogar für die Menschheit insgesamt darstellt. Hierzu gehört auch die Wiederaufnahme des christlichen Aufrufs, den alten Menschen abzulegen, damit sich der neue Mensch entfalten kann. Sowohl im Marxismus als auch im völkischen Nationalismus trifft man auf die Vorstellung, dass ein Teil der Alterität des Feindes sich im eigenen Selbst versteckt – der Kleinbürger bei den Kommunisten und der Jude bei den Nazis[19] –, man muss sie durch einen Willensakt herausreißen.

Jedoch weisen diese zwei Ideologien augenscheinliche Unterschiede auf, insbesondere was die Definition des Gegners betrifft. In der marxistischen Vorstellung ist der kapitalistische Gegner Teil eines Systems, nämlich der Produktionsverhältnisse, und besitzt somit etwas Funktionales. Der Marxismus lässt übrigens in der neuen Gesellschaft Raum für die individuelle Reintegration der früheren Kapitalisten, sofern sie sich durch besondere Taten verdient machen. Dies führt uns wiederum zu der Tatsache, dass der Kommunismus sich als dialektische Überwindung des Kapitalismus versteht, dessen positive Elemente – die Fortentwicklung der Produktivität, die befreiende Technisierung – endlich zu einem höheren Ganzen führen.

Im völkischen Nationalismus hingegen sind die Gegner ganze Gruppen oder Volksstämme, die eine körperliche Bedrohung darstellen. Ob diese Bedrohung nun auf biologischen Ursachen beruht und somit eine Gefahr durch Vermischung und Entartung darstellt, oder auf kulturellen Ursachen (was die nationale Identität zerstören könnte) – sie kann

nur durch die Ausrottung des Gegners gebannt werden, beziehungs-
weise durch ein Massaker an der die Mehrheit bedrohenden Bevölkerung. In diesem System kommt dem jüdischen Gegner eine außergewöhnliche Rolle zu, da er als ein transhistorischer Feind aufgefasst
wird, dessen Gestalt gleichsam alles Verwerfliche, angefangen beim
Marxismus, über das Christentum – die vergiftete Frucht des Juden-
tums –, bis hin zum Liberalismus in sich vereinigt. Daher stammt die
gleichsam metaphysische Eigenart, die dieser Gestalt im Rahmen einer
apokalyptischen Deutung anhaftet. Für die völkischen Antisemiten ist
das Judentum nicht nur die Antithese schlechthin, sondern auch gleichzeitig ein Modell, insofern das Judentum eine ethnische Religion ist
und somit genau das darstellt, wonach sich die Antisemiten sehnen,
nämlich eine Verbindung von rassischer Erneuerung und religiöser Reform.[20] In diesem System, das auch der Nationalsozialismus übernimmt, gibt es nur zwei einander ausschließende Alternativen: entweder sie oder wir, denn der Sieg der Juden kann nur den Tod der
germanischen Rasse bedeuten, und dies wiederum rechtfertigt deren
Auslöschung.

Die zweite Entwicklung ist die zunehmende Enthemmung der Gewalt. Die neue Art und Weise, den Gegner zu definieren, lässt die
Hemmschwelle sowohl für die reale als auch für die infolge des neuen
Diskurses tolerierte Gewalt sinken. Auch hier muss die Doppelseitig-
keit dieser historischen Entwicklung hervorgehoben werden, da diese
Enthemmung genau zu dem Zeitpunkt eintritt, wo der Wille immer
stärker wird, den Krieg im Namen der Zivilisation menschlicher zu
machen. Der Begriff Zivilisation wurde übrigens zu einem Leitwort des
19. Jahrhunderts, was, wie das Ergebnis der Konferenzen im Haag zwischen 1899 und 1907 zeigt, nicht ohne positive Folgen war.

Die Enthemmung ist die Folge mehrerer aufeinander treffender Entwicklungen. Sie ist zum Teil das Ergebnis der in den Kolonien gemachten Erfahrungen, die man unter Verweis auf eine natürliche Hierarchie
sozialdarwinistisch zu deuten versuchte. Der große Vorstoß des kolonialen Imperialismus, der das letzte Drittel des 19. Jahrhunderts kennzeichnet, bietet den Zeitgenossen eine ganze Reihe von Gewaltformen,
die für bestimmte Gruppen als Vorbild genommen wurden. Von diesen
Gewaltformen nenne ich zum einen das Einpferchen der Zivilbevölkerung in Lager – Masseninternierungen ereignen sich zur Zeit des Bu-
renkrieges und werden von den Kriegsmächten beim Ausbruch des Ers-

ten Weltkrieges angewandt – und zum anderen die Enteignungen, die auf Deportationen folgten; Opfer waren insbesondere die nordamerikanischen Indianer in der zweiten Hälfte des 19. Jahrhunderts.

Auf diesem Hintergrund macht das Werk Friedrich Ratzels, des Experten für Geopolitik und Mitglieds im Alldeutschen Verband, deutlich, wie sehr die Vermischung von Biologismus und Imperialismus Anlass gab, derartige Gewalt zu tolerieren oder sogar selbst anzuwenden. So schrieb er beispielsweise, dass die Ausbreitung eines starken Volkes – er dachte an das deutsche Volk – die Vertreibung oder sogar Ausrottung der dort lebenden Völker, wie in Nordamerika gesehen, erfordere, da die Erde ja schon übervölkert sei.[21]

Zum Teil ist die Enthemmung die Folge des Interesses, das man unter dem Einfluss der Geographie und der Ethnologie dem Thema »Auslöschung« von Völkern schenkte. Die Verbindung von Evolutionismus und Rassismus führte dazu, dass man die Ausrottung ganzer so genannter »primitiver« Völker für unvermeidlich, ja sogar für gerechtfertigt hielt. Diese Lehre, die der ohnehin beliebten paläontologischen Wissenschaft den Rücken stärkte, machte den Zivilisationsfortschritt für diese Auslöschung verantwortlich. Denn die Zivilisation lässt, aufgrund der menschlichen Evolution, also aufgrund eines wissenschaftlichen und folglich dem moralischen Urteil entzogenen Gesetzes, die Kadaver der »niederen Rassen« am Wegrand zurück. Das Verschwinden von »niederen Rassen« ist nicht nur die Folge eines Naturgesetzes, es ist notwendig für die Lebensfähigkeit der »höheren Rassen«, zumal da sich dort die Furcht verbreitet, sie selbst könnte eine Selektion treffen, falls sich »niedere« Elemente überdurchschnittlich schnell vermehren.

Ferner resultiert die Enthemmung der Gewalt aus Entwicklungen, die die europäischen Völker selbst betreffen. In einem Diskurs, der oberflächlich betrachtet nur entfernt mit diesem Thema zu tun hat, z. B. im Bereich neuer Normen für gesellschaftliche Werte, als da sind Arbeit, Zuverlässigkeit, Leistung, Sauberkeit, Gesundheit, ballt sich ein erschreckendes Potential an Zwang und Gewalt zusammen, insofern dieser Diskurs Anregungen oder Vorschläge aufnimmt, die darauf zielen, gesellschaftliche Missstände mit harten Mitteln zu bekämpfen. Der Versuch, die Gesellschaft mit Begriffen wie biologische Gesundheit oder sozialer Nutzen zu analysieren, ist in der Tat Teil einer langen Entwicklung, in der der Staat die Bevölkerung mehr und mehr unter funktionellen Gesichtspunkten betrachtet. Seit dem 18. Jahrhundert setzt

sich der Gedanke durch, dass es eine Bevölkerungs- und Gesundheits-
politik geben müsse, die wirtschaftliche Leistung und staatliche Macht
zum Ziel hat; eine Politik, die Eheschließungen fördert und, ganz allgemein gesprochen, sich eher am Modell der Haustierzucht oder der
Pflanzenkunde orientiert. Diese sind alles Bestandteile einer alten,
schon bei Platon nachzulesenden Gesellschaftsutopie, die die verwal-
tungstechnischen Mittel und Methoden nun in den Bereich des Möglichen rücken.[22] Gegen Ende des 19. Jahrhunderts führen zwei zwar
getrennte, sich jedoch in vielen Punkten berührende Entwicklungen
dazu, dass genetische Gesundheit und produktive Arbeit zu entscheidenden, wenn nicht gar zu den wichtigsten Kriterien für die Gesell-
schaftsordnung erhoben werden. Die wachsende Bedeutung, die der
physischen, mentalen und genetischen Gesundheit der Bevölkerung
beigemessen wird, zeigt sich in der immer stärker werdenden Bedeutung von Hygiene und Eugenik. Diese führt, nachdem sie sowohl von
den rechten als auch von den linken Parteien[23] positiv aufgenommen
worden war, sehr bald dazu, Eheschließungen zu verbieten, Menschen
zu sterilisieren, und schließlich zur »Euthanasie«, zur Tötung von
Menschen, die man für lebensunfähig oder -unwürdig hält.[24]

Gleichzeitig wird die gesellschaftliche Nützlichkeit in den Rang eines Ordnungsprinzips erhoben, das sich problemlos mit dem der Gesundheit verbinden lässt. Am gesellschaftlichen Nutzen kann man erkennen, wie die Arbeit zum Fetisch und somit zur höchsten Norm wird.
Dies führt dazu, dass diejenigen Personen, die sich dem nicht anpassen,
als Last oder Zumutung empfunden werden, was wiederum – genauso
wie im Bereich der Biologie der Begriff »niedere Wesen« – der Diskriminierung, dem Zwang oder gar der Vernichtung Vorschub leistet.

Denn nichts ist leichter, als den angeblichen gesellschaftlichen Nutzen anzuführen, um damit das Recht auf Leben zu begründen, wobei
der Blick auf die Kolonien diese Argumentation noch zu stützen
scheint. Man lese nur bei Paul Rohrbach, der Leiter der deutschen Im-
migration in Südwest-Afrika war, in seinem Bestseller »Der deutsche
Gedanke in der Welt« nach: »Weder unter den Völkern noch unter den
Einzelwesen gilt als Recht, dass Existenzen, die keine Werte schaffen,
einen Anspruch aufs Dasein haben.« Erst wenn ein Eingeborener gelernt hat, etwas von Wert herzustellen, besitzt er »ein sittliches Anrecht
auf Selbstbehauptung«[25].

In Europa kann man beispielsweise eine wachsende Intoleranz der

Behörden, aber auch der Bevölkerung, gegenüber Vagabunden, insbesondere gegenüber Nomaden, feststellen; auch die behördlichen und polizeilichen Maßnahmen gegen die Zigeuner werden immer härter.[26] Die Arbeiterbewegung verstärkt diese Entwicklung noch, indem sie der Arbeit kultische Bedeutung zuschreibt, das Parasitentum anprangert und den Kapitalisten als Privatier und Parasiten bezeichnet. Nichts anderes geschieht im völkischen Nationalismus; er nimmt allerdings die Juden ins Visier.

Die Juden werden als Parasiten bezeichnet und mit krankheitserregenden Mikroben in Verbindung gebracht.[27] Während die tierische Darstellung im Feindbild des Kommunismus eine wichtige Rolle spielt – die Moskauer Prozesse machen das deutlich –, spricht der Antisemitismus von Mikroben, Parasiten und Bakterien. Statt Schweinen Läuse: Das versetzt die Juden von der menschlichen Lebenswelt der Haustiere in die Welt der kleinen und schädlichen Lebewesen und entzieht ihnen somit alles, was Empathie oder Mitleid auslösen könnte.[28]

Der letzte Aspekt beschreibt den Übergang von einer demonstrativen, zwischenmenschlichen, mit Leidenschaften verbundenen zu einer administrativen, funktionellen und geheimen Gewalt. Dieser Übergang lässt sich sowohl in der Vorgehensweise als auch in der Darstellung beobachten. Somit zieht sich zumindest in Westeuropa die archaische Gewalt, wie sie sich in der Verstümmelung des feindlichen Körpers ausdrückt, unter dem Einfluss des professionellen Effizienzdenkens, das der Militärdienst den Massenarmeen einimpft, immer mehr zurück. Ferner wird durch den technischen Fortschritt, der das Verüben von Massakern aus der Distanz ermöglicht, die Bedeutung des Kampfes Mann gegen Mann, Auge in Auge, verringert und die zwischenmenschliche Dimension des Kampfes geschmälert. Diese Veränderung vollzog sich zunächst während der Kriege in den Kolonien, in denen die Zahl der Opfer unter den Einheimischen in keinem Verhältnis zur Zahl der Opfer unter den Soldaten der europäischen Kolonialmächte stand. Dies wiederholte sich im Ersten Weltkrieg durch den Einsatz der Artillerie und durch Bombardements aus der Luft.

Den Tod in immer weitere Ferne zu rücken ist eine Tendenz, die sich auch im Hinblick auf die Todesstrafe zeigt.[29] Seit der Mitte des 19. Jahrhunderts haben die politischen Machthaber, die gelernt hatten, sich vor den Emotionen des Volkes in Acht zu nehmen, die Hinrichtung vom Marktplatz – dem üblichen Ort für »das Theater des Schreckens«[30] – in den Gefängnishof verlegt, wo die Zahl und die Auswahl der Anwesenden *ex officio* festgelegt wurde. Parallel hierzu beginnt die Suche nach neuen Methoden (elektrischer Stuhl, Giftinjektion), die die Hinrichtung insbesondere in den Vereinigten Staaten gleichsam zu einer medizinischen Operation werden lässt. Diese Entwicklung spiegelt die wachsende Abneigung gegen Blutvergießen und Zerstückelung – die Enthauptung durch die Axt oder die Guillotine – wider. Das Gegenbeispiel hierzu bildet die steigende Nachfrage nach Einäscherung aus hygienischen Gründen und aus Ekel vor der Verwesung. Diese Entwicklung deutet, ebenso wie das Verteilen von Platzpatronen an einige Soldaten eines Exekutionskommandos, auf den uneingestandenen Wunsch hin, keine persönliche Verantwortung für das Töten zu übernehmen. Der einzelne Scharfrichter verschwindet oder, anders ausgedrückt, seine Aufgabe wird – wie der Verlauf der Geschichte es zeigt – demokratisiert. Früher war es die Aufgabe eines einzelnen Mannes, nun wird es zur Handlung einer Gruppe.

In den folgenden Jahrzehnten wird Gewalt und Tod dem Anblick der Öffentlichkeit mehr und mehr entzogen. Dies gilt besonders für die Zeit der beiden Weltkriege. Das lässt sich aus der Bedeutung ersehen, die man dem Filtern von Informationen und Bildern von der Front – zumindest solange es noch den Unterschied zwischen Front und Hinterland gab – beimisst. Dieses Vorgehen erreicht seinen Höhepunkt in den totalitären Regimen, in denen sich die staatliche Gewalt in Bereiche, die der Öffentlichkeit entzogen sind, zurückzieht, dort aber uneingeschränkt waltet. Die nationalsozialistischen Konzentrationslager und der Gulag sind verbotene Städte, deren Wächter und Gefangene – sollten sie einmal das Glück haben, diese Orte verlassen zu können – verpflichtet sind, über das, was dort geschieht, zu schweigen. Tod und Massentod geschehen unter dem Siegel der Verschwiegenheit. Im Unterschied zum »Theater des Schreckens« wird das Töten hier wie am Fließband vorgenommen (Genickschuss, Reihenerschießungen, Vergasung, Injektionen), und zwar von Beamten, die gegenüber den Opfern und wahrscheinlich auch gegenüber ihrer Aufgabe gleichgültig sind. Die Leichname werden in Massengräber geworfen oder verbrannt. Eine Welt ohne Friedhöfe bildet das nächtliche und schweigende Gegenstück zum Licht-, Klang- und Redeüberfluss, mit dem die totalitäre Propaganda eine fiktive Realität errichtet.

Noch zahlreiche andere Aspekte hätten in dieser Untersuchung Erwährung finden können oder sollen; vor allem wenn man die Zeit näher betrachtet, in der die totalitären Regime entstehen. Schon den Jahren vor dem Ersten Weltkrieg müsste man – hierauf konnte ich hier jedoch nicht eingehen – besondere Aufmerksamkeit widmen. Dies gilt insbesondere für den Militarismus[31] oder den Antisemitismus. In Frankreich beispielsweise war zur Zeit der Dreyfusaffäre[32] die Stimmung extrem angespannt, da sich gegen die Juden Todesdrohungen richteten. Auch müsste man der zunehmenden Verrohung der Sitten und des Denkens während des Ersten Weltkrieges und der nachfolgenden Auseinandersetzungen in Russland, Italien und Deutschland größere Aufmerksamkeit schenken.

Man wird nichtsdestoweniger die Frage stellen müssen, ob die geschilderten Aspekte ausreichen, die totalitäre Gewalt zu erklären, was bedeuten würde, dass man sie allein unter dem Gesichtspunkt individueller oder kollektiver Erfahrungen erklärt. Mir scheint, dass die Untersuchung an Substanz gewinnt, wenn sie einerseits das Gewaltpotential als zusammenhängend mit Kräften der Neuzeit versteht, und andererseits das Geflecht des nunmehr tolerierten Diskurses aus den letzten Jahrzehnten miteinbezieht.

Als Lenin 1921 schreibt, dass die Bolschewisten in die Schule des »Staatskapitalismus der Deutschen« gehen sollen, »ohne dabei die diktatorialen Methoden zu vernachlässigen, um die Einpflanzung westlicher Sitten in das alte barbarische Russland voranzutreiben und ohne dabei vor dem Einsatz barbarischer Methoden gegen die Barbarei zurückzuschrecken«[33], öffnet er dem ganzen Potential an Zwangsmaßnahmen, über das der moderne Staat verfügt, Tor und Tür und bestätigt damit gleichzeitig – jetzt jedoch als Führer eines Regimes – eine Diskussion über die Rationalität von Gewalt, die als Instrument für den gesellschaftlichen Wechsel eingesetzt wird. Hierbei erfasst er wahrscheinlich kaum die weitreichenden Folgen einer solchen Verbindung. Der Historiker hingegen kann feststellen, dass eine historische Möglichkeit gerade dabei war, in den Bereich des Wahrscheinlichen einzutreten.

Aus dem Französischen von Markus Ibe

■ Anmerkungen

1 H. Arendt, Elemente und Ursprünge totaler Herrschaft: Antisemitismus, Imperialismus, totale Herrschaft, München u. Zürich 1998 (6. Aufl., Erstausg.: New York 1951).

2 Den jüngsten Überblick zu dieser Frage bietet K.-D. Henke (Hg.), Totalitarismus: Sechs Vorträge über Gehalt und Reichweite eines klassischen Konzeptes der Diktaturforschung (Hannah-Arendt-Inst., Berichte und Studien Nr. 18), Dresden 1999.

3 Vgl. die Untersuchung der »Elemente … (Origins …)« von A. Enegrén in: F. Châtelet/O. Duhamel/E. Pisier (Hg.), Dictionnaire des œuvres politiques, Paris (Presses Universitaires de France) 1986.

4 R. Aron, L´Essence du totalitarisme, in: Commentaire (1985), février 1985, 416–425.

5 I. Kershaw/M. Lewin (Hg.), Stalinism and Nazism: Dictatorships in Comparison, Cambridge 1997.

6 Vgl. die Betrachtungen von C. Lucas, Les thermidoriens et les violences de l´an III, in: R. Dupuy/M. Morabito (Hg.), 1795: Pour une République sans Révolution, Rennes 1996, 39–48.

7 Vgl. S. Wahnich, Impossible Citoyen: L´étranger dans le discours de la Révolution française, Paris (Albin Michel) 1997.

8 Vgl. M. Jeismann, Das Vaterland der Feinde: Studien zum nationalen Feindbegriff und Selbstverständnis in Deutschland und Frankreich: 1792–1918, Stuttgart 1992.

9 Vgl. M. Dinges, Formenwandel der Gewalt in der Neuzeit: Zur Kritik der Zivilisationstheorie von Norbert Elias, in: R. P. Sieferle/H. Breuninger (Hg.), Kulturen der Gewalt: Ritualisierung und Symbolisierung von Gewalt in der Geschichte, Frankfurt am Main 1998, 171–194.

10 Vgl. die Untersuchung von A. Brossat, L´épreuve du désastre: Le XXe siècle et les camps, Paris (Albin Michel) 1996, Kap. II.

11 Zit. nach ebd., 159.

12 Vgl. V. Lidtke, The Alternative Culture: Sozialist Labor in Imperial Germany, Oxford 1985.

13 Auch im französischen Original deutsch, ebenso im folgenden *(Anm. d. Red.)*.

14 Über die völkische Utopie, vgl. die kurz vor Veröffentlichung stehende Dissertation von S. Tabary über Theodor Fritsch: S. Tabary, Le »vieux maître« de l´antisemitisme allemand (Diss., Université Robert Schuman), Strasburg, 1998. Vgl. auch U. Puschner/W. Schmitz/J. Ulbricht (Hg.), Handbuch zur »Völkischen Bewegung« 1871–1918, München 1996.

15 G. Mosse, The Nationalization of the Masses: Political Symbolism and Mass Movements in Germany from the Napoleonic Wars through the Third Reich, Ithaca 1975.

16 Auch im französischen Original deutsch *(Anm. d. Red.)*.

18 Vgl. z. B. S. Barrows, Distorting Mirrors: Visions of the Crowd in Late Nineteenth-Century France, Yale 1981.

19 Vgl. J. Cubitt, The Jesuit Myth: Conspiracy Theory and Politics in Nineteenth-Century France, Oxford 1933; N. Cohn, Warrant for Genocide: The Myth of the Jewish World Conspiracy and the Protocols of Elders of Zion, New York 1967; R. Rémond, L'anticléricalisme en France de 1815 à nos jours, Paris (Fayard) 1976.

20 So sagte Hitler 1920, dass es die jüdische Gefahr notwendig mache, damit anzufangen, den »Juden in einem selbst« zu töten (zit. nach B. Hamann, Hitlers Vienna: A Dictator's Apprenticiship, Oxford 1999, 230).

21 Vgl. E. Hieronimus, Dualismus und Gnosis in der völkischen Bewegung, in: J. Taubes (Hg.), Religionstheorie und politische Theologie, Bd. 2 (Gnosis und Politik), München 1984, 82–89.

22 Vgl. S. Lindqvist, Exterminez toutes ces brutes, Paris (Le Serpent à Plumes) 1998, 192, wo er den kolonialen Ursprung der nationalsozialistischen Vernichtungspolitik hervorhebt.

23 Vgl. beispielsweise den Fall von Frank (M. Pieper, Der Körper des Volkes und der gesunde Volkskörper: Johann Peter Franks System einer vollständigen medicinischen Polizey, in: Zeitschrift für Geschichtswissenschaft [46/1998], Heft 2, 101–119).

24 Vgl. R. Schwartz, Sozialistische Eugenik: Eugenische Sozialtechnologien in Debatten und Politik der deutschen Sozialdemokratie 1890–1933, Bonn 1995.

25 Vgl. W. Schmuhl, Rassenhygiene, Nationalsozialismus, Euthanasie: Von der Verhütung zur Vernichtung »lebensunwerten Lebens« 1890–1945, Göttingen 1987; M. Burleigh, Death and Deliverance: »Euthanasie« in Germany 1900–1945, Cambridge 1994, Kap. I.

26 P. Rohrbach, Der deutsche Gedanke in der Welt, Düsseldorf u. Leipzig 1912, Kap. V, 143.

27 Vgl. D. Kenrick/G. Puxon, The Destiny of Europe's Gypsies, London 1972.

28 Vgl. A. Bein, ›Der jüdische Parasit‹: Bemerkungen zur Semantik der Judenfrage, in: Vierteljahreshefte für Zeitgeschichte (13/1965), Apr. 1965, 121–149.

29 Auch im französischen Original deutsch *(Anm. d. Red.)*.

30 Bezüglich Deutschland, vgl. R. J. Evans, Rituals of Retribution: Capital Punishment in Germany 1600–1987, Oxford 1996.

31 Vgl. R. v. Dülmen, Theater des Schreckens: Gerichtspraxis und Strafrituale in der Frühen Neuzeit, München 1988.

32 Vgl. J. Vogel, Nationen im Gleichschritt: Der Kult der »Nationen in Waffen« in Deutschland und Frankreich 1871–1914, Göttingen 1997; J. Dulffer/K. Holl (Hg.), Bereit zum Krieg: Kriegsmentalität im wilhelminischen Deutschland: 1890–1914, Göttingen 1986.

33 Vgl. S. Wilson, Ideologie and Experience: Antisemitism in France at the Time of the Dreyfus Affair, London 1982; G. Bensoussan, L'idéologie du rejet: Enquête sur le »monument Henry«, Paris (Manya) 1993.

34 Zit. nach L. Dupeux, Lecture du totalitarisme russe via le »national-bolchévis-
    me« allemand (1919–1933), in: Revue d´Allemagne (3/1998), 270 (aus W. J. Le-
    nin, Œuvres choisies, Bd. 3, Moskau 1962, 705).

■ Kurzbiographien der Autoren

Bronislaw Baczko, geboren 1924, war bis 1968 Professor an der Universität Warschau (aus politischen Gründen entlassen), 1969–1974 war er Professor an der Universität von Clermont-Ferrand, seit 1974 ist er Professor und Honorarprofessor an der Faculté des Lettres in Genf. Hauptveröffentlichungen: Rousseau: Solitude et communauté (1974), Lumières de l'utopie (1978), Une éducation pour la démocratie (1982), Les imaginaires sociaux (1982), Comment sortir de la Terreur: Thermidor et la Révolution (1989), Job, mon ami: Promesses du bonheur et fatalité du mal (1997).
Deutsche Übersetzungen: Weltanschauung, Metaphysik, Entfremdung (1969), Rousseau: Einsamkeit und Gemeinschaft (1970), Der Revolutionär, in: F. Furet (Hg.), Der Mensch der Romantik (1998).

Omer Bartov, geboren 1954, ist John P. Birkelund Distinguished Professor of European History an der Brown-University in Providence. Er studierte an den Universitäten von Tel Aviv und Oxford und war Visiting Fellow am Princeton University's Davis Center, Alexander von Humboldt Fellow und Junior Fellow an der Harvard's Society of Fellows. Er schreibt vor allem über neuere deutsche, französische und jüdische Geschichte. Hauptveröffentlichungen: The Eastern Front 1941–45: German Troops and the Barbarisation of Warfare (1985), Hitlers Wehrmacht: Soldaten, Fanatismus und die Brutalisierung des Krieges (1995, Taschenbuchausgabe 1999), Murder in Our Midst: The Holocaust, Industrial Killing, and Representation (1996), Mirrors of Destruction: War, Genocide, and Modern Identity (2000) sowie der von ihm herausgegebene Band The Holocaust: Origins, Implementation, Aftermath (2000).

Philippe Burrin, geboren 1952, ist seit 1988 Professeur d'histoire des relations internationales am Institut de hautes études internationales in Genf. Hauptveröffentlichungen: La dérive fasciste (1986), Hitler et les juifs (1989), englische Übersetzung: Hitler and the Jews (1993), deutsche Übersetzung: Hitler und die Juden (1993), La France à l'heure allemande (1995), englische Übersetzung: France under the Germans (1997).

Emilio Gentile, geboren 1946, ist seit 1980 ordentlicher Professor für Zeitgeschichte am Dipartimento di Studi Politici der Facoltà di Scienze Politiche der Università degli Studi »La Sapienza« in Rom. Seit 1987 lehrt er dort Geschichte der politischen Bewegungen und Parteien. Er hat zahlreiche Bücher über kulturgeschichtliche Themen und über die Politik des Nationalismus und des Faschismus verfasst. Hauptveröffentlichungen: Le origini dell'ideologia fascista (1975, Neuaufl. 1996), Il mito dello Stato Nuovo (1982, Neuaufl. 1999), Storia del partito fascista 1919–1922: Movimento e milizia (1989), Il culto del littorio: La sacralizzazione della politica nell'Italia fascista (1993), englische Übersetzung: The Sacralization of Politics in Fascist Italy (1997), La via italiana al totalitarismo: Il partito e lo Stato nel regime fascista (1995), spanische Übersetzung: El fascismo y la via italiana al totalitarismo, in: M. Pérez Ledesma (Hg.), Los riesgos para la democracia: Fascismo y neofascismo (1997), La Grande Italia: Ascesa e declino del mito della nazione nel XX secolo (1997). E. Gentile ist Mitherausgeber des »Journal of Contemporary History« und von »Modernism/modernity«.

Helmuth Kiesel, geboren 1947, 1969–1974 Studium der Germanistik und Geschichte in Tübingen, 1977 Promotion aufgrund einer Arbeit über literarische Hofkritik von Sebastian Brant bis Friedrich Schiller, Assistent am Historischen und später am Germanistischen Seminar der Universität Tübingen, 1984 Habilitation aufgrund einer Arbeit über Alfred Döblins Exil- und Spätwerk, 1987 Professor an der Universität Bamberg, seit 1990 Inhaber des Lehrstuhls für Neuere Deutsche Literaturgeschichte am Germanistischen Seminar der Universität Heidelberg, zahlreiche Publikationen zur Literatur insbesondere des 18. und des 20. Jahrhunderts, zuletzt Edition des Briefwechsels zwischen Ernst Jünger und Carl Schmitt.

Peter Krüger, geboren 1935 in Eisenach. Studium der Geschichte, Germanistik, Politikwissenschaft, Kunstgeschichte, Promotion in München 1962 (Dissertation: »Die Beziehungen der rheinischen Pfalz zu Westeuropa 1576–82«, 1964), 1962 bis 1965 Mitarbeiter »Dokumente zur Deutschlandpolitik«, 1966–1974 wissenschaftlicher Mitarbeiter im Auswärtigen Amt und Mitherausgeber »Akten zur deutschen auswärtigen Politik 1918–1945«, Habilitation in Köln 1972 (Habil.-Schrift: »Deutschland und die Reparationen 1918/19«, 1973). 1973 apl. Prof., seit 1975 hat er den Lehrstuhl für Geschichte der Neuzeit II an der Universität Marburg inne, 1984 Fellow am Woodrow Wilson Center in Washington, 1993/94 war er Stipendiat des Historischen Kollegs München. Forschungsgebiete: Internationale Politik und deutsche Außenpolitik, 19./20. Jahrhundert, Geschichte europäischer Integration, Geistes- und Verfassungsgeschichte.

Hermann Lübbe, geboren 1926 in Aurich, war 1963–1969 Professor für Philosophie an der Ruhr-Universität, Bochum, 1966–1969 Staatssekretär im Kultusministerium von Nordrhein-Westfalen, 1969–1970 Staatssekretär beim Ministerpräsidenten von Nordrhein-Westfalen. 1969–1973 hatte er den Lehrstuhl für Sozialphilosophie an der Universität Bielefeld inne, 1971–1991 war er Professor für Philosophie und Politische Theorie an der Universität Zürich (seit 1991 Honorarprofessor). Hauptveröffentlichungen: Geschichtsbegriff und Geschichtsinteresse: Analytik und Pragmatik der Historie (1977), Religion nach der Aufklärung (1987), Politischer Moralismus: Der Triumph der Gesinnung über die Urteilskraft (1987), Im Zug der Zeit: Verkürzter Aufenthalt in der Gegenwart (1992, ²1994), Modernisierung und Folgelasten: Trends kultureller und politischer Evolution (1997).

Hans Maier, geboren 1931 in Freiburg i. Br., war 1962–1988 Professor für Politische Wissenschaft an der Universität München und 1970–1986 Bayerischer Staatsminister für Unterricht und Kultus. Von 1988–1999 war er Professor für christliche Weltanschauung, Religions- und Kulturtheorie (Guardini-Lehrstuhl) an der Universität München. Hauptveröffentlichungen: Revolution und Kirche (1959, ⁵1988), Die ältere deutsche Staats- und Verwaltungslehre (1966, ³1986), Eine Kultur oder viele? (1995), Totalitarismus und Politische Religionen, Band I (Hg.) (1996), Totalitarismus und Politische Religionen, Band II (Hg. zus. mit Michael Schäfer) (1997), Wie universal sind die Menschenrechte? (1997), Die christliche Zeitrechnung (1991, ⁵2000), Welt ohne Christentum – was wäre anders? (1999, ²2000).

Michael Rohrwasser, geb. 1949 in Freiburg i. Br., ist außerplanmäßiger Professor am Fachbereich Germanistik an der Freien Universität Berlin. Hauptveröffentlichungen: Der Stalinismus und die Renegaten (1991), Coppelius, Cagliostro, Napoleon: Der verborgene politische Blick E.T.A. Hoffmanns (1991).

▪ Personenregister

(*Kursiv* gesetzte Seitenzahlen weisen auf die Anmerkungen
auf den entsprechenden Seiten hin)

■ Sachregister

Raul Hilberg
Täter, Opfer, Zuschauer
Die Vernichtung der Juden 1933-1945
Aus dem Amerikanischen von Hans Günter Holl
Band 13216

Nach seinem Standardwerk ›Die Vernichtung der europäischen Juden‹ beschreibt der Autor die Massenvernichtung der Juden nun aus der Sicht der damals handelnden, leidenden oder scheinbar unbeteiligt danebenstehenden Personen.

Im Teil **Täter** werden die alten und neuen Eliten dargestellt, die eifrigen Karrieristen in Verwaltung, Armee und Partei, in Verbänden und Organisationen. Sie entstammten allen sozialen Schichten. Der Teil **Opfer** beschäftigt sich mit den Opfern und deren vielfältigen Geschichten. Hier geht es auch um die Rolle der Judenräte beim Vernichtungsprozeß und um die Überlebenden. Im Teil **Zuschauer** beschreibt der Autor das Verhalten der scheinbar unbeteiligt Danebenstehenden, der kleinen und großen Gewinner des Judenmordes, die z. B. Wohnungen und Arbeitsplätze übernahmen. Angesprochen wird auch das fragwürdige Verhalten der Staatenwelt, des Roten Kreuzes und anderer humanitärer Organisationen, nicht zuletzt das der Kirchen.

Fischer Taschenbuch Verlag

Volker Ullrich

Die nervöse Großmacht 1871-1918

Aufstieg und Untergang des deutschen Kaiserreichs

Band 11694

Der Blick auf das deutsche Kaiserreich von 1871 hat sich in den letzten Jahren verändert. Wurden früher die rückständigen, anachronistischen Elemente betont, so entdeckt man neuerdings die dynamischen, entwicklungsfähigen Züge. Beides aber gehört untrennbar zusammen. Volker Ullrich macht in seinem Buch das eigentümliche Zwitterwesen der Bismarck-Schöpfung sichtbar. Indem er Politik-, Gesellschafts- und Kulturgeschichte zusammenführt, gelingt es ihm, die widerspruchsvolle Verbindung von Immobilität und Modernität auf den verschiedenen Ebenen zu thematisieren.

Aus dieser brisanten Gemengelage vermag er auch die nervöse Reizbarkeit zu erklären, die zu einem spezifischen Merkmal wilhelminischer Politik und Mentalität wurde - und die die konservativen Führungsschichten schließlich im Juli 1914 zur ›Flucht nach vorn‹ in den Weltkrieg getrieben hat. Das Buch besteht aus vier großen Teilen: *Das Deutsche Reich im Zeitalter Bismarcks* - *Das Wilhelminische Deutschland* - *Die Gesellschaft des Kaiserreichs* und *Der Erste Weltkrieg*. Vieles, was im Nationalsozialismus schreckliche Wirklichkeit werden sollte, war bereits in der wilhelminischen Ära angelegt.

Fischer Taschenbuch Verlag

fi 2063 / 5